象
征
Symbol

漫漫征途　与书为伴

象征
Symbol

西方史学名著译丛
陈恒主编

全球知识史

GLOBAL INTELLECTUAL HISTORY

知识的产生和传播

[美] 塞缪尔 · 莫恩（Samuel Moyn）
[美] 安德鲁 · 萨托利（Andrew Sartori） 编
焦玉奎 译

中原出版传媒集团
中原传媒股份公司
大象出版社
· 郑州 ·

图书在版编目(CIP)数据

全球知识史：知识的产生和传播／（美）塞缪尔·莫恩，（美）安德鲁·萨托利编；焦玉奎译. — 郑州：大象出版社，2021. 12（2022. 5 重印）
（西方史学名著译丛／陈恒主编）
ISBN 978-7-5711-1033-8

Ⅰ. ①全… Ⅱ. ①塞… ②安… ③焦… Ⅲ. ①知识学-思想史-世界 Ⅳ. ①B017

中国版本图书馆 CIP 数据核字(2021)第 084966 号

QUANQIU ZHISHISHI

全球知识史

——知识的产生和传播

[美]塞缪尔·莫恩(Samuel Moyn)
[美]安德鲁·萨托利(Andrew Sartori) 编
焦玉奎 译

出版人 汪林中
责任编辑 杨 倩
责任校对 李靖慧 毛 路 张迎娟
特邀设计 刘 民
美术编辑 杜晓燕

出版发行 大象出版社(郑州市郑东新区祥盛街 27 号 邮政编码 450016)
发行科 0371-63863551 总编室 0371-65597936
网 址 www.daxiang.cn
印 刷 河南瑞之光印刷股份有限公司
经 销 各地新华书店经销
开 本 140 mm×210 mm 1/32
印 张 12.75
字 数 328 千字
版 次 2021 年 12 月第 1 版 2022 年 5 月第 2 次印刷
定 价 98.00 元
若发现印、装质量问题，影响阅读，请与承印厂联系调换。
印厂地址 武陟县产业集聚区东区(詹店镇)泰安路与昌平路交叉口
邮政编码 454950 电话 0371-63956290

前　言

本书编写始于 2010 年 4 月 9 日—10 日召开的一次主题相同的学术会议。会议主要探讨了知识与文化方面的历史，纽约区域企业联盟给予了赞助，同时也得到了纽约大学艾立克·玛利亚·雷马克协会的慷慨资助与后勤保障。编者还要感谢凯瑟琳·弗莱明（Katherine Fleming）、托尼·朱特（Tony Judt）和珍妮弗·雷恩（Jennifer Ren）促使会议能顺利进行。

对于会中及会后加入该项事业的托马斯·本德（Thomas Bender）、摩奴·巴加万（Manu Bhagavan）、费代里科·芬克尔施泰因（Federico Finchelstein）、苏珊娜·马钱德（Suzanne Marchand）、瓦尔特·米格诺洛（Walter Mignolo）、蒂莫西·罗伯茨（Timothy Roberts）、多米尼克·萨克森迈尔（Dominic Sachsenmaier）、杰罗尔德·西格尔（Jerrold Seigel）、加里·怀尔德（Gary Wilder），编者也一并表示感谢。

从会议到本书付梓出版，哥伦比亚大学出版社编辑人员为本书出版铺平了道路，要特别感谢技术娴熟的编辑安妮·卢腾（Anne Routon）和助手艾莉森·亚力克萨尼安（Alison Alexanian）以及提供了独到指导的四位匿名读者。

比全球知识史研究更加紧要的是我的内部事务，即我的家人：埃米（Amy）、阿莉莎（Alisa）、莉莉（Lily）、伊兹（Izzie）及马德琳（Madeleine），他们虽然对本书没有直接的帮助，但是无论如何都要用爱与真情感谢他们。

目　录

第一部分　讨论框架

第1章 全球知识史的研究方法

塞缪尔·莫恩（Samuel Moyn）和
安德鲁·萨托利（Andrew Sartori）

过去10年来，史学界最显著的发展就是转向了“全球史”。全球史的渊源很深，从国际史角度看，其竭力从各个方向上突破老套外交机构的限制；从世界史的角度看，其制造了许多公认的主题，诸如人口、疾病与货物跨国流动。但是，后冷战时代的人们，至少在一些地区，认为他们生活在一个全球化的时代，并把这种趋势推进到了一个可观的高度。[1] 然而，在知识史研究领域已经落后了，尽管它的研究对象——思想家及他们的思想——有一些即使放之四海也是经得住考验的。

落后是有些许原因的。在北大西洋学会，知识史研究一直处于，或者说在某种程度上仍然处于历史学科的边缘。但是，也有一些避免这种趋势的好理由。一些醉心于传统史学的学者们，从古代到如今的西欧，也许已经感到这种超越民族国家的变化严重影响了一个研究领域的实践，首先摆脱了民族国家史

---

* 因原书注释为文后注，而中文版为页下注，故原书页码不顺连。——责编注

〔1〕See, for example, C. A. Bayly et al., “*AHR* Conversation: On Transnational History”, *American Historical Review* 111, no. 5 (2006): 1440-1464; and the *Journal of Global History*, started in 2006.

的吸引力。早期现代主义者已经意识到“文学界”的跨民族性，他们更热衷于被卡尔·曼海姆（Karl Mannheim）称为004“自由游历”的知识分子，其中有些人到比较大的社团讲学，或者游历。同时，除现代早期大西洋世界的史学家外，在饱受争议的社会史研究占支配地位的时代，仍有少部分学者把研究美国知识史作为他们的事业，竭力保护用传统空间边界术语构造的知识与文化的历史。即使他们继续谨慎地从事传统美国民族史研究，那也不是因为文化的，或者狭隘的地理概念。事实上，当一个知识史学家，如托马斯·本德（Thomas Bender），把美国史研究带入全球的时候，他自己的乡土意识并没有占多少优势。[1]

无论如何，近期越来越多的迹象表明，应该有一套“全球知识史”作为历史学科的部分革新。[2] 2004 年一本没有任何地理标记的“现代知识史”杂志问世，其旨在把欧美知识研究领域的从业人员整合起来。不管怎样，正是这本杂志显示

---

〔1〕Even though he has no chapters on intellectual history in his landmark collection (Thomas Bender, ed., *Rethinking American History in a Global Age* [Berkeley: University of California Press, 2002]), intellectual notions do figure in recent syntheses that offer global perspectives, including Bender's own *A Nation Among Nations: America's Place in World History* (New York: Hill & Wang, 2006).

〔2〕For some early tentative thoughts, see the forum in the *Journal of the History of Ideas* 66, no. 2 (2005), entitled "Intellectual History in a Global Age". Sociologists and political scientists (notably in the recent literature on so-called global norm-diffusion) have thematized these issues for some time. But as might be expected, their penchant for modeling without regard for reconstituting the intricacies of the past has made no impact on the historical enterprise. In sociology, see Pierre Bourdieu, "On the Social Conditions of the International Circulation of Ideas", in *Bourdieu: A Critical Reader*, ed. Richard Shusterman (Malden: Blackwell, 1999), 220 – 228; and Randall Collins, *The Sociology of Philosophies: A Global Theory of Intellectual Change* (Cambridge, Mass.: Belknap Press, 1998).

“转向全球史”已经开始显著地影响了知识史的研究。[1] 与此同时，科学史学家们已经意识到他们曾经严格限制地域研究的理论已经向全球渗透。[2] 更重要的是，具有开创性意义的观念史作品开始出版，现在的问题不是这样的涉险行为是否会出现，而是他们会形成什么样的模式且如何在其中做出关键的抉择。难点是理论远高于实践，编撰一部全球史存在一些既有的困难（证据的、语言的、专业的等等），这首先取决于要形成一个可信的模式，搞清楚编史的主题应该是什么。

可选模式库

全球知识史就是想在大大突破传统地理因素限制的基础上形成一部知识史的开始时刻，列出一些可能的选项。本章为不同的可行性研究方法提供一个分析方向，其中大多数方法由独立的撰稿人提供。然后，这个分析方向会转向编年问题及全球本身的定义。前现代全球史有可能存在吗？即使今天，全球有没有置身社会生活与知识传播网络之外的空间，其活动内容需不需要一个真正的全球框架？无论全球知识史采用什么模式都必须被调整以适应观念得以产生并代代相传的空间地域。于

[1] On South Asian intellectual history, see the following forums: Shruti Kapila, ed., “An Intellectual History for India”, *Modern Intellectual History* 4, no. 1 (2007): 1-171; and Faisal Devji and Shruti Kapila, eds., “The Bhagavad Gita and Modern Thought”, *Modern Intellectual History* 7, no. 2 (2010): 269-457.

[2] James A. Secord, “Knowledge in Transit”, *Isis* 95, no. 4 (2004): 654-672; and the landmark forum in *Isis* 101, no. 1 (2010), notably Sujit Sivasundaram, “Sciences and the Global: On Methods, Questions, and Theory”, 146-158; as well as Marwa Elshakry, *Reading Darwin in the Middle East* (Chicago: University of Chicago Press, forthcoming).

是，甚至有可能即使在今天被称作“全球”的广阔空间地域从来就没有真正存在过。

回答这类问题很大程度上依赖于全球概念化的程度，即使在实践上答案可能是重叠的，但为了分析清楚其目的，有几种新的方法需要加以区分。我们可能需要这样开始区分，首先从历史学家的元分析角度看全球；其次从历史进程真实的层面看全球，这是史学家选择的研究主题；再次从史学家主观的角度看全球，这也是史学家研究的对象。明白了这一点后，也许就能从全球知识史的角度来鉴别“全球”的三种不同的说法。首先来看世界史与比较历史。其次是有各种各样突出中间代理人或者交融模式，或者能较大地允许新思想运动或者网络化实践的结构转换理论（尤其是马克思主义）。事实上每一种说法都有自身的传承，或者以本身旧有的形式，存在于全球知识史，或者其他的编史工作中。最后，正是由于这个原因，有时有一个备选方法还是被认为富有成效的，且不用现在就直接论述如何研究全球知识史，因而坚持用历史的方法才是抓紧所研究问题的第一步。毕竟，广阔的空间地域已经被不同时间与不同地点的人理论化与诠释过了，这明显是世界殖民化的结果。

世界史与比较历史

在现代早期，欧洲人推动创造了一个“世界史”。种族冲突、比较语言学和考古发现使这一步变得不可避免且充满挑战，006 最终它推翻了太局限于地理与编年因素的圣经模式。当然，现代早期的欧洲人往往是以“手握神圣历史”的方法，借助于圣经救世的条款，几乎不会做出改变去接纳那些充满威胁的东西。从这些传统中产生的最著名的人物——G. W. F. 黑格尔（G. W. F. Hegel），创造了一个世界史的范例，即特别重视思想在组织和推动日渐明朗的世界史的过程中的作用。[1]

也许黑格尔自己已经不赞同欧洲国家“历史理性”自我实现的观点，但是，其他人还在秉承他的原计划去剖析世界其他部分，要求实现欧洲的现代性到普适性的可能的影响。约瑟夫·利文森（Joseph Levenson）的《儒教中国及其现代命运》

---

[1] For some orientation on universal history and its transformations, see Adalbert Klempt, *Die Säkularisierung der universalhistorischen Auffassung: Zum Wandel des Geschichtsdenkens im 16. und 17. Jahrhunderts* (Göttingen: Musterschmidt, 1960); and Tamara Griggs, "Universal History from the Counter-Reformation to the Enlightenment", *Modern Intellectual History* 4, no. 2 (2007): 219–247. On Hegel's historicism, see Michael N. Forster, *Hegel's Idea of a "Phenomenology of Spirit"* (Chicago: University of Chicago Press, 1996), part Ⅲ; and Terry Pinkard, *Hegel's Phenomenology: The Sociality of Reason* (Cambridge: Cambridge University Press, 1994). On the claim about the persistence of biblical scripts, see Karl Löwith, *Meaning in History: The Theological Implications of the Philosophy of History* (Chicago: University of Chicago Press, 1949); Daniel Smail, "In the Grip of Sacred History", *American Historical Review* 110, no. 5 (2005): 1337–1361; and Robert Pippin, *Modernism as a Philosophical Problem: On the Dissatisfactions of European High Culture* (Malden: Blackwell, 1999), 25–28.

(*Confucian China and Its Modern Fate*)就是一个例证，书中剖析了在现代欧洲更高级的普遍主义面前，中国传统主义文化面临着普遍性的危机。对列文森而言，黑格尔派的西方普遍主义迫使中国的知识分子在激进的现代普遍主义与新传统主义之间做出抉择，其中传统受到重视取决于其特殊性而不是普遍性。全球史在这里已经不言自明：儒教中国的命运将会是非现代非西方的命运，处处在机制上、文化上依情况而定的合理性将被迫接纳更好的现代西方理性。这样一种分析方法也体现在冷战后的美国区域研究与发展主义著作中，直到今天仍有许多赞成者。这种唯心世界史传统还是生机勃勃的，并不仅仅存在于弗朗西斯·福山（Francis Fukuyama）充满争议的主张当中。特别是那些深思熟虑的哲学家，像罗伯特·皮平(Robert Pippin)，曾经提议要重构黑格尔的有关现代社会的特征就是自由的唯一体现的主张。[1] 这也成了“铸造黑人脚下自卑的徽章”的中心指导思想，由马马杜·迪乌夫（Mamadou Diouf）和吉尼·普雷斯（Jinny Prais）著，见本书第9章。他们探究了黑人知识分子挑战黑格尔世界史学狭隘观念的方法，在一个重构的世界性的世界史中寻找非洲及黑人的地位。

007 也许，一部世界知识史可能要在知识分子之间、知识实践之间或者思想与观念之间展开地域与编年方面的对比。在这样一项事业中，要详尽阐明其在全球层面形成的过程与趋势，或

[1] Joseph R. Levenson, *Confucian China and Its Modern Fate: A Trilogy* (Berkeley: University of California Press, 1969); Carl E. Pletsch, “The Three Worlds, or the Division of Social Scientific Labor, circa 1950-1975”, *Comparative Studies in Society and History* 23, no. 4 (1981): 565-590; Francis Fukuyama, *The End of History and the Last Man* (New York: Free Press, 1992); Pippin, *Modernism as a Philosophical Problem.*

者通过对比的方式阐明不同时代不同地区形成的过程与趋势。确实，如果用一个最小的概念来表述“全球知识史”，也许会被看作只是一次呼吁，创造一部更加包容的知识史，尊重文化传统的多样性，拓宽思想的各种要素，超越西方制度化了的传统与欧洲中心论学会形成的狭隘限制。换句话说，这也是一次呼吁，要关注非西方的知识史学，要把它与西方知识史学一样严格对等看待。[1]

如果一部“综合史”的规划可以按照主要粮食产区、农业与游牧社会的边界来划分，那么相应的史学分析就可以围绕一些重复的主题或者围绕知识世界类似的变迁来组织，正如西普·斯图尔曼（Siep Stuurman）在本书第 2 章中指出的那样，这与希罗多德（Herodotus）、司马迁（Sima Qian）和伊本·赫勒敦（Ibn Khaldun）的研究相对。使用这个方法，“全球化”首先是一个在分析本身范围内的分析类型，也就是说，一个比较明显而独立的论述特例，目的是使它们更对等，因此能够进行比较。使全球日益接近的并不是观念或主题在地域上的传播，而是相对地域局限的空间的类比的事实，即使地区之间从来就没有发生过什么联系。事实上，彼此之间直接的影响或联系甚至可能模糊对比的条件。

换句话说，全球化规模取决于研究者的意图及研究的条件。这不是研究者或者地方类别的原因，也不依赖于其他研究方法聚焦的那些地区间融通的特定历史条件。但这并不意味着

---

[1] John Dunn, “Why We Need a Global History of Political Thought” (unpublished manuscript). Compare the *Thesaurus Linguae Sericae*, a massive online project of *Begriffsgeschichte* focused on classical Chinese, available at http://tls.uni-hd.de/ (accessed October 2011).

008 我们找不到一个例证，为特定的历史连通方式的特定类比提供一种认识论基础。例如，我们可以把“不对等发展”看作世界不同地区民族主义的论述对比，也是世界不同地区比较意识兴起的一个特定的历史基础。[1] 实际上，为了设定可以对比的条件，一些元分析方法还是需要的，它们几乎都是历史的，如“文明”“民族”“城市文化”和“文学传统”。然而，类比可以比一般分类更进一步，正如斯图尔曼在文中指出的，不用过多地关注可能的历史条件，当然，也可以被作为研究的基础，不用考虑那些把全球看作是一个空间实践活动结果的许多争论。由类比可能性非历史化导致的任何损失大概都会得到补偿，通过显著相似类比的意外发现，或者被比较地域的显著特点。

例如，无论是古代还是近代，比较知识史一个流行的主题就是“科学”的发展。在著名且充满争议的李约瑟（Joseph Needham）企图搞清楚为什么古代中国从来没有产生现代科学——儒家思想曾拒担责任，还有一些其他因素，像文字系统——之后，更近一些的 G. E. R. 劳埃德（G. E. R.

---

[1] See notably Harry D. Harootunian, *Overcome by Modernity: History, Culture and Community in Interwar Japan* (Princeton, N. J.: Princeton University Press, 2000); Rebecca E. Karl, *Staging the World: Chinese Nationalism at the Turn of the Twentieth Century* (Durham, N. C.: Duke University Press, 2002); Manu Goswami, *Producing India: From Colonial Economy to National Space* (Chicago: University of Chicago Press, 2004); and the collection of essays in *boundary* 2, 32, no. 2 (2005), a special issue on comparability edited by Harry Harootunian and Hyun Ok Park.

Lloyd）曾对比了古希腊与古代中国的唯物思想。[1] 虽然他是一个科学史学家，但是，他提出了一个更加普通的“系统调查”概念，允许在区别极大的知识系统之间展开对比，不用考虑彼此双方是相对成功还是失败，预计其或者为现代分析方法奠定基础。劳埃德的比较研究——假定地理区域之间没有历史的联系——为一段历史提供了一个范例，其中假定历史学们举办了一个全球讨论会，目的是搞清楚系统不同部分之间独有的特征。劳埃德提出自己对于类比对象的行业术语，也许是为了规避整个问题，两个完全不同的、没有联系的知识文化体系如何形成可以比较的知识实践，他建议，把全球知识并列对比，这样可以有机会提供更多的新解释。

媒介、译本与网络

一部全球史应该少涉及从全球层面设定许多变数，无论是黑格尔派，还是比较学派，更应该根据那些传播者与中间人一直使用的文化、社会、语言、文明或者地理边界，树立一种明确的整体观，因为正是它们突破了那些预设的限制，在不同地区建立了联系，并留下了足迹。与文化不可通约的观点相反，这种方法可以用来说明那些个体如何跨越了似乎不可逾越的界线，使文化知识能够彼此理解与融通。

---

〔1〕G. E. R. Lloyd, *The Ambitions of Curiosity*: *Understanding the World in Ancient Greece and China* (Cambridge: Cambridge University Press, 2002). In an earlier study along the same lines, Lloyd more boldly compared the two as scenes of science. See G. E. R. Lloyd, *Adversaries and Authorities*: *Investigations into Ancient Greek* and Chinese Science (Cambridge: Cambridge University Press, 1996).

这种中介现象甚至可以消解某种假设——那些文化当初可能就被概念化成了相互分离的。[1] 有一种说法，那些游历者的故事似乎主要集中于他们可以通过地区的物理界线，却无法超越文化的边界。爱德华·萨义德（Edward Said）的《东方学》（*Orientalism*）就是这种方法的一个典型例子。但是，放眼全球体察那些游历者曾经开创与生活的地域，这种中间人现象实际上又恢复了区域间缺乏交流的“胶囊”系统理论。再扩展一下，或者从解释学可以理解的假设的角度或从消除文化对立的解构的冲动看，中间人现象都可看作是一个积极的分支。

当然，通常来说，这样的研究从来不会把全球作为一个直接分析的对象。在前几代最引人注意的“知识转移”的描述中，文化差异并不需要在主题方面突破语言和举止的困难，那也不是一个被迫生活在美国的欧洲人所期望的。[2] 今天，过去那些克服观念边界的故事，就是对空间闭锁的拒绝。他们的历史调研对象集中在媒介（语言、行为、机构或者物质）上，并在传统研究单元的边界上游走——例如，在东方与西方之间，或北方与南方之间。从每种文化论及媒介的大型文献来看，友谊是一种骄傲，地点作为一种比喻，通过它来概念化可

---

[1] See Homi Bhabha, *The Location of Culture* (New York: Routledge, 1994).

[2] Laura Fermi, *Illustrious Immigrants: The Intellectual Migration from Europe*, 1930－1941 (Chicago: University of Chicago Press, 1968); Donald Fleming and Bernard Bailyn, eds., *The Intellectual Migration: Europe and America*, 1930－1960 (Cambridge, Mass.: Belknap Press, 1969); and Martin Jay, *Permanent Exiles: Essays on the Intellectual Migration from Europe to America* (New York: Columbia University Press, 1986).

能仍过于抽象的知识转移。[1] 依靠历史整体观的方法说明，那些中间人过去一直占据着边界，但是，通常调研的只是特定时间与地点的特定的中介行为。这甚至可能说明，通过游历的方式首先敏锐地理解了什么似乎是遥远而陌生的，可能取得特定的成就。 010

就此来说，关于游历与移民的文献足以形成新的研究领域，这些领域已经进入学者的视野，不论它们的历史记载是说明了全球的误解，还是彼此的理解。[2] 本书中，除了要概述如何编撰迁移与偶遇的历史，如瓦妮萨·史密斯（Vanessa Smith）在本书第 4 章中所示，通过识字与印刷品的流通去解释偶遇与交换的倾向，怎样使全球知识史被理论化为游历适合于一些一起活动的领域，而不是其他领域。由于现代早期游历史学非常显眼，本领域更多的新发现实现了质的飞跃，它们受到了新交通运输史，以及 19 世纪诸如邮政与电报技术传播的影响。

史密斯对于印刷品带有偏见的批判并不意味着读写与基于游历、偶遇和交换的方法毫无关系，语言文字当然非常重要。一个稍微相关的方法并不集中于单个的媒介，而是语言工具，通过它媒介行为才可能发生，然而，内容上被曲解了。一个新

---

[1] Leela Gandhi, *Affective Communities: Anticolonial Thought, Fin-de-Siècle Radicalism, and the Politics of Friendship* (Durham, N. C.: Duke University Press, 2006); and Vanessa Smith, *Intimate Strangers: Friendship, Exchange and Pacific Encounters* (Cambridge: Cambridge University Press, 2010).

[2] See, for example, Kumkum Chatterjee and Clement Hawes, *Europe Observed: Multiple Gazes in Early Modern Encounters* (Lewisburg, Pa.: Bucknell University Press, 2008); Harry Liebersohn, *The Traveler's World: Europe to the Pacific* (Cambridge, Mass.: Harvard University Press, 2006); Simon Schaffer et al., eds., *The Brokered World: Go-Betweens and Global Intelligence*, 1770－1820 (Sagamore Beach, Mass.: Science History Publications, 2009).

的以翻译为中心的全球架构将在个人游历与知识的无形传播中建立起来。这种从个体化到他们的语言的转变，其理论假设是明显而有力的理解。因此观念的调和，一直在以语言为载体的媒体中出现，这对于即使是那些最有创造力、最无畏的个人来说，也无法为他们自己创造出来。语言之间的联系，在用法上不管是地理上相近与否，每一种语言都有它本身的历史轨迹、符号生态系统，因此互译有某种特定的可能。这样，可以认为，探究观念在广阔空间传播最好的方式，就是去探究一种语
011 言译成另一种语言时，关键术语与关键书籍的翻译。立足于接受论的早期形态在30年前对文学研究产生了巨大的影响，在此基础上，研究来自一个地方的词语和文本如何在另一个地方被接受，为构建全球观念史提供一个模式。[1]

也许，部分是由于从表音文字翻译成表意文字存在具体的挑战（在本页可以看到许多旧词新义），也许还部分地归因于一个地区外交活动的中心，西方国家的表述比殖民地国家学者更加模棱两可，东亚地区的学者在这方面的努力走在了前列。他们对于所谓的“全球专用词汇”的创造做了许多具有启发意义的创新性贡献。正像萨义德描述的调和，前提是如果把全球知识史集中于翻译将没有可比性。在莉迪娅·刘（Lydia Liu）编的另一部作品集中，要优先仔细检查文字与思想在“翻译中遗失”的可能性。翻译不可避免的失败是一个关键要素，但是，即使每个译本在某种意义上是一次失败，只强调这些被忽略的东西，翻译还是会进行。正如刘坚称：假如现在翻

[1] The key text was Hans-Robert Jauss, *Towards an Aesthetic of Reception*, trans. Timothy Bahti (Minneapolis: University of Minnesota Press, 1982).

译中存在困难，甚至无法翻译，还是无法阻止翻译的企图。历史学家们也不需要一个对地方术语与观念的完美翻译去验证过去那些主角曾经的意图与他们的结果。实践中，翻译的历史研究显示，方言在绝对无法比较与一般可以完美交流两个极端之间的连续性是多么复杂又悬殊。[1]

全球出现于方式稍微不同的翻译模式当中，而不是出现在对个别游历者与媒介的研究。对跨越边界行为的研究通常强调经验，包括游历者自己的生活与时代。然而，马亚·贾萨诺夫（Maya Jasanoff）对帝国时期英国收藏家的研究显示，大量鲜活的事例基本上可以得出重要而简单的结论，人们可能对其他国家的文化与人民感兴趣。[2] 翻译模式，至少在近期的译本 012
中，对尝试成功的理解不太感兴趣，更热衷于历史上权力对翻译营造的环境。更为重要的是，倘若集中研究集体语言的使用，和个别派生词与译本广泛使用后的通用化，翻译模式经常用语言区的愿景来做结论，或者即使是该区域特定观念与字词的全球化。在这样的尝试中，就像媒介一样，全球——按照刘的说法，“自作的世界”是在特定翻译行为基础上被间接使用的。但是，全球也是作为一个经过广阔地理区域观念渗透的空

[1] See Lydia H. Liu, ed., *Tokens of Exchange: The Problem of Translation in Global Circulations* (Durham, N. C.: Duke University Press, 1999), part I, "Early Encounters: The Question of (In) commensurability"; and Lydia H. Liu, *The Clash of Empires: The Invention of China in Modern World Making* (Cambridge, Mass.: Harvard University Press, 2004). The more recent collection, Carol Gluck and Anna Lowenhaupt Tsing, eds., *Words in Motion: Towards a Global Lexicon* (Durham, N. C.: Duke University Press, 2009), focuses more on the distinctive local meanings of words that would presumably interfere with their filtration into a context-transcendent "global lexicon".

[2] Maya Jasanoff, *Edge of Empire: Lives, Culture, and Conquest in the East, 1750－1850* (New York: Knopf, 2005).

间出现的，包括完整的“国际”舞台的思想。[1]

刘集中研究中国的知识分子如何在中国的“主语言”与欧洲的“客语言”间创造对等。她提议，这种做事方法不能被简化为没有掩盖通盘考虑与政治投资的准确与不准确的轴线问题，这是形成某些特定翻译新词的条件。例如，个人主义的历史并不总是与集体主义、社区、民族和国家的观念对立。相反，它的字汇历史是差异与变化的一部分，那可能要比查询译成中文的准确性更有意趣，但是，还是要集中创造被翻译东西的对等物的过程。[2]

然而，对于其他人来说，用调和的实践地点来强调翻译还是太狭隘了，需要文字与观念的合并，由此恢复语言系统的闭合。相反，观念及物质媒介在某一地域的流通受到译本多样性的限制，每一个译本又受到前述翻译史的制约，这构成了全球知识史的统一观念研究领域。克里斯托弗·L. 希尔（Christopher L. Hill）在本书第6章中声称：概念的翻译工作，如“权利”，从英语翻译成日语，无法被充分理解，如果不首先搞清楚“权利”概念在早期翻译的历史上有它本身的精确解释，那就会导致一种语言词汇特性的不可简化或者一个国家与地区历史上语境意外情况的发生。英语与日语翻译的时候，
013 不能脱离其发行的大环境。这就意味着，强调翻译的时间，还有假定语言与文化领域分离，开始让位给跨越语言界线，强调

〔1〕Lydia H. Liu, *The Clash of Empires*.

〔2〕Lydia H. Liu, *Translingual Practice: Literature, National Culture, and Translated Modernity. China*, 1900－1937 (Stanford, Calif.: Stanford University Press, 1995). See also Douglas R. Howland, *Translating the West: Language and Political Reason in Nineteenth Century Japan* (Honolulu: University of Hawai‘i Press, 2002).

更全面更宽泛的概念通用化进程。

调研知识观念的流行或者它们在全球的载体和重视媒介的作用，或与通过它们起作用的翻译语言媒体介质有关系。[1]一般来说，对媒介与翻译的兴趣只是对传播兴趣的一个变异(也许，反之亦然)，但是，传播需要广泛地调研，而不是面上任何一个点。网络有望给我们提供更加广博的研究路径。

一个基础的、有经验的网络模式的方法专注于恢复网络的面貌，追踪它的结构、传播范围与功能。就像历史上著名的商品网络一样，从棉花到鸵鸟羽毛，观念网络史的标准就是研究那些使用广博知识的经纪人在一定程度上即多样性的中介，去搞清楚某一观念、传统与思想是如何发展的。在每一个案例中，通过对比不同神教可以看出，查证流通网络模型中的每一个细节都是重要的。至于希伯来犹太教与伊斯兰教（特别是逊尼派)，把当地各种团体松散地整合起来的单一文本的权威只是证明了从近东起源进行地理扩张的模式，而基督教无论是新皈依的还是已经基督化了的地区都被指引到一个更加完整的宗教信仰体系。[2] 政治（包括战争）当然扮演了一定的角色，在广阔地域决定了宗教信仰网络的大小、形状与结构，但是，内部知识的因素也关系重大。实际上，这个案例显示，对翻译通常有一些应用模式的限制，因为直到宗教改革和圣经本土化，才允许“基督教世界”有了一些其他的意义，而不是教堂的世界性扩张，三大一神教部分地扩散与转化，通过保

[1] See, for example, Mark Gamsa, “Cultural Translation and the Transnational Circulation of Books”, *Journal of World History* 22, no. 3 (2011): 553-575.

[2] See, for example, F. E. Peters's various comparative histories, such as *Judaism, Christianity, and Islam: The Classical Texts and Their Interpretation*, 3 vols. (Princeton, N. J.: Princeton University Press, 1990).

护高尚的、“神圣的”语言，一般禁止翻译成地方语言。[1] 014 一般观点认为，一系列的知识、机构和政治因素影响着商品专卖网络的特性，通过这个网络，特殊的思想传统得到传播。略过前面当代的例子，再举一个案例，近来学者们努力重构跨国流通网络，以宣传他们从存在主义到新自由经济学的理论。[2] 也许不需要太多的延伸就能区分雄心勃勃而又高调的特别文学体裁发展史——小说，最显著揭示出地理上不均衡与时间上惊人的东西，也是这种风格世界知识史的一部分。[3]

稍高一些的工作目标是重构一般商品流通网络地形图，该网络设置了思想（关于一般货物市场创造价值的类比）的流通路径。一个典型的调研地点——尽管罕有用全球知识史的术

[1] Compare the complicated status of written classical Chinese as a medium of intellectual exchange between literate Chinese and Japanese down to the nineteenth century: Douglas R. Howland, *The Borders of Chinese Civilization*: *Geography and History at Empire's End* (Durham, N. C.: Duke University Press, 1996).

[2] See Jennifer Ratner-Rosenhagen, *American Nietzsche*: *A History of an Icon and His Idea* (Chicago: University of Chicago Press, 2011); Martin Woessner, *Heidegger in America* (Cambridge: Cambridge University Press, 2010); Angus Burgin, *The Great Persuasion*: *Reinventing Free Markets Since the Depression* (Cambridge, Mass.: Harvard University Press, 2012); and Philip Mirowski and Dieter Plehwe, eds., *The Road from Mont Pèlerin*: *The Making of the Neoliberal Thought Collective* (Cambridge, Mass.: Harvard University Press, 2009).

[3] The project developed as Franco Moretti hoped to place his own story of the European genre in global perspective by lengthening the chronology and calling on international research teams to fill out the story of the novel's imitators and propagators. Compare Franco Moretti, *Atlas of the European Novel, 1800–1900* (New York: Verso, 1999); and Franco Moretti, ed., *The Novel*, 2 vols. (Princeton, N. J.: Princeton University Press, 2007). Stanford University, where Moretti taught, even founded the Center for the Study of the Novel to trace transnational percolation. See also Christie McDonald and Susan Rubin Suleiman, eds., *French Global*: *A New Approach to Literary History* (New York: Columbia University Press, 2010).

语去建造框架——就是现代时期欧洲“文坛”。[1] 毫无疑问，未来的历史学者们将以类似的方式看待互联网用相似术语创造的东西。但是，通常对流通领域的调研都会提出较强烈的主张：如通过网页、网络等媒介解读历史构成。如果对于媒介的研究集中于既有的空间或者文化边界去观察它们联系的那些点，那么对流通的研究就会倾向于考察在那些文化、语言、地理分离的地区构成空间连续性的特殊的连接点。在那些相互连接的链条上，历史学家们也许会指出，思想和文本是如何通过书市与广阔的知识网络传播的。他们可能还会强调分离地区的连通，或者突出打断分离地区连接的分裂。像亚当·斯密（Adam Smith）的《国富论》（*The Wealth of Nations*，1776），在不同的流通地区有不同的意义，因此，全球史也许就是要分解历史，搞清楚当面对文本显而易见的统一性的时候，不同地区多方面的反应。[2]

最后，对于这种调研方法，可看作是一种特殊的全球知识史，必须假定互通具有更重要的意义。这种方法对全球化研究提出了最强烈的要求。与媒介或者甚至于地方翻译形式不同，

[1] Recently an entire online journal, *Republics of Letters*, was begun for the early modern topic, including Anthony T. Grafton's "A Sketch Map of a Lost Continent: The Republic of Letters", *Republics of Letters* 1, no. 1 (2009), available at http://rofl.stanford.edu/node/34 (accessed March 2012). See also such works as Peter N. Miller, *Peiresc's Europe: Learning and Virtue in the Seventeenth Century* (New Haven, Conn.: Yale University Press, 2000); and Pamela H. Smith, "The Movement of Knowledge in the Early Modern World", in *Cultures in Motion*, ed. Daniel Rodgers et al. (Princeton, N. J.: Princeton University Press, forthcoming).

[2] Emma Rothschild, "Arcs of Ideas: International History and Intellectual History", in *Transnationale Geschichte: Themen, Tendenzen, Theorien*, ed. Gunilla-Friederike Budde, Sebastian Conrad, and Oliver Janz (Göttingen: Vandenhoeck & Ruprecht, 2006), 217-226.

那需要只聚焦于地区边界的跨越，流通观通常构成多向与脱离
015 原地的文化转换的大规模结构。当然，也可以用其他不同的方式概念化互通：具有世界野心的欧洲殖民主义活动的结果；国际体系结构化的结果；多重贸易、通信、交通、军事协定与外交网络交织的结果；或者说是资本主义历史发展的结果。

两个例子把全球互通的概念戏剧化了，那也是学者们过去非常感兴趣的问题（他们也说明了知识联系网的时间特征的问题，一个在本章节后面讨论的问题）。桑贾伊·苏布拉马尼亚姆（Sanjay Subrahmanyam）曾经写了大量关于 16—17 世纪“连接历史”的作品：一个由广阔而充满竞争的许多帝国碎片组成的世界，这些帝国在政治、经济与（近期他的许多作品中最感兴趣的）知识之间形成联姻关系，如他在论文中指出，16 世纪从欧洲到东南亚的千年主题的传播。[1] 对苏布拉马尼亚姆来说，14 世纪中叶直到 18 世纪中叶，是一个航行与地理大发现的时期，代表了一个决定性的想象中的“全球”与初步的“现代”（即早现代）出现的时刻，并不像有特权的欧洲的扩展轨迹，从地中海到大西洋，再到印度洋和世界的其他地区，在不断扩大的同心圆中延伸，但是像“或多或少的全球转换，由于许多千差万别的根由，同样，不可避免地，许多方式方法取决于我们观察社会的方式方法”。“当地与地区”和“超地区，甚至全球”之间的互动，其中既没有文化整合，也没有文化隔离的几个地点产生的文化融通，早已是这个时代的一个关键特征。[2] 从这个角度看，苏布拉马尼亚姆对南亚与

---

〔1〕Sanjay Subrahmanyam, “Connected Histories: Notes Towards a Reconfiguration of Early Modern Eurasia”, *Modern Asian Studies* 31, no. 3 (1997): 735-762.

〔2〕Ibid., 737, 745.

中亚的来往，同非西方与西方之间的贸易一样感兴趣。他对于后者的兴趣着眼于现代早期世界非欧洲中心组织，抵制学者们惯例地把欧洲现代社会理论传统普及化的冲动，大多数存在于泛历史模式的研究当中。[1]

尽管有苏布拉马尼亚姆的著作，但是对于“全球知识史” 016
而言，最引人注目的还是构想在日渐显露的现代环境下全球层面的传播。（实际上，流通的全球研究方法倾向现代史，也就是说，倾向于一个时期，其中互通的模式已经足够深刻，注定是全球的。）戴维·阿米蒂奇（David Armitage）在其著作中论及美国《独立宣言》（*Declaration of Independence*）时，提出一个引人注目的观点，即思想传统上从欧洲（大西洋）大城市向其他地方扩散受到了“主权思想蔓延”的影响。[2] 阿米蒂奇既没有阐明他的理论假设，也没有提出这种扩散的规则。尽管他和苏布拉马尼亚姆合作调查了现代早期结束时革命动乱中全球思想传播的轨迹，但是，阿米蒂奇宣言的“全球史”是如此操作的——至少谈到国家主权思想和主权思想成为建立国际秩序的主要障碍——采取了显见的现实的态度，依据的是滴

[1] Sanjay Subrahmanyam, “Historicizing the Global, or Labouring for Invention”, *History Workshop Journal* 64, no. 1 (2007): 329-334.

[2] David Armitage and Sanjay Subrahmanyam, *The Age of Revolutions in Global Contexts*, ca. 1760-1840 (New York: Palgrave Macmillan, 2009); David Armitage, “ ‘The Contagion of Sovereignty’: Declarations of Independence Since 1776”, *South African Historical Journal* 52, no. 1 (2005): 1-18; and, for the claim about American priority, David Armitage, *The Declaration of Independence: A Global History* (Cambridge, Mass.: Harvard University Press, 2006), 103. See also C. A. Bayly and Eugene Biagini, eds., *Giuseppe Mazzini and the Globalisation of Democratic Nationalism, 1830-1920* (Oxford: Oxford University Press, 2008); and C. A. Bayly, *Recovering Liberties: Indian Thought in the Age of Liberalism and Empire* (Cambridge: Cambridge University Press, 2012).

水模式。

依据阿米蒂奇的研究方法，一部“全球史”包括记录一种产生于美国本土，后来被其他地区援引的思想。阿米蒂奇的研究对建立文化互通的网络也缺乏细节的实证，也没有探讨后来的援引是否歪曲了本意。但是，主权的实例史提供的一个引人注目的文化扩散的例子证明，需要一个理由来说明另外非常不同的知识群体如何跨越全球且在现代时期选择以前根本不存在的思想术语去组织他们的政治活动。同时，我们也许还会怀疑他的那些现代性的假设，去探究那些使流通发生的手段，阿米蒂奇的理由似乎毫不怀疑观念的流动需要某种解释，其中解释之一是既不是个体媒介活动的结果，也不是翻译本身能够说明的具体的过程。

知识史里的全球

全球知识史可能要把全球层面意识与观念的出现作为全球
017 知识史研究本身的一个问题，或者至少是在前理论化成果的背景下，形成一套全球复杂理论的一个前提条件。这样的方法也许需要深入调查全球的空间想象、测绘、世界图画和代表性物体的历史，或者是世界主义的历史。在某种意义上，这种方法代表了一种极端的对比，要么把全球归类为本土，要么归类为世界主角活动的结果——研究档案的观念。档案本身也是研究的对象，而不是把它归类于调研者的元分析。但是，从另一种观点看，既然即使是最简短的思考都能搞清楚全球层面是用多种不同方法历史想象出来的，全球观念知识史仍然可以与对比研究完全等量齐观，因此，我们可以对空间观念进行对比分析。邓肯·贝尔（Duncan Bell）在本书第 11 章中，思考了“世界制造”全球观念的诸多方法在于他们重构了世界通则的界限。

正如谢尔登·波洛克（Sheldon Pollock）证实的，为了对比普遍——并且，在某种意义上说，全球——各种各样传统的世界观，没必要假定什么现代。[1] 问题的关键不在于世界主义有古老的历史根源（正像历史术语本身暗示的），不同的文化与文本传统把共同人性的前提与极其不同的制度基础和权力布局联系在了一起。然而，正如阿米蒂奇通过一个成熟的联系国家体系的兴起所说明的国际化一样，随着全球意识的崛起，绝大多数人都倾向于现代环境。

有人把全球研究归类为主角，并没有预先就决定要用那些中介、翻译或者网络来解释类别划分。从波洛克的方法来看，他对比了梵语与拉丁语的世界化，突出强调了由之导致的不同的政治结果，本土主义提供的语言具体化非常重要，然而，阿米蒂奇创造的“国际”更是一个知识“突破”的表述，导致今天由国家组成，同时也制造了障碍的国际秩序景象（尽管也允许就一些核心标准的超越进行讨论）。波洛克全球知识史 018
成功的标签是对比，这也使设想世界意识兴起进化的沿革变得有些困难，世界意识在某种程序上促成了自由政治哲学的传统，赞扬普遍主义的兴起，对某些学者来说，世界最终是水平

[1] Sheldon Pollock, *The Language of the Gods in the World of Men: Sanskrit, Culture, and Power in Premodern India* (Berkeley: University of California Press, 2006).

的。[1] 这并不是一个地理上越来越接近的渐近的过程，角色分类研究主要集中于解密语境的因素如何在其中起支配作用。在某种意义上，这种编史方法恢复了全球主义中永恒的地区主义。本书中，贝尔研究 19 世纪晚期“盎格鲁全球化”的案例，就是研究进化时全球知识史的例子，并且当研究者考虑它们的时候，要历史地确定它们的方位，明白这种转变对想象中的政治现实性限制的影响。

突出全球各种概念的知识史，也许只是一种补遗，或者是对我们曾经讨论过的各种各样全球进程实质调研的补充。但是——特别是倘若可以理解地突出使离开当地的地方意识——对全球意识按照地方类别进行调研（比如，作为一个分类，被同一时空的人使用），那么也可以和这些历史记述假定一种非常重要的关系，当把全球的形式当成殖民类别进行批判时最明显。[2] 在过去 30 多年活跃起来的后殖民主义学者对把全球史置于现代西方史中进行元分析的方法产生了深深的怀疑（古典学派、黑格尔学派）。这里，地方分类的“全球”被认为是欧洲殖民暴力史的产物，对全球的祈盼只不过揭露了全球统治权，通过排除其他（次要的）声音，制造出全球同量与

---

[1] For an account that begins with comparative cartographical practices and then argues for an early modern breakthrough to authentic human universalism, see John H. Headley, *The Europeanization of the World: On the Origins of Human Rights and Democracy* (Princeton, N. J.: Princeton University Press, 2007).

[2] Harry Liebersohn's recent study of the Europe's "rediscovery" of gift exchange of its (colonial) periphery does not make clear whether this is a global history because gifting practices were imported from abroad or because the colonial situation allowed exotic cultures to become a screen for fantasmatic projection. See Harry Liebersohn, *The Return of the Gift: European History of a Global Idea* (Cambridge: Cambridge University Press, 2011).

同质。正如迪佩什·查卡拉巴提（Dipesh Chakrabarty）所言：“‘欧洲’理论上仍然在所有国家历史上居统治地位，包括我们所称的‘印度’‘中国’‘肯尼亚’等。”[1] 基于这样的观点，任何全球知识史都暗含着三个方面的问题：反对允许全球范围内特定殖民地掩盖地区层面声明的主张；严格质询把“全球”的概念划归殖民地排外的范畴；开始对超越和破坏了全球时空统一、相通与连贯因素的“他者”展开历史调查。贾纳基·伯克莱（Janaki Bakhle）在本书第 10 章中就持这种批评态度。

对查卡拉巴提和其他人来说，历史学科被绑定在一个超现实的“欧洲”至上的理论假设之上。这并不是真实而复杂的欧洲，只是一些社会科学及人文学科想象的欧洲，过去经常把欧洲符号化为进步、发展、理性与现代性的模式与媒介，并用欧洲作为衡量成功与所有其他人民相对的失败的尺度。结果，为了揭露内含全球概念的暴力特征，需要对历史记述的理论基础和矫正非历史的暂时性形式进行历史性调研。但是，同样广泛的后殖民主义的冲动也许也倾向于坚持把产生知识史的声音用复数来表示，这在世界许多地区涌现的热衷于全球史研究的文本中都有体现。运用这种方法，全球知识史不是从研究对象的层面去认识，而是从专业的角度去了解，其中研究机构权力与权威分配不公是阻碍克服欧洲中心论的唯一最大障碍。[2]

首先，当他们对全球的概念提出挑战的时候，认为那只是

[1] Dipesh Chakrabarty, *Provincializing Europe: Postcolonial Thought and Historical Difference* (Princeton, N. J.: Princeton University Press, 2001), 27.

[2] See Dominic Sachsenmeier, *Global Perspectives on Global History: Theories and Approaches in a Connected World* (Cambridge: Cambridge University Press, 2011).

帝国统治的产物，后殖民主义研究方法还提出可以被称为次国际主义或全球主义的可能性。如果全球曾是一个角色范畴，那它绝不仅仅是一个殖民者的范畴——正如杰米尔·艾丁（Cemil Aydin）、伯克莱、迪乌夫和普雷斯在他们的章节中强调的那样。实际上，借助于抵制把他们重新组合起来的概念，也许是对全球殖民主义世系非常有建设性的回应。从某种意义上说，这种方法也许延展了苏布拉马尼亚姆的主张，全球知识史不只是简单地研究知识从西方到其他地方的传播，还要研究那些与目前世界权力分布不相匹配的地区。换言之，不仅要认识到由于资本主义与殖民主义导致的现代世界权力分配不公的特征，更要寻求横向联系，发挥次区域知识分子解决由下而上导致的混乱状况的动力。[1] 一种形式，这种方法指出普遍性
020 作为一种可供选择的形式。尽管常常被贴上“配生的话语”标签，原因在于构想拙劣的模仿，反殖民主义的民族主义并不只是简单地对西方模式的模块化模仿（就像阿米蒂奇论述主权问题的作品）。它也制造了一些全球竞争的假象，用它去代替殖民主义与新殖民主义的概念。杰米尔·艾丁在本书第 7 章中提出一种解释，把泛伊斯兰主义作为国际主义和反普遍主义的替代品，对源自西方的观念传播路线优势形成了挑战。[2]

---

[1] See, for example, Sugata Bose and Kris Manjapra, eds., *Cosmopolitan Thought Zones: South Asia and the Global Circulation of Ideas* (Houndsmills: Palgrave Macmillan, 2010); Kris Manjapra, *M. N. Roy: Marxism and Colonial Cosmopolitanism* (Delhi: Routledge India, 2010); Nico Slate, *Colored Cosmopolitanism: The Shared Struggle for Freedom in India and the United States* (Cambridge, Mass.: Harvard University Press, 2012).

[2] Compare Cemil Aydin, *The Politics of Anti-Westernism in Asia: Visions of World Order in Pan-Islamic and Pan-Asian Thought* (New York: Columbia University Press, 2007).

年代学与现代性问题

全球知识史的时间与内容同样重要。大体上说，我们可以有三种研究方法：一直是那样，有时是那样和从来不那样。关键是，结果发现跨越大地域空间研究的模式总是受到那些跨越大地域空间编史的那些假设的影响而变得曲曲折折。

有人宣称，根本就不存在那么一块全球空间适合开始这样的研究，因为后殖民主义者担心陷入全球空间概念的历史纠缠之中。毕竟，后殖民主义研究方法激起一些质疑，在某种程度上，全球范围是否曾经是一个实际存在的现实，那也说明，可以把全球作为非本土范畴的任何范畴。弗雷德里克·库珀（Frederick Cooper）认为：

> “全球化流行的背后”对于弄清楚世界不同地区间相互联系，解释形成资本、人口和文化运动新机制，探究能够控制这种跨国运动的制度等来说，是一次重要的探索。摆脱似乎发生于国家或者陆地范围对于分析国家社会、经济、政治和文化进程的任何一种趋势，都是有益的；但是，正式接纳一种语言也说明根本就不存在什么范围，除了星球的，在误入歧途方面冒险行为规定了各种问题。世界曾经是——现在依然是——一个政治与经济关系非常不平衡的空间。[1]

这里我们更加经验地复述了后殖民主义者对全球质疑的主

---

〔1〕Frederick Cooper, *Colonialism in Question*: *Theory*, *Knowledge*, *History* (Berkeley: University of California Press, 2005), 91–92.

张，以上质疑暗示着除极性极端化对比与本土范畴之外，根本就不存在全球知识史的写作问题，因为真正全球层面的整合从来就没有发生过。就本身而言，这种质疑把全球原因不明的扩散归为本土原因，试图认为在任何时代都起作用。但是，这的确用全球知识史的现实为反对混淆全球概念的主观要求提供了保障（对历史学科和历史学家本身），还提供了可以从运动及把世界不平衡地、间断地联系起来的特定部分分离出来的一种归并。立足于这样的观点，只有一种历史，其中人民，包括历史学者，曾经是如何想象全球的，但是，没有全球的历史是这样的。

然而，全球探究反对者的主张到底有多激进，还不太清楚。研究大规模知识现象的学者们应该明白，那些破坏了他们提出的把地理空间作为平等传播媒介的任何设想（无论是通过仲裁、翻译或者网络）。塞缪尔·莫恩（Samuel Moyn）在本书第 8 章中提出一个相关的观点，坚持认为各种各样概念全球化特定的历史片段无疑都是精心选择的结果，用成功的案例支持一些概念，但对其他的来说意味着失败。无论曾经多么慎重地提出全面的“全球化”——库珀自己也承认——它与本书贡献者们提出的知识转移的历史是不相容的。还有比“全球”更好的术语用于本项完全不同的事业形成的作品集吗？毕竟，我们使用“全球”的概念，并不是用来指出全球范围概念或者思想家们在过去任何时候取得的成就，只是尝试从方法上突破那些熟知的地理边界（同时，也没有强加一些其他的边界，如地区的、大陆的或者帝国内部的）。如果斯库拉（Scylla）被避开了，那也是历史实践中空间虚构的结果，从某种意义上说，并不是其本身的构成的问题，然后卡律布狄斯

（Charybdis）被草率地合并，作为方法论和地理限制的问题，既是历史的偶然，也是描述的错误。不管怎样，对于现在来说，第一个错误比第二个错误更缺少普遍性，并且“全球” 022 的名称是一个好指示，不用调查，没人知道任何历史实践中思想的准确地理布局，即使它这个布局从来就没有达到“世界各地”的程度。

另一个极端，否认任何时间节点全球空间的现实，包括世界史、比较史学和其他种类的媒介史学。对黑格尔来说，世界史是历史上理性自我实现的结果，意思是世界史是历史的结果，而不是历史的前提。但是，所有的人类史都曾导致了历史在全球层面的实现，也就是在现代环境下人类自由的历史。在这个例子中，整个历史总是作为回溯研究的目标，即使不是因为过往历史的因素。就比较史学而言，全球范围被调研者作为一个元分析范畴来理解，全球是一个跨历史范畴，能够在任何历史时期使用，不论那个时期是想象成全球，还是在实际上生活于其中。这种全球跨历史概念的提法——至少对于回溯分析的目的——也许适合这样的认知，探究的形式本身是有历史条件的，不论是历史哲学中理性辩证发展的，或者正如摩奴·戈斯瓦米（Manu Goswami）主张的，在发达资本主义时代不平衡发展造成的不可避免的对比的结果。但是，即使它只对开始于特定时代的调研有效，全球知识史还是要选出一个任何时期都可以调研的范围，不管它的那些主角是否意识到了全球领域。最后，当然要突出那些可以随意穿越时空的媒介，因为丝毫不用怀疑那些历史上一直跨越社会领域边界的媒介。但是，这种思想把这个问题公开化了，是否媒介在量与质上是持续的或变动的，并且是否这些媒介一直构成一个无限的网络，它的踪迹足够透明，暗示默认是整体论。

在从来不那样与一直是那样间有许多种可能性。无论是在印度的亚历山大大帝、古希腊时期的埃及、传教中的佛教徒、地中海世界、丝绸之路、蒙古帝国的跨洲扩张，或者贸易中的伊斯兰世界，很容易想象出一个世界知识史的说法，着眼于把
023 互相联系作为研究对象的历史。与这样的历史相伴随的也许是斯密的市场扩张的逻辑，在这个例子中，即思想的市场。但是，这样“长时段”（longue durée）的研究方法并不需要亚当·斯密发展主义平滑的曲线；相反，它也许是松散而分离的。然而，这样的历史大概就是对跨文明与跨大洲网络历史研究恢复兴趣的专家进行探究的补充。说到这里，苏布拉马尼亚姆就是一个典型。

但是，到了现代早期和现代时期，长时段的历史将最终不得不面对交往越来越密切的现实（全球的或者其他的方式）。由于这个原因，大多数知识史研究倾向于全球层面的探究，但是，在方法上没有什么特别的可比性，倾向于现代早期与现代时期。谢尔登·波洛克在本书第 3 章中反对现代主义将主导全球知识史研究（也许包含在本书中）。同样，苏布拉马尼亚姆也完全坚持全球在早期是存在的，但是，也有一些明显的理由说明，为什么迄今为止全球知识史已经最大深度地侵入现代研究。毫无疑问，现代主义者偏见地认为，全球与现代早期相比，在现代时期是历史进程中一个更加真实而重要的层面，无论是始于 16 世纪“地理大发现时代”和“商业时代”，正如苏布拉马尼亚姆在“关联历史”中指出的；或是始于 18 世纪或者 19 世纪殖民主义、帝国主义还是发达资本主义时代；或是始于 19 世纪末与 20 世纪反殖民主义与全球民族国家形成时

期；还是始于 20 世纪 80 年代的全球多边文化流动，正如阿琼·阿帕杜莱（Arjun Appadurai）在文化全球化的描述中指出的。[1] 近期，一系列具有挑衅性的作品例证了持续不断而非常狭窄的年代学框架。费萨尔·德乌吉（Faisal Devji）提供了一些有关基地组织的密级材料，认为它是一场运动，不像埃及穆斯林兄弟会的伊斯兰原教旨主义先驱们，而是有选择地从伊斯兰教传统中抽取一些东西，清晰地表明他们本质上是道德的抗议。这种趋向，与它的分离组织联合，缺乏任何确定的国家形式或者政治视野的责任，逐渐接近环保主义、反全球化行动主义和人权运动，也就是说，接近冷战后全球化了的“风景”，在其中作为全球化的代理人进行运作，他的那些坚定的支持者们努力工作，以图在实践中体现他们现世的意义。[2] 024

一些学者大概会认为融通会使聚焦于流通范围与速度的全球知识史成为可能，现代时期不但流通加强，质量上也大为改观。然而，依靠资本主义范畴研究全球互通的那些方法，要进一步从一般性的方法中分离出来，转向网络流通，部分原因是由于他们坚持主题问题受到影响的现代编年环境。例如，马克思主义研究全球知识史的方法将倾向于把流通现象看作是社会转变的部分、特征，或者更广泛的过程，它超越了流通的实践。

---

〔1〕Arjun Appadurai, *Modernity at Large: Cultural Dimensions of Globalization* (Minneapolis: University of Minnesota Press, 1996).

〔2〕Faisal Devji, *Landscapes of the Jihad: Militancy, Morality, Modernity* (Ithaca, N. Y.: Cornell University Press, 2005); Faisal Devji, *The Terrorist in Search of Humanity: Militant Islam and Global Politics* (New York: Columbia University Press, 2008).

在本书第5章中，安德鲁·萨托利（Andrew Sartori）概括了这种观点。[1] 在这本马克思主义全球知识史书中，流通作为一种一般历史现象，必须要与资本主义社会特别的流通区别开来，就资本主义社会范围而言，流通注定是全面商品生产的实践。同样地，波洛克与其他学者强调的前现代普遍主义的分类，也要与自由主义与马克思主义都集中的现代和解放的世界主义区别开。这样，学者们也许期望马克思主义全球知识史去关注物质和概念的流动与换位的实际条件，理论上认同资本主义社会特定的历史实践。对于这样一种方法，问题不仅是使渠道流动而且是使社会转换成为可能，这使一些特定的知识实践与概念在广大区域变得貌似合理与意味深长了。

结论

循着从黑格尔到马克思的轨迹，这些引导性的思想，其意
025 图就是强调那一种可供选择的模式进入我们的视野，当我们要超越唯心格调的古老描述“历史理性”，或者更近一些的时尚表达全球化时，目的就是为了坚持理论预见与经验详述的必要融合。一方面，这里简述了这一冒险的事业，但是，“全球知识史”领域的研究，仍然处于一个初期规划与低水平架构阶段。然而，另一方面，历史学家们或许已经为该项事业组织框架收集数据了。现在，构建一个新兴研究领域还没有提出相应的理论选择，可能会偏离必要的研究与预期目的，针对研究建

[1] Andrew Sartori, *Bengal in Global Concept History: Culturalism in the Age of Capital* (Chicago: University of Chicago Press, 2008).

议要概念化这一新兴领域，要对一些理论进行修改。但是，关于竞争模式的争论，关于年代学设想的争辩，已经足够清晰了，允许我们深思到底哪一种进入全球的路径似乎是最有前例的——如果这次探索之旅根本就合情合理。

对突出理论选择可以理解的反应就是，不同的选择适合不同的问题。选择历史主题，就有假设，理论与方法紧随，尽管我们也许也说历史主题的选择是根据历史学者们的理论假设得出的。历史学家们热衷于那些令人着迷的个体，也许会在媒介的选择方向上存在情有可原的偏见。由于他们的个性癖好与专业知识，文学学者们可能被吸引到翻译上去。对社会理论十分喜爱的罕见的历史学者也许会担心，跨越边界的知识王国的自主权，如果一般地不和社会实践相联系，是否会得到保护。

我们把不同的研究方法展示给大家的原因，不是坚持让读者发誓忠诚于其中一个，而砸碎其他的。当运用新的原始资料的时候，对全球知识史来说，可能是模式的增值，驱动这个研究领域不断向前。但是，这种态度掩盖了它自满的时刻，就思想的本质、地域扩散的条件、现代性明显的特征而言，不同的模式基于不同的相互排斥的假设，最终，学术如何能够在解释的服务中超越描述。对有说明力的并且敏锐构思的研究日程来说，概念严谨是一个必要前提，不要期望研究日程能够来源于经验研究本身的实践。由于这个原因，当一些基本的选择处于 026
该研究领域（包括是否需要构建这样一个领域）之前的时候，为了识别、比较和对照那些基本选项，以便搞清楚前面可能的路径以及每个路径背后的假定前提，暂停一下还是明智的。

第二部分　可供选择的选项

第 2 章
农耕—游牧边界的共同人文概念与文化差异：希罗多德、司马迁和伊本·赫勒敦

西普·斯图尔曼（Siep Stuurman）

本章检视希罗多德（古希腊，公元前 5 世纪）、司马迁（中国汉朝，约公元前 100 年）和伊本·赫勒敦（伊斯兰北非，14 世纪）著作中出现的有关共同人文概念与文化差异的那些概念和论述，聚焦于它们本身属于的农耕文明之间以及与生活于大草原与沙漠地区人民之间的互动。[1] 这不是一个随意的选择。草原人民居住在从乌克兰到满洲（现今中国东北地区——译者注）横跨欧亚大陆的广大草原地带。另一条边界横贯北非，游牧民面对着地中海沿岸农耕文明。2000 年以来，从公元前 6 世纪斯基泰人（Scythian）入侵波斯到欧亚大陆被中国清朝与沙皇俄国签订的《涅尔琴斯克条约》（*the Treaty of Nerchinsk*，即《中俄尼布楚条约》，1689 年）从中间

[1] Extensive references, not possible in the restricted space of this chapter, can be found in Siep Stuurman, "Herodotus and Sima Qian: History and the Anthropological Turn in Ancient Greece and Han China", *Journal of World History* 19 (2008): 1-40; as well as in Siep Stuurman, *De Uitvinding van de Mensheid: Korte Wereldgeschiedenis van het Denken over Gelijkheid en Cultuurverschil* (Amsterdam: Bert Bakker, 2009), 147-197.

分割，农耕—游牧的划分就是旧世界[1]显著生态与文化的分界，这是世界历史的重要结构性特征。

在世界历史上，文化往往被看作是文化边界划分的主要指标。从阿诺德·汤因比（Arnold Toynbee）到威廉·麦克尼尔（William McNeill）的《西方的崛起》（*Rise of the west*，1963年）等等，他们习惯性地把文明看作是世界历史的重要组成
034 部分。然而，麦克内尔提供了一种修正主义的观点。尽管文明仍然是他表述的主要单元，他争辩说，文明的内在发展不足以解释世界历史的发展动力。相反，他设想“推动社会发生历史性巨变的最重要因素是和那些掌握新的和不常见技艺的陌生人取得联系”[2]。本质上没有文明，除非文明相互交流，这才是他解释架构的关键。因此，边界是历史的引擎。在他后来的自评中，麦克内尔怀疑他最初的假设“可识别地区分历史的是那些自治的社会实体，它们之间的互动在全球层面定义了历史”[3]。他的答案就是为世界进程和人员、货物、技术和思想

---

[1] Jerry H. Bentley, *Old World Encounters: Cross-Cultural Contacts and Exchanges in Pre-Modern Times* (New York: Oxford University Press, 1993), 23–28; Christopher I. Beckwith, *Empires of the Silk Road: A History of Central Eurasia from the Bronze Age to the Present* (Princeton, N. J.: Princeton University Press, 2009), 235. The long waves of political and cultural interaction across the Eurasia “steppe highway” were first discussed in Frederick J. Teggart, *Rome and China: A Study in Correlations in Historical Events* (1939; repr., Berkeley: University of California Press, 1969); see also Owen Lattimore, *Inner Asian Frontiers of China* (1940; repr., Boston: Beacon Press, 1962); William H. McNeill, *The Great Frontier* (Princeton, N. J.: Princeton University Press, 1983), 11–15; and, more recently, Clive Ponting, *World History: A New Perspective* (London: Pimlico, 2001), 146–154; James A. Milward, *Eurasian Crossroads: A History of Xinjiang* (New York: Columbia University Press, 2007), 17–30.

[2] William H. McNeill, *The Rise of the West: A History of the Human Community* (Chicago: University of Chicago Press, 1991), xvi.

[3] Ibid., xx.

跨文明流动提供更多的空间。

这就提出一个问题，我们是否仍然有理由把文明说成是世界历史单元。到这里，麦克内尔认为从社会政治转向了知识历史："一个共享的文学规范，期望那个规范能为人类行为提供框架，也许就是我们所要表达的文明的中心。"[1] 这把我引向另一个相关的问题，虽然不是麦克内尔提出的，但对全体全球知识史相当关键：和陌生人之间的交往如何影响文明规范的发展？跨文化的冲突暗含着对其他文化和其他"不言自明"的观点的承认。这种冲突以一种新奇疑问的形式为文明规范承担了保护者的角色，可以概括为：如何去构建文化差异？

文明的规范一般源于宗教教义、神话故事、深奥而宏大的诗歌、智慧之书和哲学。当与陌生人的冲突获得重要价值的时候，就会产生新的历史、地理、人种知识学科。本章集中探讨这些新趋势，对比三位权威历史学家有关农耕—游牧边界的论述，虽然他们在时空上是遥远分离的。这些历史学家都做了深入的研究，在他们自己的文明语境中几乎是独一无二的。[2] 我将要展示，在他们本土的政治与知识背景中超越他们牢不可破的地位，他们都提出了农耕—游牧互动中是存在问题的。沿
着这条主线研读希罗多德、司马迁和伊本·赫勒敦，将使我们 035
能够重新解释和重新审视他们的作品，从其他人认为非常大的差异中找出他们之间的相似性。

---

[1] William H. McNeill, *The Rise of the West: A History of the Human Community* (Chicago: University of Chicago Press, 1991), xxi.

[2] But see David Schaberg, "Travel, Geography, and the Imperial Imagination in Fifth-Century Athens and Han China", *Comparative Literature* 51 (1999): 152－191; Stuurman, "Herodotus and Sima Qian"; Hyun Jin Kim, *Ethnicity and Foreigners in Ancient Greece and China* (London: Duckworth, 2009).

跨界思考

从根本上说，可以从两个方面思考跨文化与族群边界问题，我把它们称作共同人性与人类学转换。

诉诸普遍价值与人类共性，共同人性的概念排除了文化的差异。共同人性的谈论可以把一个陌生人变成同伙。共同人性寻求从文化差异中被抽离出来并超越文化差异，而人类学转换则集中于差异。然而，共同人性主要是通过宗教与哲学的语言表达出来的，而人类学转换的专用语言是历史、地理和种族。当人们通过一种显而易见的模式去识别陌生人的时候，当他们谋求去了解陌生人与他们联系密切、互相作用而不是一系列稀奇古怪的怪人的时候，当他们开始想象陌生人有可能如何看待他们的时候，人类学转换就是可能的。尽管共同人性可以把一个陌生人变成同伙，但是，人类学转换解构了语义学上的“我们”与相对的“他们”。

在世界历史的长河中，跨文化边界思考已经远非显而易见了。德国古埃及学家扬·阿斯曼（Jan Assmann）声称，尽管他们与相邻人民存在对外交换，古王国与中王国时期的埃及人还无法想象边界以外人民清晰的社会秩序。埃及被视为秩序井然的世界，边界以外生活着“绝对的外国人，与他们的任何关系都是不可思议的”[1]。基于这样的背景，甚至把陌生人描述为有“异常”习惯与思想的“其他人”作为一项成就。在

[1] Jan Assmann, *The Mind of Egypt: History and Meaning in the Time of the Pharaohs* (New York: Metropolitan Books, 2002), 151.

历史学与种族学中人类学转换的出现，使我们有机会把边界与边地看作是一个有创造力的互动区域，而不是一个充满敌意与偏见的地方。过去十多年来，被广泛采用的“他者化”和“东方主义”（或“西方主义”）作为知识史的分析框架，使人很容易忽略人类学转换的重要性，并且已经导致“边界文 036
本”研究中对批评与普世冲动的低估。

聚焦于差异的人们用一系列与自己的生活方式的对比来描绘他人的文化，这本身并不是很有意义的。人类的思维总是通过与已知对比来认识未知。[1] 人类学转换使人们能够系统地自省地进行对比。即使那些族群学包含着消极的判断与老套的陈述，那也是朝着评估其他文化合理性迈出的第一步。与陌生人的冲突呈现许多种形式，从战争到合作。从这个意义上讲，边界是一个真正的或者想象的拒绝与接纳、不理解与相互理解的场所。我们心里应该明白，这不是一个零和游戏。对其他人民人性的否定和对他们平等的认知代表两个极端，而大多数的历史就是在这两个极端之间连续上演。

作为一个规则，共同人性与人类学转换共存于对陌生人的文明著述之中。文明规范一般情况下依靠那些永恒的事实，通常与社会规范、集体传说、崇高的宇宙王国及神有关系。在这一过程中，那些地方的思想被转换成了世界概念和人性的标准。事实上，所有有关共同人性的论述，包括那些设想或者结论，以及所有的人类共享一种或者多种品质、起源、能力、潜力或者责任。这个假设使我能够对共同人性提出一个暂时的定

---

〔1〕See Muzhou Poo, *Enemies of Civilization*: *Attitudes to Foreigners in Ancient Mesopotamia*, *Egypt*, *and China* (Albany: State University of New York Press, 2005), 37.

义，指出我正在寻求的那种论述。于是，我给共同的人性定义为文化上的显著相似性。这个定义有它的优越性，“文化上的显著”这个限定语，包含了共同人性所代表性的本质。更进一步讨论，我们可以把平等的尊严与平等设想成共同的人性逐渐强化。

共同人性的那些观念通常来自规范的内在逻辑。作为一个规范，渴望更高水平的权威与事实，有关它的讨论变得更加抽象而普遍，越来越难以从地理上区分。也就是说，某些思想和道德准则是绝对正确的，不能到了黑海对岸或者越过长城之
037 后，就失去了它们的正当性。哲学和宗教事实的内在逻辑推动我们要突破文明产生地的边界。源于“我们的道路”，它们已经被转换成了异地的事实，加强了新兴的共同人性的概念。

在遥远的古代，当无人能画出一张整个星球的种群地图的时候，圣人与哲学家们走出他们生活的社区去寻求人类状况的知识。当荷马（Homer）让他的说书人宣称，所有的人都会死，人人都需要上帝的时候，他并不只是告诉我们希腊人和特洛伊人之间发生了什么。断定人类的品质总是来源于地方环境，但是它们的一般化语义学却能使作者与读者打破它们的地方限制从而进行共同思考。相应地，“想象的人性”在能被长时间验证之前，通过推论就能得出，甚至是在现代全球化之前很久。

一般来说，这种想象的人性融合了事实的与规范的论述。我们可以用公元前 4 世纪时中国圣人孟子（Mencius）——中国古代儒家传统的奠基人之一——著作中的观点来证实有关共同人性的这些说法。孟子试图坚持同情是人类本性的组成部分：“我那么说的原因是，没有人在其他人遭受苦难的时候，

缺乏同情心。假如一个人，突然地，看到一个小孩正在掉进井里的边缘。他也许自然就产生恻隐之心。”依照孟子的说法，同情是人天生就有的，并不是基于个人的利益与名声。他的结论，“从这一点就能看出，无论是谁，缺乏同情心的人，就不是人”[1]。这里，孟子试图将两个主张合而为一。第一个主张是真实的，对一个处于危难中无助的孩子的同情是一种直觉的无意识的感情。没有人对处于命悬一线的孩子无动于衷。但是，孟子的结论上升到了一种规范的层面，缺乏同情心的人就不是一个真正的人。

争论的第一部分把同情置于人的本体论基础之上。怜悯的天性深藏于每个人的内心。[2] 但是，在第二部分，孟子假定部分人对身处危险的孩子见死不救是道德败坏的。他总结说，038
这样的人不是完全的人。列举那些道德文盲的行为，他们是无法实现其作为人的潜力的。接着来看孟子对于共同人性的观点，它是建立在事实与规范的基础之上的。通过做正确的事，人能从其他人那里得到共鸣，了解他们的人性。然而，孟子用这种特定的方法为共同人性举例的事实恰恰说明，他也意识到，在真正的生活当中，许多人没有做正确的事。这样，他试图说服这些人修正他们做事的方法，指出他们如果不那样做，就会偏离他们真正本性的终极目的。

儒家传统为虚构的共同人性提供了一个典型案例。当共同

---

[1] *Mencius*, translated and introduced by D. C. Lau (London: Penguin Classics, 1970), 82 (Ⅱ, A, 6).

[2] See Hao Chang, "Some Reflections on the Problems of the Axial Age Breakthrough in Relation to Classical Confucianism", in *Ideas Across Cultures: Essays on Chinese Thought in Honor of Benjamin I. Schwartz*, ed. Paul A. Cohen and Merle Goldman (Harvard East Asian Monographs 150, 1990), 24-25.

人性的专用语言是宗教、学问与哲学的时候，它属于轴心时代的知识传统。这种语言既抽象又普遍，非常适合表达“超越”或者“落后”文化差异的共性。他们所不能做的就是提供一种处理依情而定的历史与地理差异的语言。那些跨越边界的人面对选择罕见地豁达直接。相反，那些在外地的旅行者不得不通过那些历史上经常发生意外事故的“危险水域”。为了顺利通过，他们需要从经验与世俗方面获得更加敏感的知识。正是由于边界的经验，造成了地理与族群分布。即使这样，共同人性的宗教与哲学语言还是保持了它的重要性，尽管关系不是那么密切。如果没有共同人性的观念，陌生人的人性也许是无法理解的。然而，共同人性并不会向差异鲜明的现实妥协。

历史、意外事件与文化多元化

曾经，孟子讲“中国人按照自己的方式改造了野蛮人，而不是野蛮人按照他们的方式改造了中国人”[1]。这样，他认识到一个外在的“他者”的问题，但是，他没在任何细节上
039 深究，而是认为中国中心主义理所当然。由那些新历史论述的创造者们负责来充实跨越边界的那些“野蛮人”的描述。被称作“历史”的东西，我们还应该加上的，通常包括地理与族群的一个合理数量。伟大的轴心时代的宗教与哲学阐释了长期存在的事实，涉及不同时空发生偶然事件的历史。

下一步，我要仔细研究希罗多德、司马迁和伊本·赫勒敦他们本身在农耕社会，作为文学中记录的城里人，是如何论述

[1] *Mencius*, 103 (Ⅲ, A, 4).

游牧民族的。游牧民被看作是“他者”，惯例归类于“野蛮人”，有时甚至是“未开化的人”，但是，他们也是“丝绸之路”——历史上欧亚旅行与贸易的大通道上可怕的武士与不可或缺的伙伴。与农耕社会模式化的生活方式相反，游牧民族活动的范围内也出现了城镇与农业生产。[1] 同样地，伊本·赫勒敦论述的沙漠游牧民也是勇敢的武士，保护和引导商队与其他旅行者穿过撒哈拉大沙漠到达繁荣的西非伊斯兰文明世界。既作为经济的中间商又承担了入侵者与征服者角色的游牧民既受到感谢与尊敬，同时也被害怕与受鄙视。直到 18 世纪，他们是世界上主要的自治角色。现在我们将要了解那三个历史学家如何论述游牧民及他们与农耕文明打交道的。

希罗多德论斯基泰人

希罗多德转向写作波斯战争故事之前在《历史》（*Histories*）前四卷本的“地平线之旅”（tour d’horizon）部分论述了当时已知世界的斯基泰人。他对非希腊人的研究放在了卷一开头部分，宣称要为后代记录希腊人与野蛮人曾经实施的“伟大而非凡的行动”的历史。[2] 希罗多德同等对待希腊人与波斯人，对那场伟大战争中的敌人波斯人的描述非常公

---

〔1〕See Beckwith, *Empires of the Silk Road*, 325; Nicola di Cosmo, *Ancient China and Its Enemies: The Rise of Nomadic Power in East Asian History* (Cambridge: Cambridge University Press, 2002), 169-170.

〔2〕Herodotus, I, 1. References are to book and chapter; translated by A. D. Godley, Loeb Classical Library (Cambridge Mass.: Harvard University Press, 1999).

平，那场战争也是这本书的主要话题。[1] 希罗多德在他那深邃的观察中有效地利用了种群学转换思想，埃及人惯于给不说
040 埃及语的所有人贴上野蛮人的标签，在一个更加理论化模型中，在他著名的格言中认为，当让人选择最好的习俗与法律的时候，人们总会选择那些超越其他人的优势（nomoi）。[2] 这样，种族优越论自然就出现了，但是，正如希罗多德在原文本中指出的，那不是一个无以逃脱的铁牢笼。[3]

对希腊人来说，定居在黑海北部大草原上的斯基泰人的游牧文化当然比埃及与波斯的习惯更陌生。与埃及人、波斯人以及希腊自己人相比，斯基泰人几乎没有大点的城市，也没有文字。然而，我们也不能过分夸大希腊人眼中斯基泰人的相异性。希罗多德笔下的斯基泰人是严肃而开明的。他观察发现，大多数北方人有些愚钝，但马上认为斯基泰人是个例外。[4]

---

[1] See Michael Flower, "Herodotus and Persia", in *The Cambridge Companion to Herodotus*, ed. Carolyn Dewald and John Marincola (Cambridge: Cambridge University Press, 2006), 274–289.

[2] Herodotus, Ⅱ, 158; Ⅲ, 38.

[3] In the historiography, Herodotus's cross-cultural pluralism has been downplayed by François Hartog, *Le miroir d'Hérodote: Essai sur la representation de l'autre* (Paris: Gallimard, 1991); James Redfield, "Herodotus the Tourist", in *Greeks and Barbarians*, ed. Thomas Harrison (Edinburgh: Edinburgh University Press, 2002), 24–49; Vivienne Gray, "Herodotus and the Rhetoric of Otherness", *American Journal of Philology* 116 (1995): 185–211. Such assessments have been convincingly challenged by Rosalind Thomas, *Herodotus in Context* (Cambridge: Cambridge University Press, 2000); Rosaria Vignolo Munson, *Telling Wonders: Ethnographic and Political Discourse in the Work of Herodotus* (Ann Arbor: University of Michigan Press, 2001); Rosaria Vignolo Munson, *Black Doves Speak: Herodotus and the Languages of Barbarians* (Cambridge Mass.: Harvard University Press, 2005); and Tim Rood, "Herodotus and Foreign Lands", in *The Cambridge Companion to Herodotus*, ed. Carolyn Dewald and John Marincola (Cambridge: Cambridge University Press, 2006), 290–305.

[4] Herodotus, Ⅳ, 46.

在开篇述及斯基泰人部分，希罗多德详细描述了他们如何使用心理战，对想象力在权力关系中的作用有准确的理解。[1] 希罗多德适当地详细列举了斯基泰文化知识，也不出人意料，因为黑海北部海岸曾经有两个多世纪是希腊的殖民地。希腊从斯基泰人那里输入奴隶、牲畜、小麦、蜂蜜、蜡、兽皮和黄金，输出葡萄酒、橄榄油、纺织品与手工艺品。[2] 斯基泰人赞赏希腊艺术，有时候也仿制。希腊商人在斯基泰人的城市内部广泛旅行，为迎合斯基泰人的口味，修改艺术作品以适合当地市场需求。在他对希腊与波斯联系的经典研究当中，埃利斯·明斯（Ellis Minns）赞扬了"希腊商人的能量，他们摸透了那些野蛮人顾客的需求……什么东西可能吸引他们的眼球"[3]。在5 世纪的雅典出现了一支斯基泰人组建的公共奴隶警察部队，同时值得一提的是希罗多德在雅典也生活了几年。[4] 这种背景下，希罗多德声称曾经亲自参观过斯基泰的可靠性问题就不那么重要了。

希罗多德对斯基泰人感兴趣的第二个原因就是，他们是希腊敌人的敌人。卷四大篇幅欣喜地描述了波斯远征斯基泰的失败。这也许是现存最早的游击战术如何打败正规军的分析。斯基泰人明智地避开了与波斯重装部队及数量上占优势的步兵发

[1] Herodotus，Ⅳ，3-4.

[2] See Ellis H. Minns，*Scythians and Greeks*（1913；repr.，New York：Biblo and Tannen，1971），37，283-291，438-441；see also A. A. Maslennikov，"The Development of Graeco-Barbarian Contacts in the Chora of the European Bosporus"，in *Scythians and Greeks*，ed. David Braund（Exeter：University of Exeter Press，2005），153-166.

[3] Minns，*Scythians and Greeks*，283.

[4] See Balbina Bäbler，"Bobbies or Boobies? The Scythian Police Force in Classical Athens"，in *Scythians and Greeks*，ed. David Braund（Exeter：University of Exeter Press，2005），114-122.

生正面对抗。但是，为了搜寻找不到的敌人，波斯人被诱进了041 斯基泰，在那里也找不到食物。希罗多德判断，他们陷入困境是波斯国王大流士（Darius）无能的结果，这也有利于理解斯基泰人的社会功能。当波斯军队被这场非决定性的战役弄得精疲力竭的时候，斯基泰人最后派出一个使者，给大流士带去一个礼物，包括一只鸟、一只老鼠、一只青蛙和五支箭。大流士天真地认为这些贡品的意思是要交出土地、水和武器，标志着斯基泰人的屈服。但是，据大流士的顾问戈布里亚斯（Gobryas）的解释，斯基泰人的信息根本就不吉利。不是轻易取胜，而是诅咒波斯人获得厄运："除非你变成鸟，变成波斯人，飞向空中，或者变成老鼠躲到地下，或者变成青蛙跳进水里，否则你们将被这些箭射中，永远回不了家。"[1] 遭受了更大的灾难之后，大流士被迫承诺戈布里亚斯的判断是对的，波斯人放弃了这场战争，庆幸能活着逃出。

在那个关键时刻，当波斯军队精疲力竭极易受到攻击的时候，斯基泰人建议与小亚细亚（Asia Minor）的希腊城邦建立联盟。他们争辩说，现在是一劳永逸地严重削弱波斯军队的有利时机，但是，希腊城邦的那些微不足道的专制君主们，害怕他们中间的民主分子，拒绝了这个提议。希罗多德给斯基泰人下了定论，并且这个插曲以批评希腊那些专制君主的奴性思维方式而结束。[2]

通过运用机智而灵活的战术，依靠可移动的家庭与快速运动的马上弓箭手，斯基泰人设法避开和扰乱波斯人的庞大战争

[1] Herodotus，Ⅳ，132.

[2] Ibid.，142.

机器。希罗多德真诚地赞扬了他们的游牧式军事技术，注意到：

斯基泰种族（氏族，有时候表达为“民族”）在那些事情上对所有的人类事务具有伟大的意义，创造了我们所知的最聪明的发明；我并不是在所有方面赞扬斯基泰人，但是，在这件伟大的事情上，他们已经设计得如此完美，以至于进攻他们的人无可逃脱，只要他们不想被发现，没人能找到他们。[1]

除了军事战略，希罗多德还列举了斯基泰人有关食物、衣着、住所、动物饲养和丧葬礼仪等详尽的知识。他对斯基泰文化的了解在他进一步探讨斯基泰语言的时候，得到了进一步证实，例如，他提到了斯基泰人用来表示雪、宙斯（Zeus）和其 042
他神，以及他们对亚马孙族（Amazons）（人类杀手）的文字。[2]

有趣的是，希罗多德挑剔的观察只是涉及了斯基泰人的种族中心主义。他把两个斯基泰人的故事联系在了一起，安纳卡西斯（Anacharsis）和斯基勒斯（Skyles），他们访问了希腊，并在那里“入乡随俗”了。返回家乡，当他们被发现已经接纳了希腊的宗教仪式，双双被杀。但是，种族中心主义并不是作为斯基泰人的特别缺点被提出来的。希罗多德得出结论，“他们也非常反对实行外人的风俗习惯”[3]。在最后的分析中，斯基泰人的地区观念只不过是希罗多德有关种族中心主义

〔1〕Herodotus，Ⅳ，46. On the race-nation ambiguity，see C. P. Jones，“Ethnos and Genos in Herodotus”，*Classical Quarterly* 46（1996）：315-320.

〔2〕Herodotus，Ⅳ，31，59，110；see also Munson，*Black Doves Speak*.

〔3〕Herodotus，Ⅳ，76；I have changed the translation slightly.

无处不在信条的又一个例证。

希罗多德的斯基泰人种族学说通常是依据赞赏而恭敬的态度书写的。他认为斯基泰是一个从功能上讲在风俗与技艺上环环相扣的社会，非常适合军事防御，以及在干旱草原环境生存。应当承认，希罗多德的确是把斯基泰人描述为“他者”，认为他们的生活在许多方面与希腊认为正常的正好相反。尽管他明显地意识到了这一点，但是在探讨斯基泰文化的时候，并没有屈尊俯就。在《历史》的叙述框架中，几乎整本书都致力于斯基泰人研究，把他们和波斯人、埃及人同等对待。(希罗多德也有相当准确的关于商队通过撒哈拉沙漠游牧地足迹的信息。)[1] 波斯人，曾经帮助亚述人（Assyrian）公主嫁给斯基泰人的国王，目的为了签订一项协议（可能也可以解读为一种屈服的姿态)，同样认为斯基泰人非常不同，但是，可能不把他们看作是完全未开化的人。[2] 这样，我们也许就可以得出结论，尽管希罗多德把斯基泰人描述得完全不同，但是，他也没从理论上在世界文化等级的范围内对农耕与游牧文化分出高低优劣。

---

〔1〕See Rhys Carpenter, "A Trans-Saharan Caravan Route in Herodotus", *American Journal of Archaeology* 60 (1956): 231 – 242; Mario Liverani, "The Libyan Caravan Road in Herodotus IV. 181–185", *Journal of the Economic and Social History of the Orient* 43 (2000): 496–520.

〔2〕See Amélie Kuhrt, *The Persian Empire*: *A Corpus of Sources from the Achaemenid Period* (London: Routledge, 2010), 33. The Bisitun inscription contains claims of Darius to authority over the Scythians, and it mentions his campaign against the Scythians in Central Asia, but not his forays into western Scythia (see Kuhrt, *The Persian Empire*, 141 – 150).

司马迁论匈奴

希罗多德对所有的帝国都持批评态度，但是司马迁把帝国看作是自己的自然栖息地。与希罗多德不同，中国历史学家假设一个帝国应该或者打算在未来统治“天下”。即使这样，帝国的统治仍然是不确定的、脆弱的。公元前221年短命的秦统一了中国，过去不到一个世纪的时间，司马迁来到了这个世界上。秦（前221—前206）的倒台，主要归因于其残酷的统治。汉朝采用儒家思想作为统治信条，表明统治者寻求一种可以深入人心影响思想的统治方法。尽管严厉的刑罚并没有消失，但是儒家政治文化的本质可以概括为“文明教化治理”。

循着其父司马谈的足迹，司马迁在严厉的汉武帝（前140—前87）手下做了太史。然而，司马迁并不是一位没有独立见解的宫廷史官。事实上，在公元前99年，他遭受到了羞辱，因质疑皇帝的意见受到宫刑的羞辱。即使这样，他在历史探究中毕生求真的精神，不能用个人愤恨来解释。司马迁用过去同时代董仲舒（Dong Zhongshu）对孔子《春秋》的解释来证明这个问题。据董仲舒讲，“孔子当年批评过皇帝，训斥那些封建领主，谴责那些高级官吏”。司马迁在他的中国历史的最后自传章节中认可地引用了董仲舒的评价。[1] 但是，与希

〔1〕Sima Qian, *Records of the Historian*, 130, cited in Burton Watson, *Ssu-ma Ch'ien: Grand Historian of China* (New York: Columbia University Press, 1958), 50; see also Sarah A. Queen, *From Chronicle to Canon: The Hermeneutics of the Spring and Autumn Annals According to Tung Chung-shu* (Cambridge: Cambridge University Press, 1996); David Schaberg, *A Patterned Past: Form and Thought in Early Chinese Historiography* (Cambridge, Mass.: Harvard University Press, 2001), 308-312, 317.

罗多德不同，他的声明是间接地表达出来的。

基于秦朝灭亡的背景，扩张政策充满危险。帝国宫廷一个重要的政治派别，司马迁也属于这个派别，担心帝国扩张的黩武精神会和繁重的赋税及征兵联系起来，可能重现秦朝的暴政。然而，汉武帝并没有留意这个前车之鉴。相反，他大规模地发动了对强大匈奴联盟的远征，因为他们沿长城边界对中原形成了挑战。对于中原人来说，时常有一种文化优越感，对游牧部落联盟军事实力的恢复非常难以忍受。这些既没有大城市，也不精通书写的"野蛮人"，是如何运用如此强大的力量的呢？

像希罗多德的《历史》一样，司马迁的《史记》（*Records of the Historiam*）（历史学家的记录，写于约公元前100—前90年），也公平地记录了地理与种族，材料引自官方档案与旅游

044 者见闻。司马迁亲自参与几次对长城前线的远征。出于成败的战略考虑，有关匈奴的章节在他的长文本当中是最长的。通过考察，司马迁开始认为匈奴对于汉人来说，是"一个持续烦恼与危害的根源"。相应地，司马迁解释说，帝国"已经试图搞清楚匈奴强盛与脆弱的周期"。"这样"，他宣称，"我描述了匈奴的情况"[1]。从表面来看，这似乎是服务于帝国需求的工具性研究。还有一些有关匈奴史的简明记事，充满了否定的描述（"他们不……"），从许多自农耕社会到游牧地区的观察者对有关游牧文化的游记当中看得出来。对于这一点，司马迁注意到，四处洗劫与拦路劫掠对匈奴人来说似乎是"与生俱来的"。

---

[1] Sima Qian, *Records of the Grand Historian*, trans. Burton Watson, vol. 2, *Han II* (New York: Columbia University Press, 1993), 129.

司马迁实事求是地评价游牧民族的军事战略与技巧，和希罗多德论述斯基泰人非常一样。尽管他不像希罗多德对军事游牧就其所知极尽赞美之词，司马迁也没有低估“文明开化”的标准。也像希罗多德一样，司马迁也强调游牧民族的习惯、食物、衣着、牲畜、武器和策略非常适合于草原的环境。与希罗多德一样，司马迁也意识到边界贸易的战略重要性。匈奴需要农业与手工艺品，中原人需要草原来放马。司马迁的匈奴种群学说在谴责他们“非汉化”方式与开诚布公的赞美之间摇摆，常常不情愿地赞美他们的军事才能与管理的有效方式。他对匈奴联盟政治组织的描述传达了一种有效国家治理的印象，而不是原始而嗜血的独裁专制。联盟复杂的中央集权联合体与分权管理可能使人想到这种体制与汉帝国庞大的官僚体制形成鲜明的对比。应当承认，司马迁举出匈奴许多残酷而无情的案例，但是他又列举出汉人当中许多类似的案例。

司马迁严重偏离单纯中国中心主义在中行说（Zhonghang Yue）的故事中可以找到例证，中行说是汉文帝时期的一个太监，于公元前 174 年后不久为维护和平条约被派遣护送公主北上嫁给匈奴单于。朝廷把这个使命强行指派给了中行说，当他到达的时候，马上投降了匈奴，得到了恩宠，做了单于的谋臣。司马迁大量引述中行说，一是当中行说警告单于不要采纳汉朝的消费模式的时候，二是当他诘难汉朝使臣批评游牧民族风俗习惯的时候。

中行说开始就指出，汉朝的人口远远超过游牧民人口（比率差不多 50：1）。尽管如此，匈奴还是能够反抗，有时还会取得对汉朝作战的优势，因为他们的生活方式非常适合于军事活动和草原环境。他还警告游牧民不要采用汉朝的品味与奢侈品，举例说，穿着丝绸长袍完全不利于骑马“通过灌木与荆棘”。长远来看，汉朝的奢华将削弱其军事优势。这个宦官还强调奢华对军事化社会的危险，这种观点跟后来欧洲解释罗马帝国崩溃有许多相似之处。

迄今为止，该宦官主要强调了中国化的危险。不管怎样，他在诘难汉使的时候，从游牧民的角度批评了汉朝社会。汉使谴责游牧民把锦衣玉食送给年轻人，说他们对老年人不够尊重。中行说反诘汉使说，在战争时期，汉朝人也那样做，汉使不得不承认的确如此。那么，中行说坚称，战争是匈奴人的主要职责，年轻人承担战争主要责任，所以把那些美食与衣物给年轻人是恰当的：“年轻人愿意为保卫国家而战，父子才能安全生存，怎么能说匈奴看不起老年人呢？”〔1〕

这个宦官继续解释说，游牧民提供了他们所需要的一切，实际上比在穷苦中不断劳作的汉朝百姓有更多的闲暇时间。在答复汉使非议匈奴“非中国化”婚姻法典的时候，中行说解释说，此举的目的是为了保证人口的增长和维护宗族的延续，以便统治家族面对混乱与战争的时候，能够团结一致。他用下面这段话尖刻批评了汉朝社会：

> 另一方面，在汉朝，一个男人或许永远不会娶他的继母与兄弟的遗孀，但是，同一家庭的成员甚至会疏离到以相互残杀告终！这也恰好说明，为什么中国有那么多的王朝更迭！此外，在汉朝人当中……统治者与被统治者之间的仇恨在不断上升……中国人尽管面对危险的威胁，但

---

〔1〕Sima Qian, *Records of the Grand Historian*, trans. Burton Watson, vol. 2, *Han II* (New York: Columbia University Press, 1993), 143-144.

是，百姓在临战时不去练习攻战本领，稳定时却又被生计搞得疲惫不堪。唉！生活在土屋里的人啊——你们说得太多了……只是因为你们戴着帽子，难道这有什么了不起吗？[1]

在这个引人入胜的段落，司马迁是想告诉他的读者，如果一个明智而公正的中国人熟悉世界上“野蛮人的观点”，他会如何判断这个世界？

在其他地方，司马迁谈论了类似于匈奴的其他游牧民的生活方式，即生活在亚洲内陆西部的乌孙人，对匈奴既害怕又敬畏，几乎不会想到遥远的中国。[2] 这样一种“全球的”观点，显示出并不是每一个中国人都认为中国是世界的中心，也许会让汉朝谦虚一些。中行说的文化自我转换本身是一个非常重要的心理学论据，他真正地揭穿了孟子的主张，他从来没听说过中国人接纳野蛮人的习惯。在司马迁的叙述当中，这个宦官是引人注目的，但决不是唯一跨越边界的例子。司马迁用中行说颠覆了汉人议论的标准，类似于希罗多德用埃及人认为所有不说埃及语的人都是“野蛮人”，颠覆了埃及人的标准。历史学家们移情对待匈奴，要更加显著地考虑，他们是汉朝的重要敌人。妮古拉·迪科斯莫（Nicola di Cosmo）认为，也许司马迁（正如希罗多德一样），“被同时代的人看作是‘亲野蛮人’（barbarophile）”[3]。

这个故事的主旨就是，在汉语的话语中，匈奴没有好的理

---

[1] Sima Qian, *Records of the Grand Historian*, trans. Burton Watson, vol. 2, *Han II* (New York: Columbia University Press, 1993), 144.

[2] Ibid., 239-240.

[3] Di Cosmo, *Ancient China and Its Enemies*, 271.

由变成“文明的”，也没有更好的理由那样做。因此，文化多元化是历史的一个不朽的特征。对司马迁而言，这也许是令人遗憾的，在其他地方，他冥想出一种未来，在那个时候世界上所有的人都向往中国，即使出现了这样的情况，那些野蛮人还是待在他们那里。

伊本·赫勒敦和农耕—游牧辩证法

在伊本·赫勒敦时代，14 世纪中后期，柏柏尔（Berber）王朝统治着马格里布。值得注意的是，柏柏尔这个词来源于拉丁语“野蛮”（Barbarus）。[1] 11 世纪，阿拉伯地理学家们把柏柏尔人描述为那样的人，使用他们游牧方式的旧习惯，“不懂得犁耕……他们的财富只有动物，以肉奶为生”[2]。伊本·赫勒敦使用贝都因（Badw）［有时翻译成“贝都因人”（Bedouin）；一本 13 世纪安达鲁斯出版的阿拉伯-拉丁语字典把贝都因人翻译成乡下人，亦即“属于乡村”］这个术语。[3] 从古代起源看，来自草原游牧民的相似性是显而易见的，但是，我们将看到，伊本·赫勒敦对贝都因人的理解比过去的观点要少一些成见。他的巴第亚（badiya）的概念，常常被译成“荒地”，指“城市以外的公共土地”和各种各样的社

[1] See Michael Brett and Elizabeth Fentress, *The Berbers* (Oxford: Blackwell, 2001), 83; Aziz al-Azmeh, “Barbarians in Arab Eyes”, *Past and Present* 134 (1992): 3-18.

[2] See Richard L. Smith, “What Happened to the Ancient Libyans? Chasing Sources Across the Sahara from Herodotus to Ibn Khaldun”, *Journal of World History* 14 (2003): 493-494.

[3] Guliana Turroni, *Il mondo della storia secondo Ibn Khaldun* (Rome: Jouvence, 2002), 116.

会组织模式，一种“农耕与游牧生活方式的统一体”。[1]

像斯基泰人和匈奴人一样，柏柏尔人也设法形成强大的部落联盟。其中有些人成为地中海沿岸王朝国家的军事指挥，其他人则集聚商业财富，最终接纳了城市文化。同时，他们皈依了伊斯兰教，使他们与那些阿拉伯入侵者的后裔一样成为乌玛（ummah，穆斯林社会）中平等的参与者。柏柏尔人的军事力量对于10世纪时法蒂玛王朝（Fatimid caliphate）的崛起至关重要，第一个真正的柏柏尔人王朝是11世纪时的阿蒙拉维德王朝。此后，柏柏尔王朝，经常伴随着血腥残杀的争斗，统治着马格里布。这就是伊本·赫勒敦在14世纪中叶政治生涯的环境。

在伊本·赫勒敦写他的历史之前，受到许多王子的雇佣担 048
任顾问、大臣和军事招募人。当他在那些沙漠部落中招兵买马并对他们进行训练的时候，他获得了游牧生活的第一手经历。他历经艰险获得政治教训：他的自传讲述了一个严酷的政治内斗、谋反、密谋、政变、耻辱、监禁，参加无望的战役，和沙漠中为了生存展开几乎没有希望的斗争的故事。[2] 不像马基亚韦利（Machiavelli），伊本·赫勒敦觉得必须退隐，认真思考一下这些看来经历的繁荣与灾难不断交替背后深刻的历史原因。他生活在沙漠要塞一个叫卡拉特·伊本·萨拉姆的贝都因家族的保护下，写下了他的《历史绪论》（*Muqaddimah*）第一稿，

[1] See Stefan Leder, “Bedouin Arabs—Origin [and] Signification of a Khaldunian Concept”, in *Ibn Khaldun: Aux sources de la modernité* (Carthage: Académie tunisienne des sciences, des letters et des arts, 2008), 184, 187.

[2] Ibn Khaldun, *Autobiographie*, trans. Abdesselam Cheddadi (Casablanca: Maison des arts, des sciences et des lettres, 2006), 61-145.

试图阐明和理解决定王朝与国家上升衰落的深层原因。

像希罗多德和司马迁一样，伊本·赫勒敦是一个对游牧文化有强烈兴趣的城市文化人，而且有相当多的第一手资料。此外，与他们不一样的是，他可以利用丰富的先前史学的全集。“历史”，他在《历史绪论》的开篇部分宣称，“是一门广泛植根于民族与种族的学科”[1]。在先前的两个世纪里，几位杰出的阿拉伯历史学家把世俗政府（siyasa）的管理技巧作为适当研究的主题，把伊斯兰教教法（shari'a）留给了神学家们。[2]在伊本·赫勒敦的前一代人，努韦里（al-Nuwayri）拒绝历史叙述的编年结构，代之以叙述特定国家的起源、上升与衰落的历史。现在的历史集中于解释世俗国家的持久力与最终衰退。这个问题在伊本·赫勒敦的历史写作中也占有优势。[3]

为了详细阐明世俗政府的编史工作，伊本·赫勒敦提出一种王朝国家兴起与衰落的循环历史理论，其中世俗与游牧文化的辩证法提供了关键的动力。他的新解释概念是阿萨比亚（asabiya），源于阿拉伯语词根 asab（团结起来），有各种翻译，如“群体感情”“同心同德”和“社会凝聚力”。贝都因人的力量与活力就源于他们强大的阿萨比亚，首先是出现于扩大的家族的血缘纽带，然后是扩展到宗族和部落。一旦沙漠部
049 落形成联盟，团结必然支撑起可能更大的政治单元。后来，当

[1] Ibn Khaldun, *The Muqaddimah*, trans. Franz Rosenthal, 3 vols. (New York: Pantheon Books, 1958), 1: 6.

[2] See Tarif Khalidi, *Arabic Historical Thought in the Classical Period* (Cambridge: Cambridge University Press, 1996), 193-200.

[3] Ibid., 216-217, 222-231; for a heavier emphasis on Ibn Khaldun's rupture with previous Arabic historiography, see Allen James Fromherz, *Ibn Khaldun, Life and Times* (Edinburgh: Edinburgh University Press, 2010), 114-125.

他定居于开罗的时候，伊本·赫勒敦用阿萨比亚来解释土耳其人与蒙古人在历史上的成功。[1] 一般来说，他断定古老的谱系与遥远的记忆不足以维系一个政治实体，除非加入宗族的纽带与共同的经历才有可能。在最后的分析中，他认为阿萨比亚作为一种社会力量，不能被统治者随意召唤，无论他的地位与血统多么高贵。

根据伊本·赫勒敦的解释框架，农耕与游牧文化比希罗多德和司马迁认为的结合得更紧密。通过沙漠不断增长的经济地位来部分地解释这种现象。把骆驼从阿拉伯半岛引进到埃及形成了第一个跨越撒哈拉的贸易网络。[2] 后来伊斯兰教传到西非，导致跨撒哈拉商业与文化交流加强。[3] 这样，柏柏尔人皈依伊斯兰教符合基本的经济趋势。撒哈拉南北的游牧民、商人和城市人口在一个广大的商业与宗教团体中被联系在了一起。

仿照伊本·赫勒敦的看法，乡村是最基本的要素，是“文明与城市的基础和宝库”[4]。乡村包括城市腹地的农业用地，严格意义上也包括沙漠。因此，贝都因人既指那些撒哈拉内部的骆驼骑师，也包括那些居住在乡村与小山村的农夫。一旦贝都因人繁荣起来，他们中的一些人也采用更高级的生活方式，从事商业与手工业，最终同化于定居的城市文化。这样，

---

[1] See Walter J. Fischel, “Ibn Khaldun's Sources for the History of Jengiz Khan and the Tatars”, *Journal of the American Oriental Society* 76 (1956): 91-99.

[2] See Michael Ripinsky, “The Camel in Dynastic Egypt”, *Journal of Egyptian Archaeology* 71 (1985): 131-214; and the references in note 27.

[3] See Philip D. Curtin, *Cross-Cultural Trade in World History* (Cambridge: Cambridge University Press, 1998), 21-26.

[4] Ibn Khaldun, *Muqaddimah*, 1: 252.

定居文化起源于乡村。这种社会的变迁，历史地看，是周期性的和不可避免的。这就是伊本·赫勒敦论题的意思，贝都因人与农耕人民一样，是“必然存在的自然群体”[1]。鉴于乡村与城市文化的平等“出生”，强调前者人口结构居首位，伊本·赫勒敦不同于亚里士多德（Aristotle），亚里士多德认为城邦（polis）“本质上”是主要的，因为它能单独使人类认识到他们的全部潜力。伊本·赫勒敦很熟悉这个“哲学家”，他使用城邦（城市）这个术语来表示“人类社会组织”，但是，他或
050 许并不认为城市对人类生活而言是必不可少的。[2] 即使这样，互动的模式并不是完全对称的。游牧民“天生”渴望财富和城市舒适的生活，但是，城市人口不愿意回到乡村生活。[3]

基本的政治动力必然逐渐显露。游牧部落人强壮而坚韧，并且“野蛮”和不受管束。这类人的典型就是阿拉伯人和柏柏尔人，还有斯拉夫人，以及库尔德人、蒙古人和土耳其人，由此看出，伊本·赫勒敦不仅思考马格里布，也考虑非洲与欧亚的历史联系。[4] 他把从游牧到农耕文化的“自然”变迁描述成矛盾的历史辩证法，其间游牧民被文明化的同时，也逐渐被剥夺了原始的阿萨比亚。一旦一个王朝建立，奢华而安逸的城市生活导致腐败、体弱与娇气。王朝的开创者精力充沛，知道如何保持政治组织的团结，他的儿子在他的指导下学会交易；下一代统治者在模仿与“传统”中茁壮成长；但是，第

[1] Ibn Khaldun, *Muqaddimah*, 1: 250.

[2] Ibid., 2: 235, 417; on Ibn Khaldun's reception of Aristotelian thought, see Musin Mahdi, *Ibn Khaldun's Philosophy of History* (Chicago: University of Chicago Press, 1971).

[3] Ibn Khaldun, *Muqaddimah*, 1: 252–253.

[4] Ibid., 1: 251.

四代领导者就是一个虚弱的统治者，他自以为政治权力是与生俱来的。伊本·赫勒敦把他称作是“毁灭者”，因为他们愚蠢的领导通常会导致王朝的崩溃。同时，奢华已经耗尽了后继者的战斗精神。他们花钱找雇佣兵，而不是自己保卫国家。他们雇佣沙漠部落的勇士，早晚其中的领袖之一将接管这个摇摇欲坠的王朝，开始下一个命中注定的王朝循环。

伊本·赫勒敦的历史分析区分了深层社会结构与政治现象问题。农耕与游牧文化的结构区分是世世代代环境与气候作用的结果，而且至今起作用。王朝和国家有起落，但是农业、公路和城镇等几乎一直都是那样，就像那沙漠长久持续。伊本·赫勒敦也使用伊德列西（al-Idrisi）的地图来强调人口相对密集和人口相对稀疏的农耕地区，甚至“空旷”的草原和沙漠地区的区别。[1]

尽管伊本·赫勒敦是一个有文化的城里人，在开罗度过人生最后的几十年，开罗是“世界之母……学科的主要动力”[2]，但他的游牧—农耕辩证法动摇了既有的任何两种文化的等级制度。贝都因人被描述为精力充沛、体形优美、富于策略和道德高尚，但是也被描述为粗野、“野蛮”、“几乎和动物一样”。农耕人民代表文明、机智、博学和勤劳，但是也被看作病态、丑陋、柔弱，缺乏团结和美德。在这两个案例中，宗教也许能够恢复平衡，驯服沙漠地区人民的野性，给予定居人民一种共同的目的（但是，宗教并没有很好地整合到伊本·

〔1〕See Tarek Kahlaoui, “Towards Reconstructing the *Muqaddimah* Following Ibn Khaldun's Reading of the Idrisian Text and Maps”, *Journal of North African Studies* 13 (2008): 300.

〔2〕See Walter J. Fischel, *Ibn Khaldun in Egypt: His Public Functions and His Historical Research* (Berkeley: University of California Press, 1967), 18.

赫勒敦的理论框架里)。

对伊本·赫勒敦来说，正如对希罗多德与司马迁一样，文化多元化是历史的永恒特征。他的希腊与中国这些前辈都是阅历丰富和见多识广的人，而伊本·赫勒敦的游牧生活知识和他的政治生涯紧密联系并且逐渐深入。他的所见足以理解两种文化优劣。因此，城市是大规模社会组织、学术和高度文明的中心，沙漠是阿萨比亚、社会弹性和军事文化的源泉。这样，两种文化是“自然的”和“必需的”。根据伊本·赫勒敦的理论，历史就是他们之间持续互动的故事。

结论：历史时代的边界论述

我已经讨论过希罗多德、司马迁和伊本·赫勒敦在他们各自的知识环境下，使用他们可以利用的语言来体现他们对待游牧文化的态度。希罗多德对斯基泰人的讨论和他关于所有民族都是“天生的”种族主义者的格言是通过一种受惠于希腊诡辩家们哲学诡辩术的语言并对比了风俗与法律的可变性与人的本性的不变性之后表达出来。但是希罗多德丰富的人类学知识使他能够超越那些诡辩家的哲学思辨，进而创造出一种历史-种族学语言。他的人类学转换的诠释是那种语言的一部分。就解释习俗与法律的相对性而言，希罗多德那些吸引人的历史例证要比那些纯粹诡辩家的哲学思辨更适合。

像希罗多德一样，司马迁也是在一个哲学多元化的世界接
052 受教导。他的父亲司马谈也许是第一个区分中国哲学流派的思

想家，依据的是他们的主要思想，而不是思想的奠基人。[1] 司马迁是一个兼收并蓄的儒生，他曾经引用孔子的《春秋》来证明他对于历史的批判性方法。但是，他在讨论匈奴及其他边远地区人民的时候，不得不超越这些知识来源，创造一种语言，使他能理解那些可能的历史变化与文化差异，最终设想中国该如何看待长城以外的人民。

伊本·赫勒敦的思想明显受惠于那些阿拉伯地理学家与历史学家，他依次从他们的希腊先驱那里获得许多思想。他曾听说过伊本·巴图塔（Ibn Battutah），那个世纪最伟大的旅行家，但是，他不确定他的所有信息是否都是真实可信的。[2] 伊本·赫勒敦从那些地理学家那里获得了他对世界划分气温带的知识，把北非滨海划为"温带"。希罗多德的种族中心主义无处不在的信条在阿拉伯思想中也能找到。在他著名的对印度人描述的开始部分提到，11世纪博学的比鲁尼（al-Biruni）观察到，"对外国人的贬低……对所有民族彼此来说都是共同的"[3]。伊本·赫勒敦对亚里士多德学派伊本·路西德（Ibn Rushd）［阿威罗伊（Averroes）］及其继承人的哲学思想很熟悉，但他坚称农耕与游牧人民是基于相互需要而共存，并不是非常适合于标准的亚里士多德模式。[4] 地理和哲学为伊本·赫勒敦提供了分析文化差异的概念。然而，为了给历史上变化

[1] See Kidder Smith, "Sima Tan and the Invention of Daoism, 'Legalism' etc.", *Journal of Asian Studies* 62 (2003): 129-156.

[2] Ibn Khaldun, *Muqaddimah*, 1: 369-371.

[3] Al-Biruni, *Alberuni's India, an Account of the Religion, Philosophy, Literature, Geography, Chronology, Astronomy, Customs, Laws and Astrology of India about A. D. 1030*, ed. and trans. Edward C. Sachau, 2 vols. (1888; repr., New Delhi: Asian Educational Services, 2004), 1: 20.

[4] See Fromherz, Ibn Khaldun, 138.

多样的运势提供一种满意的解释，他不得不超越他的那些知识来源。他通过发明了新的阿萨比亚的概念这样做了。最后，他试图把世俗的、在神的指导下基于阿萨比亚的解释综合起来，但是这个综合并没有归并到前后一致的总的理论当中。

三个例证都包含了一个更有意义的因素：和旅行家与个人经历有关。这三个历史学家都见多识广，热心与旅行家交流。他们三人都见证了戏剧性的政治事件。伊本·赫勒敦和司马迁在他们各自的世界与决策制定中心保持着联系，希罗多德在希
053 腊人与希腊人的可怕战争中，即雅典与斯巴达战争期间完成了他的《历史》。没有这些政治灾难与激情，他们的历史研究是不可想象的。事实上，也许正是政治剧变的风火与雷电推动他们超越既有的知识来源，创造出对文化差异的新的论述。

另一个共同的要素涉及无常。三部历史著作都讨论了主要的和不可逆的事件，诸如战争与征服，但是无常的韵律强调这些线性叙述是循环的。大流士入侵斯基泰不体面的结局，是希罗多德看待帝国起落的典型案例。在入侵希腊前夕，波斯帝国从埃及扩张到了印度河。闻所未闻，见所未见。但是，征服埃塞俄比亚、斯基泰，最后是希腊的失败，再次肯定了人类开疆拓土能力的局限性。对希罗多德而言，帝国早晚会失败，或者归因于被无上权力蒙蔽而胆大妄为的暴君，或者从深层次来说，是上帝对傲慢自大的凡人的打击。[1] 希罗多德列举的坏国王——冈比西斯（Cambyses），因其不慎重而悲伤，他死于“偶然的”自伤，就和他自己在埃及刺伤圣牛的大腿相同

[1] See Thomas Harrison, *Divinity and History: The Religion of Herodotus* (Oxford: Oxford University Press, 2000), 31-63.

的位置。冈比西斯的死适合希罗多德叙述的政治力学，但是，从一个可能理解的希腊人的角度看，也是埃及神报复的结果。

超越希罗多德，司马迁把历史描述成一个持续不断的、长期的过程。从儒家的视角看，他把秩序与文明的增长看成是人类与宇宙内在逻辑的展现。易犯错的人类必须认识这种自然的宇宙秩序。司马迁的宇宙观里没有神圣的天意。中国的历史不断向前，其基本的节奏在帝国王朝的起落中显现。司马迁提到“变化的规律，当事物达到最鼎盛时期的时候，他们肯定开始了衰落”[1]。历史的教训显示出“修正”和“改革”的需要，无常在“回归”古代圣君道路的语言中表达出来。[2]

伊本·赫勒敦的历史同样显示出一种线性与循环无常的混合。他经常提到，伊斯兰教的迅速崛起和后来的政治轨迹代表了一种重大的、不可逆的世界历史趋势。科学与文学文化的兴起也是如此。但是，他的历史理论的关键农耕—游牧的辩证法，只能导致国家起落的循环模式。世界的城市与游牧区划分是历史的永恒特征。城市文明不能，也不会征服和教化游牧世界。在最后的分析中，伊本·赫勒敦把游牧世界理论化为文明的基础与“蓄水池”，是城市区延续与更新的必要条件。 054

在这三部历史著作当中，游牧民就在那里。对定居人民来说，游牧民没有文明的使命前景，更别提文明进步的无常了。在中国的案例中，我们可以看出一般中国文化散播的宇宙梦

〔1〕*Han II*，63.

〔2〕See Schaberg，*A Patterned Past*，276；Grant Hardy，*Worlds of Bronze and Bamboo*：*Sima Qian's Conquest of History*（New York：Columbia University Press，1999），120-135.

想，但是，这个梦想被匈奴的自治与活力的残酷现实严重挫伤。三个历史学家的著作中都没有探索发展的无常和后来欧洲启蒙运动的文明使命。

我的人类学转换概念并不是在希罗多德、司马迁或者伊本·赫勒敦的著作中找到的。相反，它是一个元概念，能够使我把他们的游牧族群设想成世界历史悬而未决的例证。和反复出现的边界交往经验对比，使这种知识史具有可以理解的知识类比和密切相关、持续不断的世界历史背景有关。《旧世界的伟大边疆》展现了一些过去几个世纪以来重复出现的社会政治特征，由此，我们把希罗多德、司马迁和伊本·赫勒敦的著作解码为基于共同的主题由文本确定的、有创造力的变量貌似有理。因此，我们可以把它们解读为一个城市—农耕“文明”、游牧“野蛮”和边界交往全球历史的知识片段。最后，任何全球知识史都和一定的长期社会政治模式和边界交往有关。新思想是改变社会和政治权力平衡的发明成果，但是，这些发明成果只有针对人民移动的模式和帝国政治来“解读”的时候，才能被理解。

第3章

世界主义、本土主义和前现代性[1]

谢尔登·波洛克（Sheldon Pollock）

今天日益增强的地区与跨地区形式的文化与政治行为方式的互动，第一次成为了真正的全球性，这已经使学者们对"世界性"产生了更新的兴趣。[2] 正如许多历史学家提到的，在当代全球化中起作用的那些过程，并不总是史无前例的。但是，我们对它们的理解恰恰是既新又不同的，不局限于它们短暂的时空，取决于我们把握全球化早期过程特征的能力——确定是较小的世界——和形成其他历史时期特征的世界特性。[3]

我们通常提到的那些早期历史过程中使用的标签：希腊化、印度化、古罗马化、中国化、基督教化、伊斯兰化、俄罗

---

[1] This chapter is adapted and reorganized from Sheldon Pollock, *The Language of the Gods in the World of Men: Sanskrit, Culture, and Power in Premodern India.* Copyright © 2006 by The Regents of the University of California. Reprinted by permission of University of California Press.

[2] See, for example, Sheldon Pollock, "Introduction: Cosmopolitanisms", in *Cosmpolitanism*, ed. Carol Breckenridge et al. (Durham, N. C.: Duke University Press, 2002), 1-14.

[3] Arjun Appadurai has rightly cautioned against a "rush to history" meant to neutralize the "special anxiety about its own not-newness" that contemporary globalization seems to provoke. Arjun Appadurai, "Globalization and the Rush to History", Sawyer Seminar lecture, Columbia University, 1999. An example is A. G. Hopkins, ed., *Globalization in World History* (New York: Norton, 2002).

斯化等类似的标签，常常被粗疏地使用。然而，它们的确显示出过去跨区域交流的有重大历史意义的方式，参加到——知道某人正在参加到——超越当时社区的政治与文化网络。这些方式变化很大。在希腊化时期，占支配地位的信条是语言、文化，甚至是美学。相对而言，在基督教化时期，是一套特定的信条；在伊斯兰化时期，是一套特定的实践；在古罗马化时期，
060 是一套特别的政治秩序。或许这涉及该如何思考，且对于某一特定的重大时刻能做的只有思考。关于前现代世界性跨文化对比研究，即人们如何和为什么会被诱导去采纳把他们和远方而不是近处发生紧密联系的、陌生的而不是习俗的语言、生活方式和政治归属模式，在古罗马化时期的西方还处于幼儿期，即使这些模式在创造或者构建时是非常重要的一种现象。当这些历史过程真正进入学者研究视野的时候，它们通常根本不被看作是过程，过程中全球与地区的辩证互动是同时而持续发生的。相反，它们趋于被认为是先天、稳定和严格限定的：全球或者世界是外生的，相对地方或者本土的许多内生传统而言，几乎没什么传统。它们以实体性特征受到认可，以相似的方式互动，而不是被看作是实践惯例的经常变换。

许多因素可以解释塑造了南亚准全球的构成却被忽视的原因，其中之一在公元起始时形成，一千年后达到了顶峰，超出南亚扩展到东南亚大部分。梵语文化和政治秩序的时空巨大；它们主题的概念性；明显的不规则对共同的构成，如儒教中国与拉丁欧洲，曾经被用来使南亚的案例几乎不为所见；涉及的语言困难；刺激特定地区行家，这样的研究在那里一直被束之高阁；对于一个人可以看清的任何趋势，几乎马上就能找到对立面——所有这些障碍合起来诱发对一般化与大规模解释的强

有力抵制。[1] 另外，梵语研究，继承了一个辉煌而专横的知识传统，在人文科学重要问题领域奠定了自身的议题，它有理由满足于解决这一传统预先确定的问题，梵语文化的历史扩张并不是其中之一。

理解这个王国及其历史的许多问题的秘方就是如何平等地谈及它的问题。这里采用“梵语世界”这个短语，并不是没 061
有缺点。除混杂与非历史特征外，如果从其内含的公民构成的文化特征看，它的确是非世界的：城邦公民，或者是自由男性社会。但是，对这种货币的需求揭露了某种理论假设的重要性的某一社会事实。过去其他重大的全球化过程发现了主位的形成和概念化，无论就文化特征［希腊神话（Hellenismos）、阿拉比亚或者波斯文学（Fārsīyat）］来说，还是不治形式［罗马帝国或者国（imperium romanum or guo），中国的“祖国”］。但是，对于梵语创造和栖居的非政治和文化领域而言，那是一个恰当的自生说明符。即使梵文这个单词，在现代许多南亚语言中从古典意义上被用来翻译“文化”，其本身在前现代的梵语中也未经证实。我们发现印度区分大道（mārga）和地方（deśī）的理论都是明显地指向文化实践，从来也不是情感的群体。因此，如果我们强行发明我们自己对于梵语跨区域权力——文化范畴的表达，那么梵语从来也不寻求理论化自身普遍性的事实，不应该被看作是一种缺乏或者失败。相反，它指出了一些梵语世界本身存在与特征的中心的东西：从来未

[1] Heine had a sense of this resistance 150 years ago: “Es ist zu wünschen, daß sich das Genie des Sanskritstudiums bemächtige; tut es der Notizengelehrte, so bekommen wir bloss—ein gutes Kompendium.” Heinrich Heine, “Aphorismen und Fragmente”, in *Sämtliche Werke* (Munich: Carl Hanser, 1964), 14: 113.

具体化的普遍性，更别说实施其普遍性了。

“梵语世界”这个短语包含着其他三个含义，在这里特别有用。一是超区域维度（世界的），指出要注意形成的广泛性本质。二是突出政治维度（政治的），这对于全球政治认同的形成特别重要。三是梵语提供的条件证实了这种语言的作用，产生了保证这种世界秩序的政治与文化表达形式。

梵语的历史及其社会范畴，长期以来一直是语言学家们感兴趣的主题，因为其奇妙的历史一直使人保持着相当大的理论兴趣。“梵语世界”并不是与梵语的出现同时形成的。其发展既缓慢又具有探索性，因为从其产生，对“上帝的语言”的
062 本质与功能的恰当理解，正如梵语被人们所了解的那样，就不得不发生转变。仪式化（梵语对礼拜仪式和相关学术活动的限制）和垄断（对语言社区，总的来说，是对仪式社区的限制）在西亚和中亚人民进入梵语文化范围的时候，让位给了一种新的社会学和语言的政治化。不管这些新来者，特别是沙卡人（Śakas）（印度-斯基泰人）发动了这些进程，还是加强了无可用证据证明的早已进行的那些进程。毫无疑问的是，一个新的时代——世界性时代——开始了。

两个关键发明，第二个是第一个的亚种，在书面文化领域标志着世界性时代的开始，并且继续指出其扩展，首先是诗歌，或者叫书面文学，其次是普拉萨斯提（praśasti），或者叫题刻皇家颂词。梵语诗歌，在前现代的南亚明显是一个截然不同的范畴，在公元纪年开始之前出现了一点，是印度文化史的一种新现象。从第一个来看，诗歌肯定是以书面的形式创造和传播（尽管不是非常有经验）。主题是有关现世的（laukika），甚至当这些涉及神的时候，也是如此（直到世界秩序衰落的世

纪，诗歌才被合并到寺庙仪式当中）；最终它被直接用来研究人类情感经历的最基本形式；同时（也是由于同样的原因），它关注的中心是语言本身的实质，它的基本的语音与语义容量。在这些所有的特征当中，诗歌在历史记录上是新的，对那些梵语文化的参与者而言更是出奇地新。它的新集中体现在梵语的传统当中，在蚁垤写的《罗摩衍那》（*Vālmīki Rāmāyaṇa*），又被称作“第一首诗”的序言当中讲述了发明诗歌的故事。在前文字世界想要条件反射地形成自己的口语表达方式几乎是不可能的，要这样做也只是围绕人类活动范围对一些问题做出反应的叙述，《罗摩衍那》的描述抓住了这一新表达方式——诗歌的一些中心特征。

在世界时代对诗歌的理论化影响非常重要的是对产生它的语言运用能力的限制。梵语文学对世界空间的征服产生了一种 063
观念，即文学是一种只能体现在语文本身就是世界性的东西。当然，这就是卓越的梵语，尽管有其他两种相近的方言——普拉克里特语（Prakrit），一种“自然的”或者通俗的语言，和阿帕赫拉姆沙语（Apabhramsha），一种方言（字面上看，已经衰落）——在 7 世纪文学理论反思第一次出现的时候，被看作是诗歌正当的媒介。普拉克里特语和阿帕赫拉姆沙语事实上通过文学文本和方法描述创作的形式构成了跨区域的共同语，他们在次大陆被用来搞文学创作（几乎专门这样做），前者大约从 2—3 世纪，后者大约从 5—6 世纪。（由于二者都没有空间限制，或者理解有限制，在文学与政治文本的创作当中都不适合作为本土化的例证。）两种语言与梵语相比，在文学史上多占次要地位，在文本创作密度上与空间传播上都没有梵语成熟，在次大陆之外也没有文学文本创作成果。梵语是充满跨区域文学圈的标记。整套封闭的文学语言原则上意味着诗歌无法用其他的、地方化的语言来创作。在这个思想的世界，真正地方性的诗歌思想，即“本土文学”，在说法上有可能是一个矛盾。事实上，直到本土化时刻的到来，创作才成为可能。这些主张，和那些把文学与所有其他语言的使用定义为截然不同的主张，可以通过全面分析 11 世纪第一个四分之一时期摩腊婆（Mālava）王朝博杰国王（King Bhoja）提供的文学作品来探究。

一旦梵语从它最初限定的祭祀的环境中脱颖而出，它就以惊人的速度在南亚传播。不到 3 个世纪，梵语就成为统治精英表达他们权力的唯一媒介，西起犍陀罗（Gandhāra）的富楼沙城（Puruṣapura）［白沙瓦（Peshawar），今天巴基斯坦西北部］，到占婆的潘杜蓝格（Pāṇḍurāṅga）（今越南中部）和爪哇平原的普兰巴南（Prambanan）。梵语从来也没能作为任何国际都市日常交流的媒介——南亚都没有，更别说东南亚
064 了——它也从来没有作为一种桥梁（除了在文人之间），或者一种联系，或者一种像其他世界性的交流代码似的贸易语言，例如希腊语、拉丁语、阿拉伯语，或者汉语。此外，除了那些碑铭，有较大的意图，几乎没有证据显示它被作为实际规则的语言使用。一些任务，比如法官法庭交流和税收合计，似乎是通过当地语言的非正式使用来完成。梵语真正要做的工作就是超越日常性和工具性；最终要明确地表达一种政治意识与文化的形式，政治不是作为具体权力的交易——记录契约、合同、税收登记等类似的权力——而是一种审美力的颂扬。这么做，相当大程度上通过在颂扬中体现文化政治的实践，不仅和梵语诗歌同时代产生，而且从一开始就挖掘了文学全部的以语言为

中心的美学资源。题刻于石头表面、铜板及后来的寺庙墙面，这样公开可见的变化程度，颂扬成为一种政治自我的文学表达。在很大程度上，梵语世界明确的是由这种政治文化的共同美学组成，是一种某种程度上服务于美学形态的政体诗。当然，谈到处于前台的美学，并不是与韦伯（Weber）或者克利福德·格尔茨（Clifford Geertz）的辩论，而文化是构成非现代非西方政体的一切，其他权力的核心问题从来没有提及。对卡亚纳·卡鲁亚（Kalyāṇa Cāḷukya）王朝碑铭措辞的语用学的案例研究是想展现实际权力被当作多么严肃的问题，按照自己的利益谨慎地制造着记忆。

梵语语言学既是一种社会形态，也是一种概念形态，不可避免地与权力的实践紧密联系。君主们通过奖励施惠于文法学家、词典编撰者、诗人和其他保持语言纯净的守护人，确保语言的培养，通过赞助学校达到文法研究的目的。他们也负责最重要语法的许多用法。对于一个拥有自己文法的政治实体来说，就是要确保其合适的甚至是全部的功能，以至于一套竞争性的文法，甚至是文法竞争，都能够被梵语世界的君主们察 065
觉，正如古吉拉特邦（Gujarat）杰耶西姆哈·西德哈拉杰（Jayasiṃha Siddharāja）的叙述提供了例证。国王们也表达了痴迷的兴趣，以证明他们在文学方面梵语的精湛技艺。源自12世纪早期卡纳塔克邦（Karnataka）、迈索尔邦（Mānasollāsa）的皇家百科全书证明：对于国王的威严而言，文学理论能力与军事能力一样处于中心地位。文法或者文学使用得当的插曲，例如这些，并不是问题中的人或者地方有特定的倾向。它们指向一种合适的统治与合适的文化作为补充的理想，整个世界时代都明显渴望的理想，从第二个世纪最初有记录的证据到更后来进入本土化时期，那时有如此多的城市文化与权力价值开始寻找地方居所与名称。

空间与对比

虽然从跨区域性构成方面看，梵语作为交流媒介在语言方面从来没人提出过，但是文化的跨区域性努力在形成梵语布道方面肯定得到了证实。大量运用于梵语系统思想里的分析基质，从女性性科学的象征到乐器、声乐与舞蹈，实际上是这片广大空域的地缘文化地图。把文化概念化的那些基本地理地形，只形成于世界主义时代的早期，到6世纪中期达到其最终形式，影响了星系科学，并或多或少地持续传递了接下来的10个世纪。特别感兴趣的是梵语文学本身的空间化，通过文学的“途径”讲道，在世界空间形成了区域风格的文学模式。然而，世界语言的区域性是有限制的。正是各地相同的梵语——梵语语言的基本方面是它跨越时空的不变性——尽管在音韵学、语义学及句法表达等方面存在不同的理解。但是，这些区域差异事实上是全球梵语全部剧目的一部分，各地不同的写
066 作者们用它达到不同的美学目的（例如南方情爱诗风格、北方军事风格），这样，他们就精确地构成了梵语无所不能的标志。这种思想可以在10世纪文学文化起源的故事中完美获得：男诗人被他的未婚妻——女诗人追求，在这个过程中，创造了横贯南亚的文学——只有在那里。文学即使不是世界的，但绝对是跨地区的。

但是，这个“南亚”指的是哪里？正如该论文中所描述的，梵语的世界秩序明显小于实际上的国际都市，因为除苏发那卜米

（Suvarṇabhūmi）（在马来西亚）、耶婆提（Yavadvīpa）（可能在爪哇）、斯里未伽雅（Śrīvijaya）［在巴邻邦（Palembang）］及类似的地区梵语文本中偶尔提到外，南亚从来没有形成文中描述的部分（相当于西藏和部分中亚地区，他们以更加有限的形式参与到梵语世界秩序）。也许有人会想，梵语文本的概念范畴对于新的更大的循环空间而言，调整非常缓慢，但人们的移动在不断增加。事实上，这些真实的空间是相当广大的，同样梵语文化传播的范围也是如此，推动诗歌和颂歌传播的是那些游行文人和各地统一的梵语文学的培养。因此，在第一个千年，几乎很难区分南亚和东南亚，正如很难区分北印度与南印度，尽管现代区域研究能告诉我们答案。每个地方世界文化汇流的相似进程正在进行，尽管变化的起源与目的总在变动，因为世界文化的产生并不是一个单一的点。然而，正如东南亚可以包含在世界秩序的循环空间，可以说，由于空间的可传输性，因此它也能纳入概念范畴。在他们自己的地理想象空间，东南亚的帝国政体——约 1000 年的吴哥（Angkor）就是一个典范——通过整个占有地名的方式使他们自己成为世界秩序的一部分。随着须弥山和恒河女神可以随处落脚，就不存在一个把人排除在外的空间中心，每一个家庭都是梵语国际大都市中的一分子。关于这种可复制性几乎没有什么神秘可言，它只是空间不同的、多元的和前现代的逻辑功能。

虽然在空间化中提到的那些地方的现代对等物在这里经常被提及，以便让读者在心目中形成一些地理印象，但建立绝对的一致并不是目的。相反，目的是了解过去人们如何概念化广域空间，并且其在权力与文化的范围内所做的工作到底意味着 067

要干什么或者不干什么。探究这个主题不是预设一个从6世纪到今天的阿克哈德·巴拉特（Akhaṇḍ Bhārat）代表的东西的无缝衔接，“未分化的印度”，已经产生了如此多的“地图忧虑”，对当代印度政治活动产生了相当多的影响。[1] 一个真实占有并具体化，有时靠想象且常常模糊的地理学上的过去，是民族主义的致命武器之一，也是现代性悲剧的来源。前现代的空间，无论是世界的，还是本土的，都不是国家空间，然而它充斥的政治内容和文化的内容一样多。这远非贬低空间前现代政治史的价值，这对民族叙事的歪曲恰恰是必要的条件。这样的历史不需要目的论来削弱，相反它可以被看作是目的论者的历史。民族的叙事是次一代表述，只有借助第一代表述的存在才能实现，尽管一个人受到完全不同逻辑的教诲，民族主义常常试图回避。

随着梵语分析母体扩散的空间，不仅构成了文化空间，也构成了权力空间，通过《摩诃婆罗多》（*Mahābhārata*）可以证实。在这个历史传说（itihāsa）（叙述“过去的事情是什么”），西方用法是“史诗”（类型一致并不是琐事，就像现代“民族”“史诗”和“小说”的表述），提及的跨区域框架构成全部工作内容。此外，手稿的散播和皇家捐赠的分配都是为了保证其持续传诵实现文学的空间性，把这些代表物变成流行意识的要素：人们在权力广域空间吟诵和聆听《摩诃婆罗多》的故事，即使他们定居于同一个地方。收集的证据都证

[1] The phrase is that of Sankaran Krishna, “Cartographic Anxiety: Mapping the Body Politic in India”, *Alternatives* 19, no. 4 (1994): 507-521.

明这个声明的目的就是纠正一些老的和新的错误，例如，只有 068
在山顶上，上帝的语言才能触及尘世，只有民族主义的现代性创造了印度史诗叙事的政治文化特点。[1]

无论《摩诃婆罗多》可能是什么，它也明显是一部政治理论著作：对南亚史的政治问题单一的最重要的文学反思，并且在某种程度上也是古代对政治生活绝望的现实最深沉的思考。这里提到关于梵语世界一般文化问题，自然引起文化秩序如何用政治实践准确表达的问题。正如前面提及，要了解南亚前现代政体的特点，远比描述它的世界文化更难，学者们对于政治形态意味着什么的描述已经产生了激烈的矛盾。顺便把其中一些简要地研究一下，学者们把更多的注意力集中在了政治想象的模式与特点。然而，这不是唯一可行的办法。政府已经做的几乎和——就像真的——他们期望做的事情同样重要。在其期望中，梵语世界的帝国政体被标出了几个与其相符的即使是令人困惑的特征。领土扩张，尽管领土在前现代的南亚还是一个定义不足的概念。政治普遍性，尽管政治统治到底意味着什么很难搞定。如果在政治科学认识上的“种族”是否存在还不确定的情况下使用“种族”一词，那么“种族”就是非具体化的。这些期望植根于像诗歌与颂歌文化实践的事实说明了政府的实践多少也是一种美学的实践。诗歌（Kāvya）与国王（rājya）是互相构成的；每一个掌权的人都寻求在梵语文学中表现自我的卓越，特别是在公众永久的颂歌的仪式中体现得最典型。然而这种构成关系提出一种解释性难题。对梵语世

〔1〕The first is Sylvain Lévi's assessment, cited in Jules Bloch, *Indo-Aryan from the Vedas to Modern Times* (Paris: Adrien-Maisonneuve, 1965), 14-15; the second is standard-issue postcolonial theory.

界文化的社会功能唯一有用的解释是合法化理论和它的理性逻辑工具：对新型社会力量有需求的精英们使用了神秘的符号和梵语的代码去达到大众满意。即使这种解释也许是纯粹的教
069 条，它不仅落伍，而且知识机械化、文化同质化、理论天真化、经验错误化和预言沉闷化。

只有通过对比分析才能弄清楚作为一种文化与政治秩序的梵语世界的独特特征。乔治·埃利奥特（George Eliot）说："要提防没有对比得出的结论。"我同意，尽管或许并不是因为她的理由。对比总是含蓄地指出历史的分析法，由于历史学家个人主观的原因，不可避免地会形成其研究的问题。如果支持他们的对比是明确的，即使这些问题被更尖锐地提出来，也能得到很好地解决。[1] 此外，有一种自然的倾向把生活中共同的规则一般化为普遍的趋势与共同的意识，对比就是要指出这种假定的普遍性中真正的特殊性，甚至是特质。

如果有一些连接罗马与梵语政治文化秩序的相似性，那么差异就是把它本身作为他者的一种反向世界。在双方共同的世界里，文学或多或少突然闯入历史之后，成为创造世界文化的一种基本工具，随着受过训练的文人在广阔地域穿梭，根据可对比的标准，创造了在该地区传播的文学作品。但是，拉丁文以一种完全不同于梵语的形式与地方习语相互影响。完全不同的还有起源和帝国构成的特点，也有并入罗马文化的形态，或者叫罗马化。

---

〔1〕Curiously, little good theoretical work seems to be available on cultural and political comparison. See, for now, John Bowen and Roger Petersen, eds., *Critical Comparison in Politics and Culture* (Cambridge: Cambridge University Press, 1999), 1-19, and especially the chapter by Greg Urban, "The Role of Comparison in the Light of the Theory of Culture".

梵语世界的特点就是大量同质化的政治诗歌语言，伴随着一系列的可比较的政治文化实践。在构成上没有帝国形态和教堂，在很大程度上与本身的交流系统和政治审美一致，这个秩序的特点就是在前提、本性和共同文化的实践方面保持一致，还有一套权力要素共享的假说——或者至少以某种方式权力会通过在语言代表权的水平上再生。一千年来或者更早，梵语世界对全球四分之一或者更多的居民来说最令人关注的是权力文化模式。在第二个千年的前 5 个世纪的时间里，在不同时间不同地点，该模式仅在一种追求新模式的压力下就结束了。如果梵语世界为政治与文化理论提出难题，那么在取代它的 070 生活方式方面也是如此。然而，后来总体上发生转变的事实与梵语世界本身相比对历史研究来说，已经没有多少人感兴趣了。

前现代世界主义

实际上，现代性是什么？甚至在社会理论、现代科学领域，这个概念也是极度含混的，因此，必须对它进行分期研究。对一些学者而言，现代始于资本主义，其他学者则认为，始于工业主义或殖民主义或民族主义（每一个不论何时都已经开始了）。还有一些人认为，它还没开始，因为他们根本不认为整个过程曾经有过大的中断，只是“实践的小延伸，知识传播的轻微刺激，社会的微扩展，角色数量的微增加，古老信仰的小修正而已”[1]。

现代性是一个历史对比概念，因此包含一些对什么才算是前现代的理解。但是，大多数关于现代性的著作［从卡尔·马克思（Karl Marx）到现代的学者，诸如安东尼·吉登斯（Anthony Giddens）、于尔根·哈伯马斯（Jürgen Habermas）、尼克拉斯·卢曼（Niklas Luhmann）等］对“前现代性”几乎没有提供什么令人信服的描述，至少对南亚来说是如此。包含在被认为是现代的事情列表内的许多现象的真正现代性仍然不确定。有一些也许无疑是现代的：作为一个价值单元合并了抽象劳动的商品、主权国家和抽象的个人。但是，考虑到下列标准：形式对实体理性的优势（换言之，劳动组织或者结算系统），手工与脑力劳动的分离，作为对象的社会整体的抽象性，可以想象成一个独立领域的经济，“嵌入地方的亲和力”，知识的反身占有，移除了特定环境下社会关系的专家制度的上升，对曾经毫不犹豫接受的道德体系的怀疑，对无意义生活和孤独的新忧虑。所有这一切都被断定是现代性的内容，但是，
071 过去这些都没有明确地显示出来，或者说，前现代根本没有意识到。同样的原因，许多归因于前现代的特性（例如，“只是一种在一个独立地规定的世界的安全感”）似乎已经被认同了，不是通过经验历史著作，只是简单地归罪于一些现代叙述需要的反面特征（随着“对环境存在危险的预测，需要专门知识通过知识的连续反向应用来创造一个行动的世界”）。[2]

---

[1] Bruno Latour, *We Have Never Been Modern* (Cambridge, Mass.: Harvard University Press, 1993), 47-48.

[2] For most of these properties, see Anthony Giddens, *The Consequences of Modernity* (Stanford, Calif.: Stanford University Press, 1990), 84.

正如我们平常不加鉴别地接受现代的话语进而构思前现代一样，因此我们有时把源于现代的东西转向过去的思想与实践，从而造出一个不是前现代的前现代性。此外，欧洲的前现代性与南亚的前现代性明显不均衡，绝对是不同类别，无论我们实行什么定义，前者显示前现代的特征，后者显示了现代的特征。

因此，只有通过“早现代的东西”“复合现代的东西”“可供选择的现代的东西”的概念，才能对文化和政治的历史提出完全合理的问题；我自己就提出了一些。欧洲现代性明确的或能实现的特征之一就是文化和政治领域的本土化，南亚没受到欧洲的影响，也发生了同样的事情。[1] 印度的“前现代性”不仅包含了欧洲现代的要素，而且在文化的关键领域，例如语言分析方面，甚至可能还刺激了现代性的发展。

但是，我们没有理由把这些已经被承认的思想固定在他们的头脑中，进而发现一种印度的文字前的现代性（或民族主义，或资本主义，或其他什么东西）。我的兴趣在其他地方。首先，我想搞清楚，如果有任何差异，权力文化实践与相关理论——合理性、思想体系、民族主义、文明主义和类似的理论之间差异，它们在紧跟欧洲扩张的那些实践与理论到来之前形成于现代欧洲和南亚。这些就是我在对比和常识性地确定所要定义的所有“前现代”和“现代”，或谁有权定义它们时所考虑的。其次，我想确定是否有可能从概念上围绕着权力文化理论开展工作，进而搞清楚那些可选择的实 072

〔1〕See Sheldon Pollock, “India in the Vernacular Millennium: Literary Culture and Polity, 1000-1500”, *Daedalus* 127, no. 3 (1998): 41-74.

践曾经是有用的。

从世界到本土

如果没有对比的本土范畴，政治文化自我意识指向的对比性现实，世界性也就推动了它的概念价值。像“世界”“本土”的概念，不是不言而喻的东西，不只是由于其等级的模糊性（多小适合作本土?）。一系列的概念和历史问题都共同显示并有效地掩盖了人们聪明地逐渐本土化的过程——这个术语称作“本土化”——在学界留下许多非历史化，甚至是非概念化的问题。除非搞清楚这些问题，形成合理有效的假设框架，才能意识到本土化本身的问题，更别说政治和文化的分支问题了。本土化的问题实际上完全不同于世界主义提出的问题，尽管它们也许更密集。除了要考虑相关关系的边界问题，还要搞清楚本土化过程承担了什么，特别是搞清楚对于写作，表达文本的创作指派了什么角色。只有当我们大约摸清了分析对象的可理解性与现实性，当时是如何存在的时候，我们才能提出为什么它有独特历史的问题。

如果只是简单地针对世界性就给本土化定义，并且到此为止——甚至不适合地使用这里采用的任何同类的术语或短语，像“地域的”或者“跨地域的”——会削减一些与它们相互依存的重要方面。一个明显的例子就是地方语言有可能成为跨地方语言，而这种可能性会导致更本土化的结果。世界语本身提供了最极端的案例。所有的世界语都是作为本土语言开始它们的生涯的：在公元前3世纪，在随着罗马军队的步伐开始征服自己的世界之前，拉丁语稳固地植根于拉丁姆（Latium）（意大利中部地区）。梵语非常反常，因为在世界时代开始之前很久，它已经成为跨地区的语言——尽管还不具有世界性——随着吠陀（Vedic）文化的传播。[1] 073

在后世界时代，立足于一个不同的大秩序，本土语言也在扩展。如果以跨地区性来定义具有政治文化特点的本土语言，这是从它们取代的世界语标记的一个完全不同的层面考虑问题。这种差异可以以具体的实践和主观的理解之间的中心线进行划分。梵语文学文本从斯里兰卡传播到中亚的索库克（Sorcuq），从阿富汗到东南亚的安南（Annam）（正如拉丁文学文本传播，从伊比利亚半岛到罗马尼亚，从英国到突尼斯）。它们填充了所有可能的文化空间，作为文学—政治媒介的扩张只是受到了其他世界性语言组织的限制。例如，在越南北部，从 5 世纪起，梵语前进的步伐受到了汉语的阻止，就像几个世纪之前，拉丁语在东地中海受到希腊语的阻止一样。本土语言占据了非常小的区域。它们面对的，或者说，有助于其产生的限制是某种政治文化等语线，也就是说，在这项工作的第二部分进行的过程中，它的历史与特征会受到查究。

在本土知识分子的主观世界，本土地方的客观维度也是优于世界空间维度的。加入了梵语文学文化圈，就是进入了一个广大的世界；要产生一种地区的选择方案就是要促进一次深刻的变革，一次行为者自己明白在文化交流和自我认识方面的变革。正是在意识方面与更大的范围存在对立，这些知识分子限

[1] On the early history of the transregionality of this culture, which is not addressed in this book, the work of Michael Witzel is central. See, for example, Michael Witzel, "On the Localisation of Vedic Texts and Schools", *in India and the Ancient World: History, Trade, and Culture Before A. D.* 650, ed. G. Pollet (Leuven: Peeters, 1987), 173–213.

定了他们的地区范畴。他们选择用一种不传播的语言写作——他们知道不会传播——不像在古老世界秩序尽可能容易地传播的很好的语言。他们规划的新权力文化地域，是与刚刚提到的等语线存在着概念相关性的，充分证明在梵语文化中起作用的与空间母体形成鲜明对比与限制的意识。

争议中的地方化在南亚本土化的术语中反映出来。如果
074 “梵语世界”是一个被其杂生弄残的短语，采纳它就是一个很难避免的不幸，不管怎样，已经在把准全球化、政治和文化推向前台方面使用了。“本土化”有类似的责任和利益。的确，一种贬低的含义纠缠着拉丁词源——指共和体下的罗马的弗纳（the verna）语言，或者由出生决定的奴隶——这些和前现代的南亚几乎没有政治文化联系。然而，从一种更一般的实际上是古典的意识方面来理解，拉丁语的本土是“地方的”“本国的”“天生的”，甚至就是“罗马的”（与外来的形成对比）。除罗马世界文化能被构思成本国的事实外（另一个完全不同于梵语秩序的差异，源于拉丁完全不同的历史），地方的思想与南亚习语匹配得非常好。在许多南亚语言中，世界性的概念对应物就是达西（deśī），“地方的”，或者“地方的实践”。然而，马上指出自相矛盾的论点还是非常重要的，达西并不经常被理解为本国的、天生的，或者有时甚至是地方的。不只是文学本土化引起的地方位置创造的文化过程，也是在南亚地区真正无处不在的同一术语达西，是文学自身本土化，是世界性起源的一个标志。

这里，本土化被理解为——不是先验地或者规定地，只是从经验资料的可见趋势中得出——一个选择创造一种写作文学的历史过程，作为它的补充，根据一种高级的，通常是世界性

的，文学文化支撑的模式，用地方语言创造一种政治话语。于是，过程可以被分成三个相关联的部分：写作化（写作，写作符号的提升，对经历的事实进行写作的文学文本的内部转换）；文学化［在相对稳定的文学功能模式的基础上，在纯口语和诗歌之间的范围内创作，除了词汇的、韵律的和主题的特征，还包括把写作作为基本要素］；重合（一种优势语言和文学形态的存在）。

如果民族主义者和其他的地方主义者倾向于为民族文学寻求更深的历史感，追溯到一个纯原生的黄金时刻，历史分析显示，当和不平衡的文化权力发生关系的时候，作为对其他文学与之重合的回应，会代表性地产生大量文学作品。在前现代的 075
印度，这种其他文学最突出的就是梵语，在某种程度上，还有普拉克里特语和阿帕赫拉姆沙语（是当地人使用的一种韵律诗体形式的特别丰富的来源），还有南印度某些地区使用泰米尔语（Tamil），很久以后，在北部某些地区使用波斯语。与重合的母体及它的形式保持一致是那些本土教材的目的，意味着要“修饰”该语言。实际上，它们只是被采纳的部分文学功能，在许多本土文学文化具体化阶段，在创造这里被称作“世界性本土语言”的过程中，形成了一种核心的要素，记录了新出现的本土语言，目的就是把重叠的世界性规范的全部文学变得本土化。[1]

提到世界性本土语言，并不只是承认“不同的语言彼此

[1] Texts that "adorn" the South Asian vernaculars by framing grammatical and rhetorical norms (the *Siyabaslakar* of ninth-century Sri Lanka, the *Kannaḍabhāṣābhūṣaṇam* of eleventh-century Karnataka, the [*Braj*] *Bhāṣābhūṣaṇ* of seventeenth-century Jodhpur) are precisely equivalent to those meant to "illustrate" the European vernaculars.

渗透，于是显示出每一种语言都暗含着与自身的不一致，在所有人类的话语中暗含着双语主义”；甚至也不是要更新“本土人文主义”思想，“使用古语作为模型，因此为了文学与文化，把本土语言置于有价值的媒介当中”。[1] 相反，它指向了一种文化媒介的历史创新，不仅仅是本身的更新，也适合于一种新的权力景象。那是为了地方政治景象的地方媒介，是根据诗歌（Kāvya）与国王（rājya）确立已久的伟大道路模式形成的，和任何一个地方都没关系，但包含了一切地方。

不管它可能是其他什么东西，但文学和政治话语的本土化是一个社会行为，它代表性地承接了重要的地缘文化的和政治的需要。同时，与第一个千年相比，区别第二个千年的权力实践要更难，很明显，1000—1500 年这段期间，这些实践比过去任何时候都具有更明显的区域化特征。不管是文化领域的具体化是原因，还是权力领域具体化，抑或是两者通过某种辩证合力产生的结果，一种新的领地间的调和被创造出来了。职能性地区开始与正式的地区重合——那些本土文学中新的互有联
076 系的地区代表，取代了前面千年流行的广阔地域文化空间。理解随着本土化产生的新政治秩序的本质和搞清楚世界时代“帝国”的本质一样困难重重，因此，把这种新的政治形式命名为“本土政体”似乎更合适，而不是试图硬把它塞进一些既有的欧洲概念范畴（如“质子化”）。但是，有一件事是明确的：无论事实和主流社会科学理论存在多么大的冲突，特别是民族主义，权力和文化在前现代的南亚地区对彼此来说都是

[1] Giorgio Agamben, *The End of the Poem* (Stanford, Calif.: Stanford University Press, 1999), 59; Erich Auerbach, *Literary Language and Its Public in Latin Antiquity and in the Middle Ages* (Princeton, N. J.: Princeton University Press, 1965), 319.

一个非常值得考虑的倾向，尽管有时候模糊一些。

对于基本上形成南亚本土化进程的权力背景问题，学界虽尴尬但没有异议，指出它的起源实质上可以看作是宗教的原因，即某种印度式改革。这种观点就像把欧洲本土化的起源定在实际的宗教改革时期一样地错误（有时候新教徒的假设即使对欧洲都不起作用）。事实上，把引证用来解释南亚本土化的那些理由归结于社会宗教反抗是可疑的。一方面，梵语和婆罗门教之间、本土化与非婆罗门教之间相伴相生，另一方面，该时期大部分时间讨论此问题。梵语作为一种神圣语言的景象“婆罗门教徒们在他们的学校小心翼翼地维护”对那些允许其表达的殖民地官员来说，也许并不是纯粹的幻觉。然而，它无疑是在语言的历史上形成的比较晚的某种东西，那时，由于一些很可能跟本土化本身相关的原因，许多社会的语言选择权萎缩，婆罗门社会重申了他们古老的语言垄断的权力（天主教教堂最终对拉丁语的垄断在历史与结构上是一个教育意义的相似之处）。[1] 从大多数的案例来看，本土化的起源相对独立地出现于宗教严格解释的刺激，因此，创造出的文学的绝大部分不是在寺院产生的，而是在宫廷产生的。只有当本土化巩固了之后，作为对已经存在的宫廷文学和政治文化的回应，会发生一种更加通俗的，通常是更加宗教虔诚的反叛者掀起的二次本土化革命［正如 12 世纪卡纳塔克邦（Karnataka），15 世纪古 077
吉拉特邦（Gujarat），16 世纪阿萨姆邦（Assam）及其他地区

[1] For the citations, see George Abraham Grierson, *Linguistic Survey of India*, vol. 1, pt. 1, *Introductory* (Calcutta: Supt. Government Printing, 1927), 1129. I mention the gradual decrease in language options in early modern South Asia in my "Sanskrit Literary Culture from the Inside Out", in *Literary Cultures in History: Reconstructions from South Asia*, ed. Sheldon Pollock (Berkeley: University of California Press, 2003), 39–130.

发生的一样]。这里世界性本土语言受到了挑战，在某些案例中，被地区性本土语言取代，这是一种地方化到了一切领域的指示，从词汇到韵律到主题。在创造梵语世界与各种地区世界的过程中，成功地把权力的角色推向了前台，而我解释的目的是修正一种解释的平衡，它向宗教倾斜得太久了。

在诗歌与政体的关系中，对本土化进行跨文化历史分析时，我们也遇到可以说非常突出也容易疏忽的问题。在印度与欧洲之间，既有时间、空间，还有同步与对称等大量的问题。例如，德拉维语（Dravidian）与德语本土化的速度与结构，与北印度及罗马语言的本土化形成了鲜明的对比。欧洲本土化的许多文本要素，与南亚的那些是可以比较的，例如重叠的文学形式、流派和主题的地方化，社会背景也是相似的。欧洲本土化语言以宫廷精英行为完成了文学的表达性——常常是以惊人的意外来实现。尽管本土文化在其起源地某种程度上无疑是流行文化，但就本土化整个过程来看断然不是。然而，也有重要的差异。在欧洲，本土语言达到读写能力的水平，无论在语言方面还是在思想体系上，都更具争议。本土的差异到来得更晚，掺杂着更多的忧虑；世界性形态在求上位的过程中受到巨大的抗拒。在政体形成的过程中，出现了更大的分歧。在各区域，和本土化相关联出现的政治秩序，为达到跨地区帝国形态提供了一种地区选项。但是，欧洲形式的独特特征与它的终点、民族国家和南亚发现的任何东西都不像。用来理解欧洲民族国家的常常是被设计过的文化和政治理论，且轻易应用来欧洲以外的前现代世界，歪曲了语言和认同、认同和政体，因此，
078 遮蔽了印度案例中的特殊性，不适当地使用了为解释欧洲设计的模式。因而，为了南亚历史和本土理论，对比转向是势在必

行的。

约在第二个千年开始的时候，印度和欧洲文化与政治的转变同步开始，中途得到强化。政体与赞歌新本土化的游戏规则已经大量制订了；两个世界的权力文化秩序到 17 世纪的时候，几乎被完全取代了。如果有可能，只有现在才作为一个关键历史问题去认识本土化，那就将结束了，因为认识是问题容易的部分。更艰难的是了解它艰苦的起源史，为什么地跨欧亚大陆的世界放弃了世界主义和帝国，偏爱本土和地方政体，当他们那么做的时候，这个为什么会发生。然而，我们能够识别一些因素——在第二个千年早期复兴的贸易网络在地方权力中心集聚了财富，伊斯兰在东西边界的扩张增加了新的文化刺激——为本土化的历史起源提供一种统一的解释，正如为领先于它的世界主义提供一种统一的解释一样是不可能的。但是，不管对于权力与文化理论，还是他们的实践，理由的缺乏并没有阻止我们从这些事件中吸取教训。

研究本土化的历史并不是研究人类古老而自然的社会和文化出现的历史，而是人类和文化自然化通过新的概念和话语实践的历史开启问题。这种自然化通过双重下降和分化的过程而发生。当无记号的方言有了统一的标准，参差不齐的实践变成文化，未分化的空间成为一个地方，新的地区世界也就形成了。这些世界内部的东西，最终会被认为是内行的和自然的；而外面的就是外生的和人为的。这并没有以相似的方式发生在任何一个地方。并不是所有本土化的文化创造方式都相同或不同，也不比所有的世界主义有的多多少。要推断出什么有可能是这些本土与世界实践的独特的东西是一个珍贵的意外收获，虽然令人困惑。

081

第4章

约瑟夫·班克斯的媒介：重新思考全球文化交流[1]

瓦妮萨·史密斯（Vanessa Smith）

这天早上图帕（Tupaia）[2] 登上船，他已经下定决心与我们同去英国——一个让我们相当满意的决定。他出身良好，是酋长或者是这个岛上的神父，必然对他们的宗教秘密非常熟悉；但是，使他成为人们希望的是他和那些人一起航行的经历和他对这些岛屿的知识；他曾经告诉过我们这里70多个岛屿的名字，最大的岛他亲自登上过。船长自作主张拒绝带着他，在我看来太敏感了，政府不可能采纳他的任何建议；因此，我决定带着他。谢天谢地我有一种能力，我不知道我为什么没有把他看作是一个奇葩，就像我的一些邻居花大价钱看狮子与老虎一样，花的钱比他可能给我的还要多；也许在将来我和他的谈话，一定很有趣，他对这艘船也会有好处，如果另一个人被送到这片

---

[1] Many thanks to Felix Driver for his timely and insightful contributions to my thinking on this topic.

[2] 此处人名原文中为图皮尔（Tupia），实与文后的图帕为同一人，故改之。——译者按

海域，他会变成什么样的人，我想我一定会报答他的。[1]

这段引用来自约瑟夫 · 班克斯（Joseph Banks）的航海日志记录，写于 1769 年 7 月 12 日塔希提岛（Tahiti）。它记录了班克斯学习的乐趣，在他逗留该岛期间，来自赖阿特阿岛（Raiatea）的图帕神父是有价值的向导和对话者，图帕已经决 082
定竭尽全力到英国旅行。他的喜悦容易理解。图帕，正如班克斯指出的，是群居岛屿宗教、历史与文化的一个权威，一个语言学家和旅行家，一个航海家和种族学者。但是，当他想象图帕航行通过海洋世界返回英国的时候，班克斯发现他很难坚持对图帕作为知识权威谦恭的认知。相反，他预知在那个世界，图帕将被看作是一个奇葩，而不是好奇。为了虚饰的语言与他的预期相匹配，他在著名的塔希提岛语与外来的动物之间进行了一次如今臭名昭著的对比。

班克斯的日记记录，我将在后面重新详细谈及，提出本章将要探究的问题。从最早的接触来看，欧洲知识扩展有一些自愿充当媒介的东西，有地方语料供应人、翻译家和向导，还有诸如造诣更深的图帕等，作为知识的对话者，不仅在语言方面，也可以在认识论、方法论、风格和实践等方面展开谈判。从档案中恢复这些媒介问题是一个精确地装载的过程，这正是因为我们在班克斯记录的航行日志中看到的转变是缓慢进行的。当他们嵌入到书写、文化媒介的时候，就会受制于那些会遮蔽或降低他们的作用的虚饰的言辞及不着边际的命令，巧妙地把他们从知识的主体变成了客体。这是个特别的问题，当我

---

[1] Joseph Banks, *The Endeavour Journal of Joseph Banks 1768 - 1771*, ed. J. C. Beaglehole, 2 vols.（Sydney: Public Library of New South Wales/Angus & Robertson, 1962), 1: 312-313.

们考虑到这些媒介在知识史中的作用，其与写作的关系是特别特权之一。

知识历史和文化媒介

本章延续“全球转向”的目标转到全球知识史，理所当然要考虑文化媒介的问题。然而，只要心怀参考文献的全球框架，就能使我们对那些提醒知识史和文化媒介思想的权威解释的假设提出疑问。文化媒介的概念仍然，无论在历史还是在社会学界，经常来源于皮埃尔·布尔迪厄（Pierre Bourdieu）和他对文化资本的批判。

083 在他的《差异》（*Distinction*）中，文化媒介［等同于“新小资”并且包括“涉及现在和重现的所有职业（推销、买卖、广告、公共关系、时尚、装饰等），还有提供象征性货物和服务的机构”］明确地在高雅与通俗文化之间扮演了那些模糊差异的角色，增强了一种新的文化的可接近性。从阶层的观点看，他们在中产阶层和新受教育的劳动阶层之间代表了一种过渡状态，因为“新的或革新的职业的不确定性意味着行为人活动轨迹的不统一性是特别明显的”[1]。尽管普遍接受布尔迪厄宽泛地把地位的不确定看作是文化媒介的关键角色，但他对阶层关系是内生的持特别批评的态度。相比之下，我这里要探究的媒介主义的概念，跟本章主题保持一致，是外生的。在我使用“文化媒介”的时候，“交叉”是一个比较合适的概

[1] Pierre Bourdieu, *Distinction: A Social Critique of the Judgment of Taste*, trans. Richard Nice (Cambridge, Mass: Harvard University Press, 1984), 359.

念，在考虑“文化”概念的时候，我从起初就强调的是水平关系，而不是布尔迪厄重视的有文化权威的垂直轴关系。

知识史往往或明显地或含蓄地被理解为文本的历史。[1] 在 20 世纪 80 年代晚期，鉴于历史学家们紧张的工作与敏锐的反思，以及对“语言转向”的讨论，知识与书写历史的融合也许更多的是顺产的，而不是论战的产物。[2] 转向全球知识史使知识与书写历史的对等更加显著，也导致对来自文化领域的参与者的贡献给予新的重视，他们认为书写是落后的交流形式（相反地，一场把著述成果的政治维度置于前台的运动）。正是面对着对知识产品的成文文献存在固有的偏见，后现代理论家们的工作特别有助于写作一部全球化的知识史。跨文化研究遭遇到了日益增长的精微与成文记录的不平衡问题。爱德华·萨义德的标志性著作《东方学》限定了他用三种日益精微的方法研究学科与话语的范围，包括档案与文本的再生问题。传统上，他指出“任何教、写或研究东方的人——这适

[1] The Wikipedia entry on intellectual history is in the explicit mode, defining it as "the history of human thoughts in written form. . . . It studies ideas as they are expressed in texts, and as such is different from other forms of cultural history which deal also with visual and other non-verbal forms of evidence. Any written trace from the past can be the object of intellectual history. . . . anyone who has put pen to paper to explore her thoughts can be the object of intellectual history". Available at http://en.wikipedia.org/wiki/Intellectual_ history (accessed July 19, 2011). The implicit mode is represented most famously by the work of Hayden White, whose approach, in Russell Jacoby's formulation, can be expressed in two ways: "either heclassifies history as a literary endeavour or he considers all the humanities essentially literary." Russell Jacoby, "A New Intellectual History?" *American Historical Review* 97, no. 2 (1992): 408.

[2] Exemplary here are Dominick LaCapra, *Rethinking Intellectual History: Texts, Contexts, Language* (Ithaca, N. Y.: Cornell University Press, 1983); and the essays collected in Dominick LaCapra and Steven L. Kaplan, eds., *Modern European Intellectual History: Reappraisals and New Perspectives* (Ithaca, N. Y.: Cornell University Press, 1982).

084 合于不论这个人是人类学家、社会学家、历史学家或语言学家——无论在其特殊还是一般方面，都是一个东方主义者，他所做的就是东方主义”。萨义德把学术定义为：

> 一个更大的作者群，有诗人、小说家、哲学家、政治理论家、经济学家和帝国行政官员，他们接受了东西方的基本差异，看作是阐述涉及东方的理论、史诗、小说、社会描写和政治描述的起点，包括人民、风俗、“精神”等等。

最后，他利用了米歇尔·福柯（Michel Foucault）的话语理论把东方主义政治解释为欧洲文化借用的“庞大系统规则，在后启蒙时代，可以从政治上、社会上、军事上、意识形态上、科学上，甚至想象地管理——甚至制造——东方”[1]。正如许多学者曾经提到的，萨义德的批评讽刺地重复着，东方主体屈从于西方代表的客体地位的态度，使得东方力量出现的时候，已经没有空间了。这个悖论在萨义德唤醒下出现的更多大师级解构理论中得到了强化：戈亚特里·斯皮瓦克（Gayatri Spivak）细密地分析了在西方话语内对域内妇女不可避免的囚禁，或者如霍米·巴巴（Homi Bhabha）认识到的“内部问题”可能从内部动摇西方文件记录中的政体，通过实践一次对西方法律混乱的答复，这些铭记于心的实践马上就可以看出

---

〔1〕Edward Said, *Orientalism* (New York: Vintage Books, 1978), 2-3.

与西方的异同。[1]

在扩展萨义德从人类学到人种学分析范围的过程中，使用的方法正如布罗尼斯拉夫·马利诺夫斯基（Bronislaw Malinowski）实地考察所言，已经证实地方语料供应人的工作提供的主要是口语的媒介，而第一批学者仍然集中于文本路径研究。[2] 詹姆斯·克利福德（James Clifford）和乔治·马库斯（George Marcus）的写作文化（Writing Culture）计划开始重新强调写作是人类学实地考察的一个“神秘”领域，要求某种当地语料供应人向西方读者提供知识的透明度。克利福德和马库斯从马利诺夫斯基置于前台的参考式观察的对话中移 085
开，“转向文化描述结构的、人为的特性”，他们在人种学写作方面促进了一种激进的自我意识。[3] 写作文化计划特别重视联合创造了人种学知识的口语与书写文化达到的程度。正如菲利克斯·德里弗（Felix Driver）和劳利·琼斯（Lowri Jones）指出的，相互需要从人种交换的档案中挖掘媒介物体与声音。德里弗和琼斯的工作集中在 1830 年发现的皇家地理学会的收藏，那时的资料库，有 100 万张地图，50 万张照片，几千种书籍、论文、手稿、手工艺品和艺术品。他们的计划，

[1] Gayatri Spivak, *In Other Worlds: Essays in Cultural Politics* (London: Routledge, 1987); Gayatri Spivak, "Can the Subaltern Speak?" in *Marxism and the Interpretation of Culture*, ed. Cary Nelson and Lawrence Grossberg (London: Macmillan, 1988); and Homi Bhabha, *The Location of Culture* (London: Routledge, 1994). For the foundational critique of Said's thcory, see Aijaz Ahmad, *In Theory: Classes, Nations, Literatures* (London: Verso, 1992).

[2] Bronislaw Malinowski, *Argonauts of the Western Pacific* (1921; repr., New York: Dutton, 1961).

[3] James Clifford and George E. Marcus, eds., *Writing Culture: The Poetics and Politics of Ethnography* (Berkeley: University of California Press, 1986), 2.

通过文本与展品的方式向公众展示他们的藏品，是要把帝国探险重新评估为“一个共同的工作计划，开始于不同的原因，取得了各政党关心的不同的结果，但是，尽管如此，它仍然是一个共同的工作计划”。他们对帝国主义“工作”的描述有必要延伸到名词其足迹的档案中去。德里弗和琼斯得出结论，“我们可以把对地理知识的结果性贡献看作是副产品”[1]。

那些媒介在口语文化典型的环境中，想要公正地判断其在历史记录中的作用，需要发展对修辞失衡和资料来源模糊敏感的阅读实践。从简单的量上看，口语社会全部的档案材料使西方记录和后殖民主义学者长期批评的本土对象化之间的不对等性具体化了。最有影响的专著从写作文化计划中诞生，玛丽·路易斯·普拉特（Mary Louise Pratt）的《帝国之眼：旅行书写与文化互化》（*Imperial Eyes*：*Travel Writing and Transculturation*），描述了档案中显示的固有的歧视：

> 我越研究250年前由欧洲人写作的庞大游记文学合集，越发现根本听不到那些参与者的声音。档案中有一条巨大的鸿沟。那些接待欧洲人的人是如何看待他们及他们带来的计划的呢？他们要怎样及通过什么形式解释他们正在经历的历史进程？[2]

086 与帝国记录格格不入的阅读过程是一个潜在的循环：用抽取自相同资源的地方知识证据去反对欧洲表述，反而把那些表

---

[1] Felix Driver and Lowri Jones, *Hidden Histories of Exploration*: *Researching the RGS-IBG Collections*, published for the exhibition Hidden Histories of Exploration held at the Royal Geographical Society (with IBG) from October 15 to December 10, 2009 (London: Royal Holloway, 2009), 7, 11.

[2] Mary Louise Pratt, *Imperial Eyes*: *Literature and Transculturation* (London: Routledge, 1992), 5.

述神圣化了。此外，当本土的声音出现在记录的描述中，诸如吟唱、歌唱和口语历史的时候，好像是提供了反欧洲档案的预兆，这些也不能看作是纯粹的或者原始的资料，因为它们也是在帝国的、传教的、管理的背景下产生的，体现了欧洲档案材料的发展轨迹。另一个人类学的反应就是在现代本土文化实践的见解中寻求一把解开历史文献中文化参考文献的钥匙。然而，这种冒险加深了所谓的现代的、有历史记载的社会与原始社会长期存在的分离，原始社会被看作是一个闭锁的永久的存在，对它那些没有受到历史变迁政治影响的风俗进行无休止的评价。[1]

对于欧洲与无文字文化的接触情节中形成的许多策略，或许有助于继续重铸一部全球化了的知识史。玛丽·路易斯·普拉特针对档案中持久的本土立场评论道："有时当我阅读的时候，我瞥见生活于帝国的人正在对其进行标记的方式：它干涉无意识的、镇压性的、失败的表述，或者只是用重复与虚幻覆盖——在庆祝、雕塑及绘画中都有体现，在打油诗、哲学和历史中也一样。"她对这种认识的反应就是运用辩证的阅读方法，设法推断出在历史表述中被遮盖和保持沉默的当地人的看法。普拉特为她的分析强调的遭遇概念创造了一个术语"接触区"。"接触区"引起了帝国与本土的共存问题，并"把帝国交互与即兴遭遇的范围推向了前台，轻易地被站在入侵者角度的描述忽略了"[2]。普拉特的"接触区"理论化比得上格

---

[1] Joannes Fabian, *Time and the Other*: *How Anthropology Makes Its Object* (New York: Columbia University Press, 2002); Claude Lévi-Strauss, *The Savage Mind* (London: *Weidenfeld* & Nicholson, 1989), 233-242.

[2] Pratt, *Imperial Eyes*, 5, 8.

雷格·德宁（Greg Dening）人所共知的隐喻，即把“海滨”看作初始的空间，在领土主权要求之前，早期各种模糊力量关系表演的舞台，彼此更平等地对待对方，相互询问。〔1〕布朗
087 温·道格拉斯（Bronwen Douglas）的批评中强调利用需求，通过争议性地阅读多如牛毛的与帝国文本与图片格格不入的资料的过程，去挖掘本土媒介的“暗号”。在一系列的论文及著作中，道格拉斯把其方法运用到所有德里弗与琼斯认同的文本当中：文字描述、图像、文化习惯、地图和人工制品。〔2〕格雷格·德宁重新想象了戏剧表演方面的联系，而不是那些精练的术语来例证对跨文化交流进行人种历史学与人种学分析方面一个行动性声明转向，目的是探寻口语文化实践支配分析的术语。但宁用第一人称插补的方式中断了其历史叙述，目的是在历史知识的相对与行为方面提醒他的读者。〔3〕迈克尔·陶西格（Michael Taussig）更彻底，在其《萨满教、殖民主义和野蛮人》（*Shamanism*，*Colonialism and the Wild Man*）一书中，使用了一种对话的写作方式去表现他向读者们描述的萨满仪

---

〔1〕Greg Dening, *Islands and Beaches*: *Discourse on a Silent Land*, *Marquesas 1774－1880* (Honolulu: University of Hawai'i Press, 1980).

〔2〕Exemplary among these are Bronwen Douglas, "Art as Ethno-historical Text: Science, Representation and Indigenous Presence in Eighteenth and Nineteenth Century Oceanic Voyage Literature", in *Double Vision*: *Art Histories and Colonial Histories in the Pacific*, ed. Nicholas Thomas and Diane Losche (Cambridge: Cambridge University Press, 1999), 65－99; Bronwen Douglas, "Seaborne Ethnography and the Natural History of Man", *Journal of Pacific History* 38, no. 1 (2003): 3－27; and Bronwen Douglas, "In the Event: Indigenous Countersigns and the Ethnohistory of Voyaging", in *Oceanic Encounters*: *Exchange*, *Desire and Violence*, ed. Margaret Jolly, Serge Tcherkezoff, and Darrell Tryon (Canberra: Australian National University Press, 2009), 175－197.

〔3〕The approach is theorized by Greg Dening in "The Theatricality of History Making and the Paradoxes of Acting", in *Performances* (Chicago: University of Chicago Press, 1996), 103－127; and is exemplified most thoroughly in his *Beach Crossings*: *Voyagings Across Time*, *Cultures*, *and Self* (Philadelphia: University of Pennsylvania Press, 2004).

式，从而企图“复元”固有的洞察力。他的目的是使写作的主题能够支配文化知识交流的模式，从而在西方读者那里产生本体论转换。文字记载的失衡已经促使其他人为了研究结果的需要贬低文本了。尼古拉斯·托马斯（Nicholas Thomas）把人类学的注意力重新转向那些对象，包括功能的和艺术的方面，认识到地方的和欧洲人的实践以及殖民地跨文化交流的日常行为相互“缠结”，降低了主要地点偶遇历史足迹成文档案的价值。[1]

科学史学家的工作已经重现了这些，包括对档案史的批评，极大地推动了世界重新认识非欧洲人对全球科学知识发展的知识贡献。布鲁诺·拉图尔（Bruno Latour）认同大城市是“估算的中心”，在这个集聚点，服务于帝国事业的知识逐渐聚集与档案化，已经证明在东方模式下是非常有影响的。拉图尔的分析，同样还要感谢福柯的话语与规则理论，通过揭露一个帝国意愿的运作可以知道，那些为了帝国中心积累的需要，寻求的他者性应该是便携的、吸引人的和可翻译的。[2] 反过来，更近的科学史学家们突出强调已经遮蔽了档案中本土的声音以欧洲中心公式化的研究方法，而不是强调跨越全球与帝国 088
边界科学知识共同产生的重要性。德鲁沃·拉伊纳（Dhruv Raina）和 S. 伊尔凡·哈比卜（S. Irfan Habib）在他们的

---

[1] Michael T. Taussig, *Shamanism, Colonialism, and the Wild Man: A Study in Terror and Healing* (Chicago: University of Chicago Press, 1987); Nicholas Thomas, *Entangled Objects: Exchange, Material Culture and Colonialism in the Pacific* (Cambridge, Mass: Harvard University Press, 1991); Nicholas Thomas, *Oceanic Art* (London: Thames & Hudson, 1995); Nicholas Thomas, with John Pule, *Hiapo: Past and Present in Niuean Barkcloth* (Dunedin: University of Otago Press, 2005).

[2] Bruno Latour, *Science in Action: How to Follow Scientists and Engineers Through Society* (Cambridge, Mass.: Harvard University Press, 1987), esp. 215–257.

《驯化现代科学：一部殖民地印度科学与文化的社会史》［*Domesticating Modern Science：A Social History of Science and Culture in Colonial India*（*2004*）］，卡皮尔·拉杰（Kapil Raj）在他的《重新定位现代科学：南亚和欧洲科学知识的传播与构建》（*Relocating Modern Science：Circulation and the Construction of Scientific Knowledge in South Asia and Europe*），都聚焦于南亚对欧洲科学知识的占有与南亚文化媒介在19世纪长期对欧洲科学发展成型的回报式贡献。拉杰在他的学科中预演了一个更广大的运动，从西方科学发展的宏大叙述，到“科学知识演变成……在世界各地都要本土化了”。他指出，随着这种规则的转变，知识的跨文化构成受到重视：

> 特别地，（近期科学史）着眼于这时期构成科学的特定的知识传播中文化间遭遇的角色问题。知识扩展向度的本质是什么？谁是包含于跨文化遭遇空间知识、技能扩散和占有的中介？是这么简单的一个扩散与接收的过程，还是有一个知识和技能传播的接受与重构的积极过程？如果是后者，那里——欧洲的大城市中心以外——的知识被重建和证实了吗？这种知识和其城市兄弟式的关系是什么？这些知识可以翻译吗？如果可以，那它在移植的过程中到底发生了什么？[1]

拉杰研究的那种知识史，不是要重申“殖民地科学”或者“殖民地知识”，建立一个从帝国中心排除或者强制占有本

［1］Kapil Raj，*Relocating Modern Science：Circulation and the Construction of Scientific Knowledge in South Asia and Europe*（New York：Palgrave Macmillan，2007），10-11.

土或地方知识的分层话语体系。更确切地说，他们“提出一种科学知识建立和传播的可供选择的景象，通过相互的，但不对称的传播与谈判的过程，产生一种和当今后殖民思想发生冲突的景象”。拉杰试图要证明，南亚并不是一个对欧洲知识简单应用的地方，也不是收集大都市各种信息的巨大场所，事实上也不是收集“由欧洲人整理和传达的印度人创造的错综复杂的知识”。相反，南亚是一个针对正在出现的世界知识秩序的积极的，尽管是不平等的，参与者……。“接触区”是已证知识的生产场所，尽管对于发生于此的那些南亚和欧洲的跨文化接触者们来说，这些可能并没有形成。换句话说，尽管这些知识在南亚和欧洲特定的社会存在不同的轨迹，在两个地区占有与整合的方式也不同（尤其是由于殖民统治），但是它们参与了共同的循环过程，也是在这个过程中建立起来的。[1]

尽管拉杰在这里排斥常规的后殖民分析方法，但是，他应用了玛丽・路易斯・普拉特的“接触区”概念，说明他在反思科学史的时候，还是受到了某种第二波后殖民分析理论的影响。于是，南亚科学史学家们的工作促进了对文化媒介作用的反思，这些媒介如何塑造了欧洲科学及周边修正版，一个使阿利克斯・库珀（Alix Cooper）纠结的终极修正主义者辩称，正是在现代早期与外来文化的开放性接触中，包括本土知识、科技和实践的全球性传播，导致从地方知识的价值、记录和档案材料等方面对欧洲“本土的”东西重新概念化。她的工作使欧洲的与“外来的”两极化更加复杂化了，但是，却证明了

[1] Kapil Raj, *Relocating Modern Science: Circulation and the Construction of Scientific Knowledge in South Asia and Europe* (New York: Palgrave Macmillan, 2007), 13.

在自然的和伴随的文化实践的王国中，外来的东西逐渐被接纳，并拥有了家人的特权。[1]

班克斯的知识网络

近年来对跨文化知识生产的变化与结构的重新思考，为学者重新审查知识史的关键形态提供了一种新的视角，包括他们
090 运用的那些事实中的罪过与纠纷，以及他们研究的方法学与认识论。在本章的余下部分，我认真考虑这样一个形象：约瑟夫·班克斯，“奋进号”上的植物学家，英国皇家学会的会长，尊敬与丑闻争取追逐的对象。[2] 我坚决主张人们所说的把完全不相同的，甚至有时和班克斯职业生涯明显冲突的各个方面联系在一起，实际上是与文化媒介作用的逐渐重新概念化冲突的。这并不是质疑有影响的和引人注目的可供选择的概念，班克斯作为“帝国仆人”角色，或者一个可模仿的受施者与赞助的分配者，占据了一个拉图尔的“预测的中心位置”。[3] 然而，在帝国的不平等权力关系中寻求公平，这些模式中的每一个都持续在植物学知识概念化的过程中突出了大都市的优势。在创新对话模式的过程中，把班克斯早期的旅行与偶遇的

---

〔1〕Alix Cooper, *Inventing the Indigenous: Local Knowledge and Natural History in Early Modern Europe* (Cambridge: Cambridge University Press, 2007).

〔2〕Or as Gillian Russell puts it, "variously the libertine dilettante motivated by licentious curiosity, the man of science and agent of empire, and the macaroni man of fashion". Gillian Russell, "An 'Entertainment of Oddities': Fashionable Sociability and the Pacific in the 1770s", in *A New Imperial History: Culture, Identity, and Modernity in Britain and the Empire, 1660–1840*, ed. Kathleen Wilson (Cambridge: Cambridge University Press, 2004), 53.

〔3〕These approaches are represented by Gascoigne, Liebersohn, and Miller, respectively, and each is discussed later.

重要性突出出来，也就是放到全球范围与后来的语料供应人及对话者的实践中去，我希望展现本土文化媒介在启蒙运动知识研究其中一支中所起的基本作用。这里我要强调的是，我接下来讨论的关注点不是文化合作产生的对象或者发明，不是像我探讨过的科学史成就那么多，也不是重申特定的据说是欧洲的某种对象或者发明。相反，我关注的焦点是，紧跟着班克斯本土对话的经历，文化媒介作用本身的重新概念化。

班克斯的研究遗产已经认识到，知识网络在其领导下的皇家协会与其摇控指导下殖民地农业的形成中的基础性作用。立足于分类管理方法的开创者卡尔·林尼厄斯（Carl Linnaeus）提供了先例，林奈和全世界那些把分类方法应用于植物学与生物学样本管理的那些旅行家、收藏家和园艺家是一致的，班克斯建立了一个 18 世纪晚期到 19 世纪欧洲帝国范围内旅行家、管理者和农学家联系得更广泛的网络。戴维·菲利普·米勒（David Philip Miller）较早而有力地把班克斯的做法恢复成拉图尔的知识累积模式，主张“丝毫不用怀疑班克斯，超越了他
的时代的其他个人，所做的工作……使他成为累积的中 091
心”[1]。约翰·加斯科因（John Gascoigne）立足于 17 世纪文学界的传统，决定性地描述了班克斯主持皇家协会时的方法：一个跨越民族边界的真正的科学共同体，尽管存在民族冲突，拉丁语作为他们共同使用的语言，仍然寻求扩展欧洲知识。加斯科因主张：

[1] David Philip Miller, “Joseph Banks, Empire, and ‘Centres of Accumulation’ in Late Hanoverian London”, in *Visions of Empire: Voyages, Botany, and Representations of Nature*, ed. David Philip Miller and Peter Hanns Reill (Cambridge: Cambridge University Press, 1996), 33.

> 班克斯远不是文学界依据职权而定的公民，因为他是皇家协会完善程序和科学发展的一部分，要更普遍地建立一种民族间通信与交换的网络。他在这样一个层面上做到了，外国人被认为是特殊的，只对欧洲语境真正负责，并不是英语科学。[1]

哈里·利伯森（Harry Liebersohn）把加斯科因的知识网络的概念发展成为一种复杂的表述方式，其中，欧洲博物学家、艺术家和哲学家——法国的、德国的、俄国的和西班牙及英国的——都参与了这一远航计划，使早期遭遇的不同民族的政治、规则、知识和文本复杂化了。利伯森特别关注18世纪赞助的航行计划运作，在确立和巩固班克斯科学帝国的过程中，提供了一种非常吸引人的角色分析。事实上，他坚称“凭借个人的经历，18世纪晚期到19世纪早期就差不多可以写一部英国赞助航行的历史”。利伯森，像加斯科因一样，把班克斯的目标与文学界的那些联系在了一起，但是更突出在促成赞助网络与演说方面的他的阶级地位。[2]

然而，尽管班克斯领导下的皇家学会的多元化发展日渐得到公认，但是这种发展的前景仍然是以欧洲为中心的。文学界的一个重点，作为通信网络发展的主要内容，已经潜在地贬低了不会写字的本土主体的贡献，他们在欧洲文学、杂志和档案中一直只是被认为处于非常间接的位置。在欧洲的中介文本

---

[1] John Gascoigne, *Science in the Service of Empire: Joseph Banks, the British State and the Uses of Science in the Age of Revolution* (Cambridge: Cambridge University Press, 1998), 148. See also John Gascoigne, *Joseph Banks and the English Enlightenment: Useful Knowledge and Polite Culture* (Cambridge: Cambridge University Press, 1994).

[2] Harry Liebersohn, *The Traveler's World: Europe to the Pacific* (Cambridge, Mass.: Harvard University Press, 2006), 98, 103.

中，欧洲主体扮演了“地方”通报者的角色，分发从本土中介收集的地方知识，他们中的典型仍然无名，通常也不会被提 092
及。在重新思考班克斯档案中文化中介的角色的时候，我想恢复地方单个通报者对班克斯知识的贡献，同时针对班克斯作为皇家协会会长时发展中的实践，建立一个可供选择的系统。我不是要把这个与文学界文本传统，或者是英国与欧洲的赞助网络联结起来，而是主张班克斯之所以喜爱交谈与协调，形成于他的模式化的实践，以及他与“奋进号”上图帕的对话。此外，我认为他和图帕的关系，跟他后来与赞助组织的谈判及在大城市的宣传同样重要。

“一个非常适合的人”

尽管图帕来自赖阿特阿岛，在那里他是卓越战神奥罗（Oro）的大祭司，当班克斯遇到他的时候，他是生活在塔希提的一名流亡者，在博拉博拉人入侵赖阿特阿岛之后被废黜。他曾经是普蕾［Purea，又译为奥巴蕾（oberea）］——塔希提最有权力的酋长的有影响力的宗教顾问。[1] 到 1679 年詹姆斯·库克（James Cook）到来的时候，普蕾由于图帕已经丧失

〔1〕Teuira Henry, *Ancient Tahiti* (Honolulu: Bernice P. Bishop Museum, 1928), 190-195; John Davies, *The History of the Tahitian Mission, 1799-1830*, ed. C. W. Newbury (Cambridge: Hakluyt, 1961), xxvi.

了地方政治的支持。[1] 尽管如此，他庞大的宗教与文化知识储备，事实上，在严密监视下既不向内也不向外的中立身份，使图帕无论是对班克斯还是对库克来说，都是重要而公认的权威。对他的价值的评估，从两个人对他决定随“奋进号”航行的反应也可以看出来。班克斯在本章开始的部分有引用的日记条目中把图帕看作是“一个非常适合的人”，并且从无限的认知方面看，也是肯定的了无论是作为文化中介，还是从执行这一角色的礼节方面看，他都是得体的。然而，当班克斯返回到英国的时候，正是他和图帕的对话关系及带来的知识引起的有关礼仪问题招致人们的严密关注。相对而言，库克的评价只是船长应有一个新个体出现在船上是否有利于探险的需要判断：

093 在我们离开这个岛屿之前一段时间，有几个土著每天都提议要跟我们一起离开，正如曾经思考过的，他们必须对我们未来发展有用，我们决定带一个一起走，他的名字就叫图帕，一个族长，也是一个神父。这个人从我们登岛以来大部分时间跟我们在一起，给了我们机会了解他的一些事……我们发现他是一个非常聪明的人，知道位于这些海域当中岛屿的一些地理知识，他们生产的产品，当地人的宗教及习俗，比我们遇到的任何一个人都要强，他是符

[1] James Cook, *The Journals of Captain James Cook on His Voyages of Discovery I: The Voyage of the* Endeavour, *1768–1771*, ed. J. C. Beaglehole (Cambridge, Hakluyt and Cambridge University Press: 1955), 563; David Turnbull, "Cook and Tupaia, a Tale of Cartographic *Méconnaissance*?" in *Science and Exploration in the Pacific: European Voyages to the Southern Oceans in the Eighteenth Century*, ed. Margarette Lincoln (London: Boydell, 1998), 127; Glyndwr Williams, "Tupaia: Polynesian Warrior, Navigator, High Priest - and Artist", in *The Global Eighteenth Century*, ed. Felicity Nussbaum (Baltimore: Johns Hopkins University Press, 2003), 40-41.

合我们要求的最合适人选。[1]

在塔希提得到证明的才智与知识，被认为可以适合更大的场面：他的个人才智和学到的知识合起来使他成为“奋进号”团队一个有价值的补充。但是，库克也从地方价值和发展进程的角度暗示，他自己的一套标准还未完成。像这个时候大多数的欧洲探险者一样，他承认有一个广阔纠缠不清的背景，其中不是一个，而是“几个”本土居民愿意付出陪同他们一起航行，他们的动机是不同的：个人关系、追求地位和对其他地方的兴趣。

许多批评家通过提及班克斯有感情地热心于知识的跨文化交流，区分了库克与班克斯和文化中介的相互影响。李·华莱士（Lee Wallace）在《性别的冲突：太平洋文本、现代性别学》（*Sexual Encounters*：*Pacific Texts*，*Modern Sexualities*）一书中，总结了过去学问中一种趋势，目的是“确定……对守纪律有感情的男性的外部限制”对詹姆斯·库克和约瑟夫·班克斯形象的影响，评论说：“关于英国在南太平洋的冒险活动，库克与班克斯的形象过去例行是作为男性定义的反面标签使用的。”她注意到了对班克斯自我沉迷于塔希提文化实践与礼仪的意愿和库克帝国主义先遣队的那些肯定描述的差别。华莱士的贡献就是识别两者的那些明显的对立的遭遇，这个模式可能被看作“一枚硬币的两面”。这不仅仅是一个更平常的解释版本，而是定位于皇家学会“服务于帝国”的原始科学探险，就像英国海军部原先领土探险一样。华莱士进一步探究了班克斯，特别是约翰·霍克斯沃思（John Hawkesworth），认为 094

[1] Cook，*Journals*，117.

的从感情及性别方面对遭遇者构建的感情主义："代表性地束缚了库克、班克斯的男性感情，他对波利尼西亚女性的同情及敏感，辞藻华美地缓解了冲突的侵略性，因此使英国出现在太平洋地区变得合法了。"[1] 戴维·特恩布尔（David Turnbull）在对库克与班克斯的比较中，把库克与图帕看作"奋进号"航行中相似的权威，年龄（他们在遇到的时候，都是40多岁）相近，地位相同，分享着绘图与航行的知识计划。[2] 然而，出现在库克笔下的库克与图帕只是人类知识的竞争者关系，而不是共同探险者。相对而言，班克斯乘坐"奋进号"到访塔希提的时候才25岁，年轻的甚至可以当图帕当然也可以当库克的儿子，他似乎本来可以与图帕发生些什么关系，包括图帕给其当顾问的各个方面。班克斯能承认赖阿特阿岛人在年龄与知识方面较高一些。他能和图帕交谈是由于相似的感知：每个人把对方看作是信息提供人与共同的思想者。

一旦"奋进号"从塔希提启航，图帕的权威马上就全面地显现出来了。正如班克斯提到的，他已经把波利尼西亚为数众多的岛屿画在了纸上。尽管这些不是以透视制图法绘制的，但是，航行记录表明，他精确地计算出在不同的岛屿之间航行需要的天数。[3] 由于只有很少的辅音变换来区分大洋洲方言，但图帕能很娴熟地与其他波利尼西亚人进行交流，这使他在航行偶遇的岛民中间拥有很高的权威。威廉·蒙克豪斯（William Monkhouse），"奋进号"的外科医生，在新西兰波弗

---

[1] Lee Wallace, *Sexual Encounters: Pacific Texts, Modern Sexualities* (Ithaca, N. Y.: Cornell University Press, 2003), 9, 11, 12.

[2] Turnbull, "Cook and Tupaia", 117.

[3] Gordon R. Lewthwaite, "The Puzzle of Tupaia's Map", *New Zealand Geographer* 26 (1970): 1-19.

蒂湾的日记中写道：“图帕的名字现在不断回响着，他在和他们谈话。”[1] 当然，作为一名翻译，他自由地把英国的信息用自己的术语翻译出来，因为他是这些早期交流传播欧洲知识唯一的媒介。承认媒介力量的后殖民理论在这里找到了本土的对等物。显然，图帕不仅仅是个显而易见的翻译者。相反，他 095
在班克斯日记中的形象是一位有意识有文化的比较文学学者，描述了社会群岛实践与其他更远的那些岛屿之间的相似性与微妙的差别。此外，班克斯描述了当图帕翻译母语时的推断与相对理解的能力。有一个和当地居民不愉快的场景，他讲述了：

> 我们相信的图帕猜到他们将马上进攻我们，走到船尾与他们谈交易，如果我们激怒了他们，我们将会怎么样……，他们用平常的黑话回答了他“只要上岸就全部杀了你们”。图帕说：“啊，但是，如果我们在海里的话，就没法与你们做生意，大海既是我们的财产，也是你们的。”这样的理由来自一位印第安人，并且事先没有得到我们的任何暗示，使我感到很震惊。更震惊的是，这样的感情在我认识他之前从来没有过，他个人的事情也没有任何暗示。[2]

库克和班克斯同样都意识到了图帕对于这次远洋探险的价值，但是他们对于这种价值的理解是和对中介角色的选择性洞察力联系在一起的。反之，班克斯把这看作是正常意义上的对话——互惠和中立——库克突出图帕的功能作用，集中于他在

[1] Cook, *Journals*, 570.

[2] Banks, Endeavour *Journal*, 1: 434–435; compare 447.

英国远征伟大目标活动中的翻译者、领航者和信息提供者的角色。如我前述，在他的日记中提到图帕决定跟随这次航行就承认了图帕出众的才能，班克斯也把他自己的探险计划与他们联系在了一起。正如航行进展描述的一样，库克还记录了图帕指导航线与当地人民交谈的创造力，继续强调他的辅助与功能作用："图帕总是陪伴我们远足，提供无限服务。"他们的态度总是被压缩成一个一再重复的短语："依靠图帕。"在 1 月 31 日，在《夏洛特王后的声音》（*Queen Charlotte's Sound*）中，他写道："我接着，依靠图帕，向那个老年人及其他几个人解释，我们将在这个岛上建立一个标志，目的是向可能到达这个岛的其他船只表明我们先于他们到达这里。"[1] 离开新西兰，
096 计划进一步开展太平洋探险，他指出了图帕给英国带来的利益，主要是以大使的身份推进友好关系的能力：

> 但是，应该考虑一下，当图帕愿意出来时，依靠他的服务派出一艘船是否合适，假如那样的话，他应该从以前到这里的每一艘船获得巨大的收益；假如图帕没亲自陪伴你，你依靠图帕，总能找到其他人引路从一个岛屿到另一个岛屿，在你到达的每一个岛上肯定也能遇到友好的接待，吃点便餐。[2]

相比之下，班克斯一直承认图帕的主动性。图帕有力地执行提出的命令是没有意义的：相反地，班克斯记录了图帕自己

---

[1] Cook, *Journals*, 240, 242.

[2] Ibid., 291. Glyn Williams takes the first section of this quotation as an indication that "Cook left readers of his journal in no doubt about Tupaia's importance". Williams, "Tupaia", 43. However, in my reading, the second part of Cook's comment aligns it rhetorically with a tendency to figure Tupaia's role as instrumental rather than authoritative.

主动进行跨文化互动的实践与策略，明显地，这些都缺少任何其他来源的指令。这样，在新西兰，与毛利人的交换所代表的并不只是经过图帕作为翻译者的一项翻译活动，而是毛利人与图帕之间的一场对话，后来被翻译给包括英国人在内的人，“他们来到相当近的地方，回答了图帕谦恭地询问的所有问题”；“当做完这些事过了一会儿，他们来到了更近的地方，图帕就在船尾跟他们谈；他们脾气很好，并且回答了他的问题”；“就在那时，图帕来到了甲板上，他们马上跑向他，他向他们保证，他们的朋友不会被杀死”。[1] 不要问英国“依靠图帕”获得了什么，要问图帕经由英国设法得到了什么。这种印象由于班克斯在每一个可能的方面塑造图帕形象的趋势得到了加强：他准备好单独去“安慰”和“劝慰”被带上甲板的两个毛利孩子，自己治愈坏血病或者找到一种烧烤椰子的方法，“彻底去除它们的辛辣味”。他拥有多重身份：营养家、外科医生、厨师和牧师（然而他似乎比其他人更适合这样的神话氛围，因为不管他什么时候传教，姑且称之为传教，都会有大量虔诚地信奉他的信条的观众参加）。[2] 图帕似乎还了解男性与女性知识领域，一种班克斯非常敬畏的自足的专业知识。

班克斯和图帕似乎共同认可的事情之一是当地生产的特别方式和个别的植物样本。近期从一系列的图片中识别出一张由图帕在“奋进号”上画的近岸景象的画，图中有两种不同型号的独木舟、一座长房子、不同种类的树木和植物，网状的枝

---

[1] Banks, Endeavour *Journal*, 1410, 411, 437; my italics.

[2] Ibid., 1: 403–404; 2: 85; 2: 34.

097

图帕的塔希提长房子与独木舟插图。(Add. 15508, f. 12© The British Library Board. All Rights Reserved 2012)

叶，还细致地画了些水果。这些包括椰子、香蕉树、棕榈树、芋头、面包树和露兜树。珍妮弗·纽厄尔（Jennifer Newell）声称画作“对理解 18 世纪晚期波利尼西亚人的思想和优先权提供了一种独特的视角”，还注意到“他画的第一种植物代表一个特定的种类”[1]。图帕的类型学，正如图中所示，和班克斯推崇的林奈系统（the Linnean system）接近，明显是根据食用性与可用性来分类。那个画像显然是“奋进号”还在社会群岛的时候画的。另一幅显示了船队造访新西兰时班克斯用一个手帕换取龙虾的画面。这里图帕明显地把他的兴趣从用途转
098 向了交换价值，开始思考生存和贸易的自然产品，和班克斯返回英国时思考的几乎一样。第一幅图像是以船的优势为框架，

---

[1] Jennifer Newell, *Trading Nature: Tahitians, Europeans and Ecological Exchange* (Honolulu: University of Hawai'i Press, 2010), 72-73.

第二幅记录了这片土地的代表与一个飘洋过海的人做了一次交换。图帕明显从一个旅行家的视角巧妙地表达了一幅从地方到全球的远景。

图帕本人从来没去过英国，班克斯也就不能尽地主之谊，继续他们的交换，以及弄清楚赖阿特阿岛人对什么消息感兴趣，在英国收集到社会群岛传播。他死于巴达维亚（Batavia），班克斯在日记中表达了悼念。通读这个文本，班克斯从人种学的角度对图帕学识的依赖，对他感性与理性的认可，以及他和库克相比的非工具性都说明了一种认识，在发现事实及形成解释模式方面是合作者。班克斯与图帕还以施恩于塔希提的方式联系在了一起。图帕是普蕾以前的情人，也是她的主要顾问。后来，当班克斯在塔希提的时候，也成了普蕾的情人，这种关系，曾经在霍克斯沃思的航海日记中提到过，使英国社会感到愤慨。对图帕而言，配偶的角色意味着个人的进步和权力的提升。反过来，他显然鼓励班克斯和自己的前情人结合，而这位杰出的女性也含蓄地认可了这两个男人之间的契约。然而，当班克斯返回英国的时候，他和图帕在公众的想象中是经由普蕾这个人物进行了性的交换而不是进行了文化和知识的交换，因而他们被认为是可耻的。普蕾在塔希提保护的遗产威胁和动摇了英国的保护网，而这个保护网也是班克斯在"奋进号"航行到他担任皇家学会会长这段时期竭力巩固的。随着霍克斯沃思《航行记》（*Account of the Voyages*）的出版，在对班克斯这类人的讽刺作品中，植物与性知识就成了彼此的象征。在约翰·斯科特（John Scott）的《塔希提女王奥巴蕾给约瑟夫·班克斯的来信》（*Epistle from Oberea*, *Queen of Tahiti*, *to Joseph Banks*, 1773）的描述中，普蕾和她"忠实的

参议院”就英国船只到来的问题“聪明地商议”了应对的政策，选择了礼品交换而不是战争，据说她“抚慰了图帕内心
099 的恐惧”。一个注释说明，图帕自己是代表她与班克斯关系亲密的最伟大的象征：“图帕是奥巴蕾的总理，她也同意他跟随班克斯先生到英国去，从而为她依恋那位绅士提供了最强有力的证据。不幸的是，这个伟大的政治家与哲学家死于航行途中。”[1] 诗的部分内容突出记载了班克斯航行的性事部分，抄袭自霍克斯沃思。在这样的背景下，图帕的死含蓄地意味着通过文化交换授权的可能性和它的替代品，过分地突出班克斯满足性事的丑闻的终结。

“一个不适当的榜样”

尽管热切地希望回到太平洋，但是，班克斯在企图重新设计这次革命以适应“各种好奇的事情，不管是出于用途、消遣还是娱乐”之后，最终没参加库克的第二次探险远征，由于这次“给自己带来很大代价”的修改，致使这艘船被宣布过重，要求恢复到其本来面目。[2] 还是一些其他的方法认为班克斯作为第二次航行的科学代表并不适合。不仅是奢华，性欲也起了作用：他和塔希提女性的关系丑闻开始浮出水面，后

---

〔1〕[Major John Scott], *An Epistle from Oberea, Queen of Otaheite, to Joseph Banks, Esq. Translated by T. Q. Z. Esq. Professor of the Otaheite Language in Dublin, and of All the Languages of the Undiscovered Islands in the South Sea; and Enriched with Historical and Explanatory Notes*, 2nd ed. (London: J. Almon, 1774), 7.

〔2〕John Elliot and Richard Pickersgill, *Captain Cook's Second Voyage: The Journals of Lieutenants Elliott and Pickersgill*, ed. Christine Holmes (London: Caliban, 1984), 7.

来泄露消息说，有一个乔装打扮的“女性”正在好望角等着他，企图以一个异性装扮者的助手身份伴其左右。班克斯还想以过去他与图帕的关系模式那样进一步加强知识交换，直到 1774 年 7 月，当库克第二次环球冒险回来的时候，他才找到代表“塔希提”的朋友：马伊（Mai）。像图帕一样，马伊是自 18 世纪 60 年代早期以来一直生活在塔希提的赖阿特阿岛难民。但又跟图帕不一样，他到达了英国，后来又返回塔希提。安妮・萨蒙德（Anne Salmond）评价了班克斯和马伊的关系，认为后者的角色只是一个来自异国的替代品：“英国报刊报道了马伊来到英国的消息，很欢迎这位异国的造访者。对班克斯来说，他本来是想把图帕带到英国来，但马伊的到来是一个天赐之物。他带走马伊，并让他住在了自己的别墅里。”[1] 马伊在这里，既是一个替代品，又是一个战利品。但是，就像班克斯在他的职业生涯的这个阶段一样，马伊在他的文献中的形象，不像是一个理想的科学对话者，更像是样本而不是权威。[2]

库克对马伊的评价，例证了他被欢迎时所持的怀疑论： 100

> 我开始就很想知道，费诺船长会受到那个人的拖累，在我看来，他并不是这些幸福岛居民中一个合适的代表，没有任何出生优势，或者获得社会地位；体形、形象与

---

〔1〕Anne Salmond, *The Trial of the Cannibal Dog: The Remarkable Story of Captain Cook's Encounters in the South Seas* (New Haven, Conn.: Yale University Press, 2003), 296.

〔2〕Rüdiger Joppien refers to Mai as "a curiosity, a visually striking personality, and a living experiment". Rüdiger Joppien, "Philippe Jacques de Loutherbourg's Pantomime 'Omai, or, a Trip Round the World' and the Artists of Captain Cook's Voyages", in *The British Museum Yearbook: Captain Cook and the South Pacific*, ed. T. C. Mitchell (London: British Museum Publications, 1979), 3: 82.

面色也不突出。因为他们的第一等级的人才更公平，通常举止更得体，要比中间阶层更聪明，其中马伊将被列出。[1]

作为“不适当的榜样”，而不是有知识的权威，马伊被认为不适合传播塔希提文化。库克的评价阐明了与理解力交织的“社会地位”的问题。马伊属于塔希提社会统治集团的第二层级，主要是从体形外貌得出的一个特征。早些年曾经带一个塔希提人阿霍鲁（Ahutoru）到布干维尔（Bougainville）被迫保护他的访客，反对类似的特权阶级。

塔希提的居民由两个人类种族组成，彼此差异非常大，但是，说相同的语言，有相同的习惯，表面上无差别地混杂在一起。首先，一个种族的人数最多，有最大块头的男人，一般来看他们身高达到6英尺（约为1.82米）以上。他们的肢体比例非常协调，这是我见过最适合用来绘画大力神（Hercules）与战神（Mars）的完美模型。无法区别他们与欧洲人的那些特征：如果他们穿上衣服，少露天生活，少暴露在阳光下，他们将和我们一样白；他们的头发一般是黑色的。另一个种族拥有中等身材，有鬃毛一样硬的卷曲头发，在肤色及特征上稍微与黑白混血儿不同。登船和我们在一起的那个塔希提人，属于第二个种族，尽管他的父亲是一个区域的酋长，但是他理解他

---

〔1〕James Cook, *A Voyage Towards the South Pole, and Round the World; Performed in his Majesty's Ships the* Resolution *and* Adventure *in the Years 1772, 3, 4, and 5. Written by James Cook, Commander of the* Resolution, *in Which Is Included Captain Furneaux's Narrative of His Proceedings in the* Adventure *During the Separation of the Ships*, 2 vols. (London: W. Strahan and T. Cadell, 1777), 1: 169-170.

想要的美。[1]

像马伊一样，阿霍鲁被认为是塔希提“第二种族”的一员，是人们忧虑的对象，认为一个二等（第二种族）产品可能是个名副其实的文化骗子，在大城市错误地传达了他们本身。 101

统治集团的概念，除暗含的地位外，明显更聪明，在班克斯的两个朋友图帕与马伊之间，在马伊到访伦敦的整个档案中被反复提及。乔治·福斯特（George Forster）在其《环球航行》（*A Voyage Round the World*）的前言中，把马伊看作是一个感官的孩子，而图帕是一个自我控制的成人：

> 他无法对我们的整个文明制度形成一般全面的理解，也无法从中抽象出什么是非常明显有用的，可以用来改进他的国家。他陶醉于优美、匀称、和谐与华丽之中，他们喜悦地大叫，他习惯于服从于他们的意见。连续巡回的快乐使他无暇顾及他未来的生活；由于缺乏图帕的天赋，图帕出众的能力可以使他对自己的行为形成一个计划，马伊的理解力仍然没有得到改善。

马伊的贪欲与图帕朴素的权威之间的对比含蓄地得到了福斯特的支持，他探讨了马伊对英国目标的热望和英国把他载来将证明什么，一旦脱离语境，他是无用的礼物：

> 他带了无数种衣服、装饰物和其他小玩意儿，那只是

[1] Louis de Bougainville, *A Voyage Round the World, Performed by Order of His Most Christian Majesty, in the Years 1766, 1767, 1768, and 1769*, trans. J. R. Forster (1772; repr., Amsterdam: N. Israel, 1969), 214. For a discussion of Ahutoru's visit to Paris, see Vanessa Smith, "Costume Changes: Passing at Sea and on the Beach", in *Sea Changes: Historicizing the Ocean*, ed. Bernhard Klein and Gesa Mackenthun (New York: Routledge, 2004), 37-53.

> 些用来满足我们行为需要的日常发明。他的判断力还处于婴儿状态，因此，他像个孩子一样，他贪图几乎他看到的一切东西，特别是那些给他带来意外效果让他高兴的物件。显然，不是出于其他的动因，就是为了满足其孩童倾向，他沉迷于一个可移动管风琴和电器设备、一个信封和一套盔甲。也许我的读者希望知道他带了那些对他的国家有用的商品，我也希望这样，但是，只能是失望。[1]

102 再三地被描述为一个贪婪的孩子，马伊被认为派他到英国用社会岛文化知识去酬答英国的慷慨是不适合的：他一贯代表的只是接受者而不是捐赠人。

正如我们看到的，由于图帕之死并与马伊结成了偶然的联盟，班克斯成功地实现了双边公众认同：他的科学的声望由于性的恶名复杂化了。关于马伊，一个相关的现象得到证实，他的大城市探险之旅被一语双关地报道。这样，就像早年的图帕一样，班克斯和马伊似乎也是可以互换的，通过感观的相似，在大众的想象中被配了对。在马伊到达英国之后，有人写作了讽刺诗取笑两人之间合伙的内涵，认为他们的结合是暧昧的相似，而不是持久的联系。在《英雄书信：从奥米亚到塔希提的女王》（*An Heroic Epistle*, *from Omiah to the Queen of Otaheite*, 1775），伦敦被描述为这样一个城市：

> 那里流行纨绔子弟，彬彬有礼，
> 和多样的任性的幼年惊喜：
> 谁只关心含糊不清的衣服，

---

〔1〕George Forster, *A Voyage Round the World*, ed. Nicholas Tomas and Oliver Berghof, 2 vols. (Honolulu: University of Hawai'i Press, 2000), 11-12.

为了掩盖他们的性别，聪明的人们可能会猜到。

班克斯在 1772 年被讽刺漫画画成“捕蝇人”与“植物学纨绔子弟”，描写了他在塔希提时穿衣风格与裸体的各种“模棱两可”的状态，是出现在书信中的一个影子。同时，马伊，作为一个实况播音员，冷漠对待日益衰落的大城市文明，批评其艺术与科学，包括英国皇家学会的交易。威廉·普雷斯顿在《1777》（*Seventeen Hundred and Seventy-Seven*）中要求伦敦与塔希提之间进行“性之间的交流”（通过班克斯当年流行的形象，这一概念与科学知识成为同义词）：

从快乐之源看，多有收获的交易！

从科学角度看，又交换了什么！[1]

在这个有损名誉的交换文本中，马伊与班克斯被描述得既消极又积极：交换了过于肉欲与古怪娇气的对象，和他们有关 103
系的权威，即使被承认，也被暗中破坏了。

结论：注意

在我看来，文章的开始引用的对科学家原初形象及文化中介外来形象的共同认知，正是班克斯在日记条目中预想的。班克斯多疑地预想，“政府永远也不会注意到”图帕希望官方不要对本土文化过于好奇，可以通过富有个人折中的好奇心予以补偿。实际上，班克斯暗示像图帕这样的人物，尽管他传递了文化财富和航海知识，也只能被反复无常的英国富裕绅士们用

---

〔1〕William Preston, *Seventeen Hundred and Seventy-Seven*; or *a Picture of the Manners and Character of the Age*, *in a Poetic Epistle from a Lady of Quality* (London: T. Evans, 1777), 25.

英国的术语理解成某种东西。但是，这样的认知束缚了班克斯与图帕。在一个把好奇的外国人看作是外来珍品的社会，陷于严肃的科学家和富有的业余爱好者之间尴尬的认知，班克斯被贬为无鉴别能力的收藏家。换句话说，班克斯和图帕作为航行者的威信是相互依赖的。如果图帕被漠视，班克斯也知道人们会对他等量齐观，从一个追求科学的人变成一个玩杂耍的人。在段落结尾，班克斯转向希望改善的和有兴趣的交谈，相互尊重和赞美，把那个明显错误认知的臭名昭著骑虎难下的对比真正娱乐化，事实上只是那个以英国社会为代价的热心对话者和后来一些后殖民时代更加不谙幽默的补偿性阅读之间的一个笑话而已。

一旦班克斯被限制在大城市，他的文化中介的概念也只能局限于欧洲的对话者：包括旅行家和开拓者，园艺家和收藏家，首先他们可以就新领土上气候、土地和植物生产情况提供详细的内容。当班克斯的兴趣更多地集中于获取植物样本的时候，他对超越了种植王国的那些地方风俗习惯的兴趣无疑逐渐成为副业了。即使到他给阿奇博尔德·孟席斯［Archibald Menzies，在温哥华（Vancouver）探险（1791—1795）的植物
104 学家］起草命令的时候，班克斯关于地方实践的兴趣主要集中于确定是否存在同类相残的现象：

> 在所有那些能够获得与当地人友好交谈的地方，你要仔细地打探他们的风俗、习惯、礼仪、宗教语言、产品，以及在你看来一切对人类有益的东西，并且如果你发现了恶劣的吃人肉的习惯，他们还说那是他们真实执行的惯例；如果你能安全而规矩地参加他们的家庭宴会，目的就是要目睹在文明国家居民绝不会存在的那些惯例，尽量分

辨这种习惯的原始动机，似乎也不可能找出什么动机。[1]

此外，典型的转换明显已经出现了，兴趣在于要把文化知识降低到观察（见证）与异国思索导致的偏见。然而，我要探讨的是，首先是班克斯形成的文化中介的影响，图帕，即使从档案中就能感知到，更快出现的本土的东西衰落了。我早先就提议，图帕在“奋进号”航行中画的画反映出一种兴趣，集中于类型学观察与植物产品的记录，都合并到跨文化交流当中了。无论这种主张反映的是图帕自己的优先权，还是与班克斯交流的结果，还是要注意到，班克斯在走遍全球的过程中，命令中都要对他的植物学报信人继续宣布这些规则。乔治·托宾（George Tobin）从威廉·布莱（William Bligh）天意远航中把面包树运到加勒比地区的例证来看，正如珍妮弗·纽厄尔（Jenny Newell）所说，只要注意“风景中资源的图解”，就可以分辨班克斯式的关键计划：他们证明了自然的使用价值，正如在船只和交换的图景中看到的一样。图帕的波利尼西亚海岸插图是那种计划细节和焦点的原型，如托宾一样，那就是后来班克斯要求的欧洲文化中介。此外，班克斯后来发现每一个类 105
型的欧洲人都适合充当他的中介，无论从哪个分类的范畴来说，都属于图帕式模范专家。正如戴维·麦凯（David Mackay）总结道：“从专业角度讲，班克斯式收藏家明显分成四个群体：园艺师、园丁和植物学家；内科医生、外科医生和

[1] Draught of Instructions for Mr. Menzies, series 61. 04, CY 3011/198, 199 (February 20, 1791), Papers of Sir Joseph Banks, State Library of New South Wales.

药剂师；公务员、官员和军官；海洋商业官员、航海家和探险家。”〔1〕前面我们注意到班克斯在描述普蕾的主要“官员”图帕取得的一系列成就时表达了敬畏之情，图帕把内科医生与药剂师、航海家与探险家和植物与宗教专门知识传递的技巧合并到了一起。作为一位旅行中的地方报信人，尽管是一个无营业执照的权威，图帕还是具备了一个见多识广的文化观察与分析家的资格。然后，也许正是他后来的欧洲中介人，构建了“部分存在的模仿”，即模仿班克斯的第一个也是最伟大的对话者图帕。〔2〕当然，图帕现象会继续质问一个已经全球化了的知识史计划，批判它的假设，扩展它的框架。

---

〔1〕David McKay, “Agents of Empire: The Banksian Collectors and Evaluation of New Lands”, in *Visions of Empire: Voyages, Botany, and Representations of Nature*, ed. David Philip Miller and Peter Hanns Reill (Cambridge: Cambridge University Press, 1996), 40.

〔2〕Homi Bhabha, “of Mimicry and Man”, in *The Location of Culture* (New York: Routledge, 1994), 88.

第5章
全球知识史和政治经济史[1]

110

安德鲁·萨托利（Andrew Sartori）

正如安·斯托莱（Ann Stoler）的观察，抽象概念总是从其对生活世界变动侵扰的角度来理解：

> 对殖民统治研究的惯例就是把政府的官僚制度看作是信息缺乏的机构，从分类学上看更是如此，决心在分类学方面提出那些重要的和不重要的社会差异。殖民地的学者已经能够熟练地区分这些标准化的、被强加的社会差异类别，和那些在生活关系上更加易变与亲密的社会中的人形成了鲜明的对比。[2]

对殖民地知识和认知歪曲的批评使对抽象概念的怀疑从本质上转向了权力的运作上。然而，在殖民地研究中成为批判对象的抽象概念的形式，实际上是分类学的问题。概念的抽象本来是一种概括，是对社会生活丰富经验的抽象，是赋予以经验为依据的现实特性数量减少的结果，以实现更宽广的在相关性

---

[1] Thanks to the participants at the Global Intellectual History workshop, especially Sam Moyn, and also to the Social Theory Workshop at the University of Chicago, especially Moishe Postone and Bill Sewell.

[2] Ann Laura Stoler, *Along the Archival Grain: Epistemic Anxieties and Colonial Common Sense* (Princeton, N. J.: Princeton University Press, 2009), 32.

上不是十分充足的（可能还是歪曲的）分类。权力通过决定
111 机构形式加入这一进程，随着这种分类的减少而形成，基于唯名论的分析论点指出，这种抽象的目的是使人口更易于统治。

斯托莱本人的兴趣在于动摇她（正确的，我认为）在殖民问题研究方面的常规合作，在殖民者的结构和人类管理机构的殖民化研究已经使她更加突出亲密的偶然性，影响了她对殖民主义产生认知必然性和结构稳定性现象的赞同。[1] 本章中，我要从相反的方向提供一种知识动力。不是要把殖民地国家融入到浓浓生活世界的偶然性当中，我的问题是如何更好地理解次级社会领域，殖民地认识中的表面研究对象，如何用人种学和“更加变动的社会和生活于其中的人们关系更亲密”的主观术语赋予其一定的特色。讨论的核心是抽象的模式，不同于已经是殖民地认识中批评核心的分类形式，即政治经济学的抽象概念。

抽象的模式

在马克思主义的文集中，“政治经济学”被看作是社会抽象的科学。从经济学的范畴看，这是一种要抓住资本主义社会约束与推动个体力量的客观相互依存结构的企图，也是在这样重设的约束与能动社会环境下个体计划无意识的结果。一般来说，政治经济学所指的抽象概念（价值、劳动和资本）其实并不“抽象”，即抽象所指的对象只不过是具体个体的集合。

---

〔1〕Ann Laura Stoler, *Along the Archival Grain: Epistemic Anxieties and Colonial Common Sense* (Princeton, N. J.: Princeton University Press, 2009), 47, 101.

相反，它们寻求抓住真正的抽象——社会实践，在某种意义上，本身才是抽象的。

以马克思本人为例，似乎某种分类，比如“价值”，是基于“人类劳动”的一般化，远离特定形式的劳动活动，指向无差别的“人类脑力、体力、精力、手工等生产消耗”[1]。但是，马克思实际上主张“抽象劳动”是一个社会特有的特 112
点，其中劳动一般只是作为获得他人产品的手段，价值则是分配和协调特定劳动行为的一种抽象的机制。[2] 抽象劳动的抽象性实际上被置于这样的事实，劳动的功能在某种程度上是无关紧要的，彻底与个别劳动实际生产的某种产品分离。资本主义社会劳动的功能是通过某种特别劳动同时生产“使用价值”，“价值”只是获得使用价值的手段。后者，劳动的社会方面不能来源于或者被降低到前者，通过从不同人类活动的具体形态或者它的产品的物质特征的任何一般化过程。同样地，政治经济学的抽象概念，虽然在本质上是“概念的”，但是，并不取决于经验的“不足”，正如相同意义上的一般化抽象概念一样。因为像“价值”或“资本”的分类，构建了或者正在构建着取决于基本相互依存的抽象结构的关系形式，政治经济学抽象概念的目标其实已经是抽象的了。

完全不是要假设一个劳动是分析的形而上学的基础，马克思主张：平等的抽象性，从分析范畴来看，和“这种劳动”一样是基础性的，只有在有限的意义上才可能是跨越历史的，

〔1〕The following reading of Marx is deeply indebted to Moishe Postone, *Time, Labor and Social Domination: A Reinterpretation of Marx's Critical Theory* (Cambridge: Cambridge University Press, 1996), esp. chap. 4.

〔2〕Karl Marx, *Capital: A Critique of Political Economy*, 3 vols. (New York: Vintage, 1977), 1: 165-166.

所有特定劳动的命题都是一般劳动的具体事例，在任何社会都能够形成。“这种劳动”一直是潜在有效概念的一般化问题。然而，只有在资本主义社会，“这种劳动”的概念才成为“不只是劳动具体数量的精神产品”，而是“实践中真实的东西”。因此，只有在资本主义社会中，特定形式的劳动才有助于证明“这种劳动”，而不是“这种劳动”服务于源自特定形式劳动的概念的一般化。[1]

> 因此，人们不是把他们劳动的商品作为价值参与到彼此的关系中，而只是把这些对象看作是同质劳动的物质外壳。反过来才是对的：把他们不同的商品在交换中实现价值对等，他们才能把不同种类的人类劳动等同。他们在无意识中做了这些。[2]

113 在马克思至关重要的评价中，政治经济论述的力量在于能真正抓住抽象（置于实践活动本身层面的抽象）的能力，不论条件充分不充分，从整体上把那些抽象的客观力量与社会实践结构联系在一起。在这个过程中，马克思试图说明资本主义社会具有很长历史性的概念——货币、资本、利润和商品，在它们的交易中如何理解从历史上看具有的特定性。于是马克思在这里看到了两种不同的概念：首先是一种肯定的概念，对群体积极性活动集合的抽象；其次是一种相关概念，其含义由其在社会实践中与整体的关系决定。

---

〔1〕See Karl Marx, *Grundrisse: Foundations of the Critique of Political Economy* (*Rough Draft*) (Harmondsworth: Penguin, 1973), 103–105. On the chronological shallowness of the history of the concept of labor in China, see Rudolf G. Wagner, “The Concept of Work/Labor/Arbeit in the Chinese World”, in *Die Rolle der Arbeit in verschiedenen Epochen und Kulturen*, ed. Manfred Bierwisch (Berlin: Akademie, 2003), 103–136.

〔2〕Marx, *Capital*, 1: 166.

从这个角度看，正如蒂莫西·米切尔（Timothy Mitchell）所说的，在我看来，这是对马克思社会批判理论的一个深刻误解，“虽然批判理论曾经质疑了几乎每个现代社会科学类别，它有一个最核心东西没有触及……经济的思想”[1]。在马克思看来，商品不仅仅代表了社会或经济关系；这会让他们感到困惑。马克思的批判理论试图把握特殊的资本形式下社会相互依赖的经济真实性，而不是对历史的经济学的解释。无须依赖特定的机构、地方和具体的实践生态［在海德格尔式（Heideggerean）或福柯式（Foucauldian）的意义上］和/或把它们联系在一起的网络［用米歇尔·卡隆（Michel Callon）的话讲，是“集市”而不是“市场”］就足以解释描述现代社会相互依存关系的特定抽象性。这样的解释必须假定社会形式的抽象性在这样类似的机构中提供示例、复制品与实施，以排除“解释”它们的可能性。这就是为什么，在最后，每一个试图用令人赞叹的经验的复杂性术语去解释政治经济史的时候，都终止于用结构主义的方法探讨经济问题，或者作为对象的密切关系网络空间之外出现的一种论述，然后“执行、塑造并格式化经济，而不（仅仅）是观察经济”[2]。

---

[1] Timothy Mitchell, *Rule of Experts: Egypt, Techno-Politics, Modernity* (Berkeley: University of California Press, 2002), 3.

[2] See Michel Callon, "Introduction: The Embeddedness of Economic Markets in Economics", in *The Laws of the Markets*, ed. Michel Callon (Oxford: Blackwell, 1998), 2. To see how lazily "Actor Network Theory" dismisses Marx, see Bruno Latour, *Reassembling the Social: An Introduction to Actor-Network-Theory* (Oxford: Oxford University Press, 2007), 175, 178-179.

114 主观的社会史

这里，我心里的方法不应该与从“硬”经济学的方法立场获得教条式证实的政治经济学混为一谈，与后殖民时代文化研究的“软”趋势相反。[1] 相反，政治经济学必须理解成一种探讨，其知识史在构成上与现代出现的“社会”联系在一起，现代社会是一个由劳动角色协调构成的客观上相互依赖的王国。这里，只要问题涉及政治经济概念的地位，马上就会发现构成客观相互依存的社会类别也必须有一个主观维度。问题不是要证实物质反对意识，而是要说明取决于构成两者的社会转向实践的首要地位。社会的首要地位，从这个意义上说，是不同于把主体或意识从属于前一个层次的真实所确定的，被称为社会的东西［例如，涂尔干的社会学就是这样说的］。反之，社会代表了一整套的实践关系，其中主观与思维假定了它们的重要性与可理解性。在这个意义上，和海德格尔与福柯共享传统的马克思的方法强调实践活动，作为克服主客二分法的基础，但它又不同于置于前台的抽象调解实践的重要性，那过分突出了情境直接性的不足。正如赫伯特·马库塞（Herbert Marcuse）所说：“马克思主义排斥这样一种经济科学（只是把经济看作是人类生活维度的自然过程），并且设定了这样的

---

〔1〕Contrast Dipesh Chakrabarty, *Provincializing Europe*: *Postcolonial Thought and Historical Difference* (Princeton, N. J.: Princeton University Press, 2000), 51 - 57, with Rajnarayan Chandavarkar, *Imperial Power and Popular Politics*: *Class*, *Resistance and the State in India*, *c. 1850-1950* (Cambridge: Cambridge University Press, 1998), 1.

解释，经济关系人与人之间外在的关系。”[1] 在资本主义社会，马克思坚称，政治经济的类别是“由存在决定的存在形式（Daseinsformen，Existenzbestimmungen）”，历史地构成了主观的特定模式，也是客观环境的特别历史经历，而且绝对无法保证二者之间度量上的相等和功能上的相互依赖。[2] 如果突出商品流通领域的商品交换，政治经济学就是本质上与个 115
人、平等和自由的概念相联系的论述。如果通过劳动分工来突出商品生产，政治经济学本质上也和等级分层、功能整合、纪律规则、工具理性和技术优势的概念联系在一起。

在这种解读中，政治经济学抽象的不确定地位也暗含着对现代政治理论抽象地位的反思，无论是自由的思考，还是不自由的思考。[3] 正如马克思在《政治经济学批判大纲》（*Grundrisse*）中用黑格尔典型的话语解释道，自由的对象存在于等价物的交换活动中。正是作为价值存在于商品交换的活动中，交换对象本身才是平等的——就商品交换活动而言，商品拥有者之间存在一种相互认同的关系，他们的不同之处只是相互依赖关系发生的场合，相互依赖会产生实践中的平等关系（商品交换），他们的商品，交换对象的物化品，会被作为等价物交换来体现同等的价值，也就是同等数量的抽象劳动。与此同时，商品交换的对象也自认自身是自由的，就进入交换的对象而言，他们彼此视对方为实现自己目的的手段，因此，他们都明白自身是构

[1] Herbert Marcuse, *Reason and Revolution*: *Hegel and the Rise of Social Theory* (Boston: Beacon Press, 1960), 281.

[2] Karl Marx and Friedrich Engels, *Werke* (Berlin: Dietz, 1971), 13: 637.

[3] Compare Andrew Sartori, *Bengal in Global Concept History*: *Culturalism in the Age of Capital* (Chicago: University of Chicago Press, 2008).

成相互依赖社会的自由的起决定作用的交换对象。交换对象的等价体存在于他们的产品当中，使交换双方彼此漠不关心，并没有对相互依存的社会关系客观上暗含的东西形成进一步认识。[1] 实际上，这种作为个体的对象经历本身与作为劳动产品客观的、外在的社会依存领域是相对的，以至于“个体面对的各种各样的社会联系只是作为实现自己目的的手段，及外在的必需品”[2]。“于是，平等与自由在交换过程中，不仅基于交换价值得到应有的尊重，而且，交换价值的交换是富有成果的，交换价值是所有**平等**与**自由**的真正基础”，从现在自由的意义来理解——不同于它们的传统共和主义的观点，其中“已经形成的价值并不是它们的基础，相反基础的发展最终会摧毁它们”[3]。

116 从这个角度看，现代政治理论历史产生的问题，无论是自由的观点，还是反自由的观点，必然和政治经济学的历史出现问题紧密相联，就程度而言，它们的概念框架的相成与同种实际的抽象有关。自由政治理论概念的跨国有效性与跨国政治经济交易的概念密切相关；因此，后殖民主义对自由政治理论抽象性的批判受到同样问题的影响，即后殖民主义对政治经济学抽象性的批判。例如，对乌代·辛格·梅塔（Uday Singh Mehta）来说，“理性”的概念，构成市民社会个人自由权利普遍性的人类学基础，注定是“一摞构成政治包容真正基础

[1] Marx, *Grundrisse*, 240–245.

[2] Ibid., 84.

[3] Ibid., 245, italics in original; and compare Steve Pincus, “Neither Machiavellian Moment nor Possessive Individualism: Commercial Society and the Defenders of the English Commonwealth”, *American Historical Review* 103, no. 3 (1998): 705–736.

的社会信用证书”，是人的普遍才能“现实化”的绝对条件。[1] 由于下层实用而带有感情的狭隘地方思想，当自由主义碰到没有共享相同的人格与社会性的生活方式的时候，倾向于把这种陌生感看作是政治不合格的标志，区别是容易当作不成熟的非理性的不完备人性而被抹掉。这样，自由个体的抽象性容易被理解成观念抽象行为的结果，掩盖了构成其真正可能性条件的实际社会或情感的比重。然而，如果自由政治的概念与政治经济学一样，植根于同种的抽象概念，那么个体概念的抽象性不能被降低到使人对具体文化过程产生困惑，但是，必须被理解成是实际抽象概念的表达（尽管是被协调的）。自由主义在任何时候都会对特定的社会联系产生敌意，这是无争议的，但是，这种源于具体生活领域偏见的敌意是有更多争议的。从这个角度看，詹姆斯·米尔（James Mill）对印度社会与文化声名狼藉的敌视事关重大，只是在程度上而不是质量上，不同于他对贵族政治、领导艺术、习惯和迷信形式的敌视，这些东西他认为在英国本身也流行——也是他在《英属印度史》（*History of British India*）中主张的主要城市政治基础的一个等量。[2] 换言之，米尔并不是敌视曼塔所称的“不熟悉”，而是敌视他所熟悉的东西。正是这种敌视熟悉的东西的自 117
由才能对米尔来说几乎没什么特别的，所以必须首先给予解释。

我在这里想象的政治经济学概念的历史，超越了更加传统的狭义的“人类科学史”方法的限制。政治经济学抽象概念

---

[1] Uday Singh Mehta, *Liberalism and Empire: A Study in Nineteenth-Century British Liberal Thought* (Chicago: University of Chicago Press, 1999), 47, 49.

[2] Javed Majeed, *Ungoverned Imaginings: James Mill's "History of British India" and Orientalism* (Oxford: Oxford University Press, 1992).

的历史只是更加宽泛的世界知识史领域的一部分。知识史，其划时代的特征被形成讨论的正式逻辑框架的实际抽象概念标出，表面上看与政治经济学几乎没有什么关系。这样就为在这次讨论中为政治经济学概念的合并打开了一个领域。实际上，乍一看，这些讨论中，有一些更接近于政治经济学，而不是自由政治学理论，例如19世纪后期与20世纪后期的孟加拉的新吠檀多主义（the neo-Vedantism），我在其他地方探讨过，把资本主义社会出现之前精心表达的一种哲学语言转变成了一种手段，去概念化构成社会关系的劳动的角色。[1]

资本主义和商业社会

资本主义社会的那种抽象的相互依赖的特征肯定不能与跨国“联系”的更一般化的条件相提并论。历史上大范围的相互联系与世界主义也不是什么新事物，它们也不需要资本主义。[2] 然而，作为要精准把握资本主义社会形态的一系列概念，政治经济学论题的出现被预设形成了一类新的社会抽象概念。这些概念的影响宽广而深远——政治经济学话题以地方社会和政治方言的形式在多个大城市与殖民地环境中传播，超越

〔1〕See Sartori, *Bengal in Global Concept History*, chaps. 4, 5.

〔2〕See, for example, Sanjay Subrahmanyam, "Connected Histories: Notes Towards a Reconfiguration of Early Modern Eurasia", *Modern Asian Studies* 31, no. 3 (1997): 735-762; Charles H. Parker, *Global Interactions in the Early Modern World: 1400-1800* (Cambridge: Cambridge University Press, 2010); Andre Gunder Frank and Barry K. Gills, eds., *The World System: Five Hundred Years or Five Thousand?* (London: Routledge, 1996); Sheldon Pollock, *The Language of the Gods in the World of Men: Language, Culture and Power in Premodern India* (Berkeley: University of California Press, 2006).

了狭隘精英话语规则的限制——相应的前提是在现代欧洲早期出现的在实践上不确定的抽象概念扩散到世界其他新社会地区。[1] 我觉得，要用这些术语特征化政治经济学的诞生，我要把我自己当作非欧亚“早现代”批评的样本，他们也许认为这只是对欧洲中心扩散主义懒散的重述而已。[2] 我深信，欧洲早现代的资本主义出现于这样一个复杂的，非欧洲中心的商业化网络环境，也许已经产生了资本主义发展的模糊的“潜在性”[3]。但是，这绝不与现代早期欧洲资本主义社会的理论主张相矛盾，特别是从马克思主义的角度看，最初就是以欧洲为中心发展起来的。也就是说，即使是在早期欧洲部分地区最初产生资本主义关系的关键时期，也受到植根于欧洲横贯大陆的相互依赖的商业系统的决定性影响，毫无理由相信，现在资本主义是孵化于整个跨大陆网络的。 118

桑贾伊·苏布拉马尼亚姆注意到，在 1500—1650 年期间，“尽管不幸，但是事实上，有关贸易和物质条件间关系的抽象思想，无论是外部的，还是内部的，他们自己发现对南印度地区的居民来说，都没有产生太大作用”，正如桑贾伊·苏布拉

[1] Compare Joyce Appleby, “Locke, Liberalism and the Natural Law of Money”, in *Liberalism and Republicanism in the Historical Imagination* (Cambridge, Mass.: Harvard University Press, 1992), 58-89; and Pincus, “Neither Machiavellian Moment nor Possessive Individualism.”

[2] Sanjay Subrahmanyam, “Historicizing the Global, or Labouring for Invention?” *History Workshop Journal* 64, no. 1 (2007): 329-334.

[3] See, for example, Frank Perlin, “Proto-Industrialization and Precolonial South Asia”, *Past and Present* 98 (February 1983): 30-95. The often-quoted term “potentialities” is from Irfan Habib, “Potentialities of Capitalist Development in the Economy of Mughal India”, *Journal of Economic History* 29, no. 1 (1969): 32-78. I should note that Habib himself argued emphatically against such potentialities.

马尼亚姆所示，这是一个地区商业推动的时期。[1] 人们必须承认事实的力量，没有任何政治经济学话语的并行发展，可以与17—18世纪的欧洲的政治经济话语相提并论，也就是说，用政治经济学的术语无法概念化社会相互依赖关系，因此，不能作为一个连贯的探究对象。据我所知，无论是印度、伊斯兰世界，还是中国，以及其他合理预期的地方，这种话语，只要受到商业资本发展、商业或者货币关系渗透到社会再生产与政治组织领域、商业实践分析词汇详细阐述的影响，都是如此。

按照马克思主义本身的传统，写作是一种非常深奥的理论创作，亚伊勒斯·班纳伊（Jairus Banaji）提议，伊斯兰贸易世界流通中的商业资本的大量积累加剧了资本之间的竞争，进而刺激个别资本寻求更多地控制生产，作为一种控制生产消耗的机制。对资本主义社会关系的发展而言，这是一个重要的史
119 前发展阶段，即工业时代之前几个世纪。班纳伊注意到，“从7—14世纪阿拉伯的原始资料中都可以找到利润、资本和资本积累”的概念。此外，阿拉伯作家对商业和商业资本有一种自我意识的理解。毫无疑问，班纳伊是对的，我们将进一步思考，任何一个拥有发达商业的社会都会有一套复杂的概念体系，围绕着我们可以追溯性地描述为“政治经济学”性质的活动和形式。

然而，班纳伊对成书于14世纪由伊本·赫勒敦所作的《历史绪论》提出了挑战，包括“一种对劳动价值论的清晰的回声（或一种劳动价值论）”，并不能被理解成这意味着政治

---

[1] Sanjay Subrahmanyam, *The Political Economy of Commerce: Southern India, 1500–1650* (Cambridge: Cambridge University Press, 2002), 343.

经济学论述在中世纪的阿拉伯比阿奎那时代的欧洲有更真实的史前时代。[1] 班纳伊是正确的，伊本·赫勒敦把“劳动”看作是“利润”的来源，但是，他的意思是无论是为了生计还是资本积累，当财富超过人的生活所需的时候，“利润”是人的劳动创造的财富。但是，财富价值论（也许就是班纳伊构思中模棱两可表述的要点）并没有把他引向劳动价值论，一种社会上影响实践的劳动概念。伊本·赫勒敦认为商业利润的追求并不是基于生产性开发，而是在销售上“商品的价格高于其购买价格，无论是等待市场波动或运到一个更需要特定商品的国家卖更高的价格，或者在未来卖一个更好价钱”。伊本·赫勒敦从来就没暗示过劳动财富论，与约翰·洛克（John Locke）有共同的认识，和劳动财产论有联系，把社会关系看作是超政治的构成形式，为劳动价值论奠定了基础。伊本·赫勒敦还认为无偿劳动直接建立在明显的社会关系（主要基于“等级”的社会政治地位）之上，而不是作为经常交换的内部功能，因此，专门把劳动看作是社会上促成了，而不是社会上正在促成的问题。[2] 这种观点不是要盲目迷信“劳动价值论”，只是强调没有理由像古典政治经济学理解的那样，伊本·赫勒敦把劳动看成是社会协调。 120

同样的，阿布·哈米德·加扎利（Abu Hamid al-Ghazali）

---

[1] Jairus Banaji, “Islam, the Mediterranean and the Rise of Capitalism”, *Historical Materialism* 15, no. 1 (2007): 58. See also Anthony Parel, “Aquinas’ Theory of Property”, in *Theories of Property: Aristotle to the Present*, ed. A. Parel and T. Flanagan (Waterloo: Wilfrid Laurier University Press, 1979), 89-111.

[2] Ibn Khaldun, *The Muqaddimah, an Introduction to History*, trans. Franz Rosenthal and edited and abridged by N. J. Dawood (Princeton, N. J.: Princeton University Press, 1967), 297-298, 300, 304, 312.

在 12 世纪初对市场交换与金钱的过度解读导致他对利息的批判，认为把金钱作为商品交换媒介的正当功能变成了把金钱作为资本的不合理功能（例如作为赚取更多钱的手段）。他谴责借钱要支付利息，因为金银币“被创造出来是转手流通的，是控制和便利交换的”，然而，“当有人用迪拉姆与第纳尔（dirhams and dinars）进行贸易的时候，以赚取它们为目的，与它们的功能相悖。钱不是用来赚钱的”，因为当钱成为本身目标的时候，“钱就会受到限制和囤积”[1]。这种批评完全没有包含金钱交换功能、积累功能和生产功能之间的联系，只是把利息看作是囤积的形式，也就是说，是一种从形成现代资本新陈代谢的商品流通领域提款的形式。[2]

无论是赫勒敦还是加扎利都没有预示古典政治经济学。[3]这不是缺乏非凡的知识修养，也不是社会科学概念发展进步不完全的一个症状。也不能完全依据由于不同的假设，存在差异的一大堆问题促成的离题的语境术语去理解，尽管这无疑是值

---

[1] S. M. Ghazanfar and A. Azim Islahi, “Economic Thought of an Arab Scholastic: Abu Hamid al-Ghazali (A. H. 450 - 505/A. D. 1058 - 1111)”, *History of Political Economy* 22, no. 2 (1990): 391, 394-395.

[2] S. M. Ghazanfar, “The Economic Thought of Abu Hamid Al-Ghazali and St. Thomas Aquinas: Some Comparative Parallels and Links”, *History of Political Economy* 32, no. 4 (2000): 873-875.

[3] For an argument that Islamic economic thought fills “the Great Gap” that Joseph Schumpeter identified as separating Aristotelian economic thought from the science of modern economics, see the essays in S. M. Ghazanfar, ed., *Medieval Islamic Economic Thought: Filling the Great Gap in European Economics* (London: Routledge, 2003). For an attempt to write a history of Indian “economic thought” from ancient times to the twentieth century, see Ajit K. Dasgupta, *A History of Indian Economic Thought* (London: Routledge, 1993).

得详细调查的事情。[1] 从根本上说，这种对政治经济学的冷漠源于这样的事实，政治经济学形成的客体——资本主义社会关系——并不仅仅是作为系统概念化解决的问题存在的。这也不用退回到由卡尔·波拉尼（Karl Polanyi）和罗伯特·L. 海尔布龙纳（Robert L. Heilbroner）提出的“自然的”或者“传统的”陈规旧习。说到资本主义社会关系的缺乏，就是说几乎没有什么真正运行的社会组织形式。[2] 这也不是说在提到伊本·赫勒敦和加扎利的时候，没有什么更有意义的东西，相反，这正说明在谈到他们的“经济”思想的时候，有提出更多有意义问题的可能条件。

班纳伊在现代资本主义社会关系的发展过程中，重视商业资本的角色，代表了一种引人入胜的纠纷，即马克思对古老商 121
业资本的形式和现代资本主义发展之间对立的界定。尽管如此，在前现代的阿拉伯政治思想中没有什么能够说明有修改马克思对商业和现代资本之间非常基础的概念性区别的必要。[3] 不错，早现代的南亚是以纺织品的生产活动闻名于世；我们也看到了货币化的不断加深和改善了的通信基础设施，从 16 世纪开始不断加速；看到了长期与广阔海外市场联系的交易机构；这无疑导致了国内生产制度的变革，“增加了积累的可能性和使末端交换脱离了即时生计”，有一种似乎要加速“转向

[1] Compare Quentin Skinner, “Meaning and Understanding in the History of Ideas”, *Visions of Politics*, vol. 1, *Regarding Method* (Cambridge: Cambridge University Press, 2002), chap. 4.

[2] Karl Polanyi, *The Great Transformation: The Political and Economic Origins of Our Time* (Boston: Beacon Press, 2001); Robert L. Heilbroner, *The Worldly Philosophers: The Lives, Times, and Ideas of the Great Economic Thinkers* (New York: Touchstone, 1999).

[3] Marx, *Capital*, 3: 440-455.

资本主义”的紧迫性。[1] 但是，正如戴维·沃什布鲁克（David Washbrook）指出的，在这样一个生态环境下，价格剧烈波动，大量的商业网络倾向于被操纵去追求冒险生意，商业和政治进程的连接往往使人通过税收获得巨大的短期收益而不是投资于长期的经济增长，有充分的理由相信，即使没有殖民主义的消极影响，转向资本主义也许一直就是“内在的”——或者至少要比商业资本主义走得更远。殖民主义开始之前，几乎没有什么制度的改变：去重新限定“财产”的关系，给资本对劳动的一个清晰的支配权。财产权对商品、技能和劳动的占有，本来是可以买卖的，却仍然停留在制度框架（和意识形态）当中，他们坚持这样的逻辑，生计与社会再生产的紧迫性继续强化他们的责任，并优先于获利。[2]

社会和政治持续地“嵌入”现代早期印度经济生活，既是促进其活力的一个条件，也是对其活力的一个限制。[3] 因
122 此，不用诧异，尽管 C. A. 贝利（C. A. Bayly）野心勃勃地试图为与西方现代性相联系的各种形式找到自主的、或多或少是同时代的非西方的一些必然的理论，但是，当面对自由主义和基于自由交换形成的社会组织观念的时候，他不得不承认

[1] David Washbrook, “India in the Early Modern World Economy: Modes of Production, Reproduction and Exchange”, *Journal of Global History* 2, no. 1 (2007): 97–98.

[2] Ibid., 98, 106–108.

[3] Ibid., 98–100; and compare Sudipta Sen, *Empire of Free Trade: The East India Company and the Making of the Colonial Marketplace* (Philadelphia: University of Pennsylvania Press, 1998), chap. 1; although this must be balanced against Tirthankar Roy, “Where Is Bengal? Situating an Indian Region in the Early Modern World Economy”, *Past and Present* 213 (2011): 115–146.

西方文化传播论的解释。他唯一的安慰就是传播的速度。[1]毕竟，贝利自己在很久以前就注意到，1600—1800 年间印度社会的商业化并不代表任何本土“资本主义的萌芽”，相反，依赖于政治压制、地位标准和对“把生产者的劳动与工具更直接地置于资本的控制之下”的漠不关心，这种“‘商业化’却成了资本主义发展可能的真正障碍”[2]。我们到底从“证券投资资本家”那里学到了什么，还不是太清楚，但它在后莫卧儿王朝的后继国政治组织里发挥了关键的作用，包括合作税收征收、地方农业贸易，控制军事资源、军队与国家金融和印度商业，这些事实上缓和了贝利时期判断的敏锐度。[3]

一部全球知识史?

因此，否认一个现代主义的，最终是以欧洲为中心来表述政治经济学问题的出现，几乎没有什么基础。但是，并不由此产生这样的结论，政治经济学和自由政治理论的抽象性易受到传统的后殖民主义的抽象批评，把它们或者看作西方狭隘地方主义，或者是殖民地权力的模式。政治经济学没有抓住的包括人员流动性和亲密性的人民生活方面的生活特征问题，有些偏离主题。问题是无论哪一种具体的社会关系，都没有这样的浓

---

[1] C. A. Bayly, *The Birth of the Modern World*, 1780－1914: *Global Connections and Comparisons* (Oxford: Blackwell, 2004), chap. 8.

[2] C. A. Bayly, *Rulers, Townsmen and Bazaars: North Indian Society in the Age of British Expansion, 1770–1870* (Oxford: Oxford University Press, 2002), 193–196.

[3] Sanjay Subrahmanyam and C. A. Bayly, "Portfolio Capitalists and the Political Economy of Early Modern India", *Indian Economic and Social History Review* 25, no. 4 (1988): 401–424.

密度与流动性。相反，问题在于无论是生活世界的密度还是流动性——物质的、象征的和机构的形式相互交织——是否都直接决定和支撑着社会相互依赖的结构。我相信，在现代资本时
123 代，把塑造了现代资本主义社会的那种抽象的相互依赖看作是密集现实世界的自我复制能力的条件，似乎更加合理，这样，密集现实世界就会成为基于抽象相互依赖社会的具体栖居模式，抽象的相互依赖就会成为复制密集现实世界宽广轮廓的必要媒介。[1] 这并不意味着现实世界无所谓。这里的意思是它们如何造成影响，不能被理解成它们和相互依赖抽象形式的外在关系，这正是政治经济学派要抓住的问题。

在任何特定语境下分析政治经济学的历史重要性，必须首先考虑经验和理论问题在实践中对构成社会相互依赖的真正抽象概念起作用的程度。这并不意味着殖民地国家，一般更暴烈，在“血与火书写”的历史上，在扩展、施加和获得这些实践的时候不重要。[2] 相反，任何扩大流通的政治经济史都不得不抓住帝国在降级、转化、边缘化或者摧毁既存商业社会的作用。我不是说要忽略殖民地国家的中心地位或者作为殖民统治工具的政治经济学的能力。但是在建立、控制和维持经济关系时候，我们不能把决定性的斗争只局限于殖民地国家代理人的作用方面，好像殖民地的故事只是一个不断被吸引的“原始积累”的时刻。当政治经济学的概念开始真正理解为，不只是直接的政治强制形式，还有超越或者限制了代理人的社会组织形式的时候，政治经济学抽象概念与社会组织的关系肯

[1] Sartori, *Bengal in Global Concept History*, chaps. 1, 2.

[2] Marx, *Capital*, 1: 875.

定开始超越了从认识论和结构上对殖民地抽象概念的曲解的老套问题。如果政治经济学只是作为管理技术服务于国家的代理人，那在什么（各种）条件下才能真正执行这种服务呢？这就是许多历史试图把政治经济学问题历史化，但是，还没开始说出来的世界知识史的问题。我并不是说政治经济学的概念与它们试图掌握的社会关系是一样的。我的意思是，如果没有认 124
识到它们和特定的历史对象，对象本身就是抽象的，有关的关系的重要性，就不可能认识这些概念的认识论地位，其实是历史地位。

对我的论点明显而可预见的异议是，很难搞清楚把政治经济学的抽象性与经验中多样世界的具体现实区分开来的多层面实践媒介的作用，只能理解为“许多决定的集合”[1]。然而，如果知识史家更倾向于政治经济学的抽象性所暗含的指导力的重要性和它们所承载的历史含义，这种异议就更有说服力。

我绝不会探讨政治经济学范畴与任何明显给定的特定社会场所的相关性，它们对每个特定的社会场所的把握都是相同的，或者说每一个社会场所与“资本主义社会”的关系是一致的。简・伯班克（Jane Burbank）和弗雷德里克・库珀提醒我们，“使世界多数接受了欧洲的思想，政治制度和欧洲的资本主义经济”“并没有把世界人民织进同一张网中，正如‘全球化’暗示的图景。欧洲帝国在他们身后留下一个支离破碎的社会和巨大的经济状况差异”[2]。我们不能忽略他们的关切，“全球的”范畴意味着全球同质形式多边互动的真正饱

[1] Marx, *Grundrisse*, 101.

[2] Jane Burbank and Frederick Cooper, *Empires in World History: Power and the Politics of Difference* (Princeton, N. J.: Princeton University Press, 2010), 288-289.

和，就会把有特定矢量和轮廓的互动形式一般化，同时会除去分离与排斥，与资本主义相反的力量就像根除一样，容易加固、重构与加强。[1]

据 C. A. 贝利所言，“资本的兴起不是其……本身的力量”。“它在一个人们广泛地对权力、所有权、公正和尊严的渴望中创造出来的社会生态中扩展。”[2] 但是，那也是对的，资本主义的历史曾经企图重塑这些偶然事件，以便它的结构与动力不会直接变成行为和内涵的制度与文化结构。同样，虽然知识史运用政治经济学提出的主张已经非常丰富多彩，有一种历史还试图探讨作为各种主张提出方式的政治经济学概念的实
125 用性、合理性和掌握程度。概念形成和散播的历史因此就不能被简化成通过这些概念提出主张的历史。[3] 一部全球政治经济概念的历史，当在超越了地方、公共场所的限制的各种概念形式的历史中检查其存在的时候，就其范围而言，可能是全球性的。同时，历史必须在许多不同的方面保持警惕，因为这些全球性概念在不同的地区、机构和政治语境下，预设了有目的的重要性。

即使是政治经济学经典文本的散播历史，也证明了在不同语境下它们被接受和被融合的异质性。[4] 然而，这种重要的

---

〔1〕Frederick Cooper, *Colonialism in Question: Theory, Knowledge, History* (Berkeley: University of California Press, 2005), chap. 4; and see also Michael Lang, “Globalization and Its History”, *Journal of Modern History* 78, no. 4 (2006): 899-931.

〔2〕Bayly, *Birth of the Modern World*, 7.

〔3〕Compare Sartori, *Bengal in Global Concept History*.

〔4〕Compare Emma Rothschild, “Arcs of Ideas: International History and Intellectual History”, in *Transnationale Geschichte: Themen, Tendenzen und Theorien*, ed. Gunilla Budde, Sebastian Conrad, and Oliver Janz (Göttingen: Vandenhoeck & Ruprecht, 2006), 217-226.

观察力不能让我们对这些文本散播的基本事实，它们的各种主张，全球知识分子、国家代理人和政治争论的伪造者们，或者对流行政治学领域的政治经济学主张与概念的散播，视而不见。一个特定的地区也许会经历政治经济学命名的社会抽象概念，通过它协调折射了那些抽象概念实践内涵的制度、实践与社会冲突，我们不能无视这些抽象概念存在的重要性。真正的商品生产并不总是受自由交换机制（市场）的直接控制，但是，我们不能无视服务于商品生产过程的重要性，商品生产受资本形式（无论是私人的、企业的，还是国有的）的组织与控制，因此，人类再生产的条件取决于商品买卖的量。

在政治经济学的知识史上，“全球”概念的确切价值是什么？有一点是清楚的：不能把“全球化”的概念看作是朝着日益深化的联系与整合，在多国和（或）金融资本的保护下趋向集合与同质的单线轨迹。马克思对资本主义动力的解释主要不取决于亚当·斯密强调的市场的延伸，相反取决于资本对生产过程的干预，它创造了产品商业形式一般化的条件。[1] 126
从这一点来看，马克思主义者对知识史抽象概念的理解，肯定不取决于“世界市场”的发展，而是资本主义一般化的社会关系。那肯定取决于劳动在社会协调中发挥作用的程度。这样的概念并不依赖于“全球”多边贸易的扩展，或者核心边缘关系，或者跨国资本流动，或者甚至是非嵌入型文化传播形式。正如亚伊勒斯·班纳伊在很早以前就提到，问题不是要把殖民地世界整合的“一般与抽象的”决心看作是“世界资本

〔1〕Compare Robert Brenner, “The Origins of Capitalist Development: a Critique of Neo-Smithian Marxism”, *New Left Review* 104 (1977): 25–94.

的再生产过程”，由此把“在世界经济各部分发展的资本主义关系的实际过程……融于世界资本主义的抽象认同”。相反，任务是要详细说明在特定历史背景下资本主义关系发展的方式。[1]

这里提到了“全球化”的“全球”概念，有两个例子证明“全球”的必然解体。

1. 历史上多数对全球化的描述把20世纪全球一体化描述为一个抛物线，1913年出现一个高点，另一个出现在现在。但是，把20世纪过渡期描述成全球政治和贸易一体化水平下降期，是不同于这样的争论的，它代表一个资本主义社会形态重要性与力量的衰退或倒退期。如果我们探讨一下进口替代战略，20世纪许多欠发达国家作为民族政治经济创造和政策安排的中心，这些战略在全球化的描述中，只能作为解体的工具出现。但是，马克思主义的分析认为，它们有助于资本主义社会关系渗透到从全球帝国经济分离出来的社会中去。[2] 马克思主义对资本主义社会相互依存社会形式扩散的描述，肯定有别于这样的认知，突出世界是一个流通的、相互依赖的网络，也就是趋向集中。例如，英国对印度殖民统治对19世纪的殖民地和农业边缘地区而言，基本就是17世纪和18世纪取代了
127 一些地区跨国贸易中心地位。因为这些地区作为一个整体，传

〔1〕Jairus Banaji, “Capitalist Domination and the Small Peasantry: The Deccan Districts in the Late Nineteenth Century”, *Economic and Political Weekly* 7, nos. 33-34 (1977): 1397, 1400.

〔2〕For example, Manu Goswami, *Producing India: From Colonial Economy to National Space* (Chicago: University of Chicago Press, 2003).

统化与小农化可能同样会加深对资本的附属地位。[1]

2. 自 20 世纪 70 年代以来，撒哈拉以南的非洲伴随着更独特的、大范围排外区域，已经出现有限的空间被整合进当代资本流通个体被保护并行的局面。[2] 但是，“排外”这个术语针对的是一种假定了合作范围的边际，就此而言，代表的只是一个例外。几十年来，撒哈拉以南的非洲实质上被排除在国际资本流通之外，就不应该再加上压根就没屈从于资本的影响。除了大片的南部非洲，对资本的屈从很少发生与典型的无产阶级化有关系的暴力剥夺，因为小农户可能通过自己开垦土地补偿他们的劳动消耗。[3] 但是，不要假定殖民主义会真正地转变一些社会相互依存的程度，也不要认为现代资本对社会再生产是重要的，那将会很难理解为什么被排除于国际资本流通之外的非洲普遍经历了生产力的下降和对未来期望的减少，而不是从西方殖民主义和资本主义的剥削压力下解脱出来。[4]

---

〔1〕See, for example, Perlin, “Proto-Industrialization”; Sugata Bose, *Peasant Labour and Colonial Capital: Rural Bengal Since 1770* (Cambridge: Cambridge University Press, 1993); Tirthankar Roy, *Traditional Industry in the Economy of Colonial India* (Cambridge: Cambridge University Press, 1999); James Vaughn, “The Politics of Empire: Metropolitan Socio-Political Development and the Imperial Transformation of the British East India Company, 1675 - 1775” (Ph. D. diss., University of Chicago, 2008); Spencer Leonard, “A Fit of Absence of Mind? Illiberal Imperialism and the Founding of British India” (Ph. D. diss., University of Chicago, 2009); Ralph Austen, “Market Integration Through Peasantization: The Economic Transformation of Africa, the Caribbean and India Under Modern Colonialism” (unpublished manuscript).

〔2〕James Ferguson, “Globalizing Africa: Observations from an Inconvenient Continent”, in *Global Shadows: Africa in the Neoliberal World Order* (Durham, N. C.: Duke University Press, 2006), 25-49.

〔3〕The work of Giovanni Arrighi, Martin Legassick, John Saul, and Harold Wolpe focuses on the political dynamics of dispossession in southern Africa.

〔4〕See James Ferguson, *Expectations of Modernity: Myths and Meanings of Urban Life on the Zambian Copperbelt* (Berkeley: University of California Press, 1999).

那也将很难理解为什么非洲国家渴望资本投资，或者为什么撤资会导致生活水平下降，即使是在缺少军事冲突的情况下。[1] 对非洲小农场的农学家来说有选择权，对于赞比亚产铜带的无产阶级工人来说就没有。尽管如此，这些选择权的有效性塑造了他们与资本主义社会相互依存形式交互的政治学，这样农民就可以不再经历简单的外部性农民家庭再生产。[2] 从这一点来看，全球知识史的任务仍然要对不同模式保持关注，其中社会抽象概念可能还要面对与资本主义社会关系（包括边缘化与排外性）不同的关系，不要忽视这些抽象概念的全球重要性。

128 这样，路径依赖和结构会聚就远离了相互排斥的重点。从这个意义上说，一部全球知识史不需要依赖空间穷尽与历史轨迹会聚的主张。相反，在某种程度上，为了调研历史详尽表述的异同的时候，某些抽象概念还有必要的。全球知识史一旦开始抓住真正抽象的问题，就是真正的知识史了。一旦我们认识到，必须通过政治经济学范畴去把握非洲分离的路径，全球知识史的问题就提出来了。那种认知马上就会引起更深入的问题：为了理解它们正在面对的错综复杂的新问题，历史学科本身到底需要什么样的概念？这就是我如何理解新印度教思想的历史，关注于如何用古老的哲学概念去思考 19 世纪后期孟加拉的新社会抽象形式，让它们在历史上与地理上与外来的话语

---

〔1〕Ferguson, "Globalizing Africa", 26, 28.

〔2〕See, for example, Frederick Cooper, "Africa and the World Economy", in *Confronting Historical Paradigms: Peasants, Labor, and the Capitalist World System in Africa and Latin America*, ed. Frederick Cooper et al. (Madison: University of Wisconsin Press, 1993).

体系（孔德思想、黑格尔哲学）保持一致。[1] 我们也能轻易搞清楚与这些抽象概念范畴相关的神秘信仰与反神秘信仰实践的变换。例如，不是作为超越非洲之外的概念流通的部分，只是涉及它的目标和与其他共谋幻象的可比性时，“巫术”可能会被考虑引入全球知识史。[2]

全球知识史将不得不追溯与资本主义社会形式有关概念的转换与运动的历史，同时要对那种扩张的经验性限制和资本运动的实践重要性保持警惕。但是，如果我们认真对待政治经济学问题与资本主义社会形式的关系，我们将不得不坚持知识史上另一个问题的概念完整性，也就是说，政治经济学概念跨越清晰的文化与社会边界横向与纵向传播。从这个角度来看，把社会抽象概念看作是某种全球知识史的可能的条件，并不取决于作为一个研究领域的和“全球”无差别的概念。甚至都不 129

[1] Sartori, *Bengal in Global Concept History*.

[2] See Peter Gerschiere, *The Modernity of Witchcraft: Politics and the Occult in Postcolonial Africa* (Charlottesville: University of Virginia Press, 1997); Jean Comaroff and John Comaroff, "Alien-Nation: Zombies, Immigrants and Millennial Capitalism", *South Atlantic Quarterly* 101, no. 4 (2002): 779–805; Jean Comaroff and John Comaroff, "Occult Economies and the Violence of Abstraction: Notes from the South African Postcolony", *American Ethnologist* 26, no. 2 (1999): 279–303; and James Howard Smith, *Bewitching Development: Witchcraft and the Reinvention of Development in Neoliberal Kenya* (Chicago: University of Chicago Press, 2008). But for this rereading to work, the construct of "moral economy" that organizes much of this literature would have to be refigured in a way that makes visible the ways that local moral economies themselves have developed during the longer history of Africa's encounter with capitalism, rather than treating capitalism as an external force to which moral economies must respond. For essays on how this kind of investigation might proceed, see Ralph Austen, "The Moral Economy of Witchcraft: An Essay in Comparative History", in *Modernity and Its Malcontents: Ritual and Power in Postcolonial Africa*, ed. Jean Comaroff and John Comaroff (Chicago: University of Chicago Press, 1993), 89–110; and Hylton White, "Outside the Dwelling of Culture: Estrangement and Difference in Postcolonial Zululand", *Anthropological Quarterly* 83, no. 3 (2010): 497–518.

能假设全球是知识史研究的相关领域。相反，对社会抽象概念的鉴别聚焦于真正的抽象问题，超越了在地位上对它们起决定作用的特定量的限制（即使是大规模的帝国）。

关键是全球的实际重要性并没有直接转向网络化了的全球一体化，这在全球的范围内从来没有发生过。相反，它依赖于社会相互依存关系的一般化，劳动成了社会关系的媒介，而不仅仅是社会关系支配下的活动。如果立足于实际空间有限的角度，这样一部“全球知识史”也许根本就不是真正“全球的”。现实地看，对于世界某些地区，在不同的时段，也许还是边缘的；对特定的社会角色而言也许或多或少还含糊不清，这取决于某种使他们的社会再生产或者生命再生产的能力从属于资本的关系；只能通过复杂而密集的斡旋才能与世界许多地方扯上关系。然而，由于无法在已经实证证明的具体制度与空间层面抓住抽象问题的不确定性，面对危险，我谨慎地保留“全球”这个概念，作为一面旗帜，在其下一部知识史也许会暂时飘扬。

第 6 章

134

19 世纪跨国的概念普遍化[1]

克里斯托弗·L. 希尔（Christopher L. Hill）

开始形成的全球知识史研究必须面对一个基本问题：什么制造了全球？什么限定了全球的范围与形状，它只涉及一个地球还是几个？除非这些界定被解决了，否则全球知识史研究仍然可能是一系列“大框架”的国家史——一国的知识分子如何解决各个领域的思想问题——或者只是一个他们设法要克服的概括国家框架的比较研究的合集。我们通过调研在世界范围内（不是国家之间）运动的概念的特定案例开始回答这个问题。通过检查它们在特定时段内运动的模式，使运动成为可能的条件，以及概念本身运动的结果，我们开始了解知识领域的范围与组织，用历史特定术语来说就是“全球”，受限于也限定了特别的时刻。有了这种暂用的理解，我们就能开始形成研究的方法。本章就是要探究 19 世纪跨国知识研究领域的模式，提出一种可以适用于全球知识史研究事业中其他部分的方法。我研究的案例就是 19 世纪欧洲社会思想概念普遍化所限定的

[1] Names of Japanese authors are given in the customary order of family name followed by personal name.

知识领域。通过追溯起源于欧洲的思想，诸如“民主”和
135 “社会”在明治时期（the Meiji period）（1868—1912）到达日本的轨迹，我们可以了解该领域的概况。

我的理由是，当各种概念在世界范围内传播的时候，它们经历了多重的中介，包括被翻译成其他语言，以课本或者大众出版物的形式被大量复制。抽象作用的结果就是减弱了概念与发起人，与源自欧洲的案例的联系。中介与抽象赋予“普遍化”概念以特殊的含义：概念的使用在何时何地都是正当的。以免困惑，我要澄清我并不是讨论概念的普遍性，存在于其含义中的一种品质。相反，我要讨论的是在概念的使用中可以观察到的普遍化问题。(后面我要讨论普遍性的问题。) 19 世纪，概念的运动、传播或者说“漫游”，对它们的普遍化是至关重要的。于是，“漫游”创造了跨国知识研究领域，应该成为 19 世纪全球知识史研究的适合对象。到 19 世纪末，知识传播的范围也许正显示了知识研究领域的规模，最终空间等同于地理上的全球，这对与普遍化进程不同的知识“世界”是不利的。调研这个或其他问题，需要研究引起该领域出现的科技、政治和经济条件；概念传播发挥作用的媒介；它们被使用的社会情境。在试图限定和研究跨国知识领域的过程中，我提出的研究不同于近期概念转换、翻译和“穿越历史”的硕果累累的研

究成果。[1] 每一个这样的趋势只是在去与来、源语言与目标语言，或者不同角色的交互中把国家历史多样化了。正如我一直关注的，“国家”是一个于 19 世纪被普遍化了的观念。这部分是概念普遍化历史的政治结果。然而，如果允许以国家框架去限定全球知识史的研究方法，正如我们已经发现的，将会在研究事业中设置一个知识与政治的盲点。

文明化与启蒙的时代 136

日本 19 世纪 70 年代初，即 1868 年新国家刚刚建立之后，直到 19 世纪 80 年代中期的这个时期，通常被称为“文明与启蒙”的时代［文明开化（bunmei kaika）］。该时期，日本透彻地研究了资本主义的制度、科技和思想，主要包括英国、法国、德国和美国。19 世纪 50—60 年代德川幕府时期，某些是个人领地的时期，新政府组织了许多考察团赴北美与欧洲调研那些地区生活的许多方面，从政府制度到报纸与教育。明治政府在派遣留学生到欧洲与北美的大学学习。除此之外，还实施了一系列的改革，包括引进军事征召制度、公立学校、高等学府和新法典。

对新概念传播的数量来说，这个时代是引人注目的。随着

---

〔1〕For examples, see Hans-Jürgen Lüsebrink, “Conceptual History and Conceptual Transfer: The Case of ‘Nation’ in Revolutionary France and Germany”, in *History of Concepts: Comparative Perspectives*, ed. Iain Hampsher-Monk, Karin Tilmans, and Frank van Vree (Amsterdam: Amsterdam University Press, 1998), 115-128; Lydia H. Liu, *The Clash of Empires: The Invention of China in Modern World Making* (Cambridge, Mass.: Harvard University Press, 2004); and Michael Werner and Bénédicte Zimmermann, “Beyond Comparison: Histoire Croisée and the Challenge of Reflexivity”, *History and Theory* 45, no. 1 (2006): 30-50.

政府对外语学习的推进，大批欧洲和北美的哲学、法律与政治经济学著作被翻译成了日文，其中包括孟德斯鸠（Montesquieu）的《论法的精神》（*L' esprit des lois*）（成书于1748年，翻译于1874年），美国的《独立宣言》（成书于1776年，翻译于1866年），约翰·布伦奇利（Johann Bluntschli）的《国法泛论》（*Allgemeines Staatsrecht*）（成书于1851年，翻译于1872年），约翰·斯图尔特·穆勒（John Stuart Mill）的《论自由》（*On Liberty*）（成书于1859年，翻译于1872年）。翻译产生了源源不断的新词，从科技词汇如电报（denpō），到抽象概念名称“社会”（最终翻译成shakai），这构成了一个特殊的挑战，我将在后面讨论。短语“文明开化”把两个词合在一起，其中一个翻译自英文文明化，与欧洲其他语言词源相同。[1] 日语短语的翻译，按照习惯反向译为“文明化与启蒙”，提醒我们文明化的内涵存在争议。此外，文明（Bunmei）的字符表示“文字”和“聪明”（文明），开化的字符表示“开放”和“改变”（开化）。这两个翻译又使人回想起文明化的概念在法国与英国出现时具有的不
137 确定问题，到底文明化是一种条件还是一个过程。[2] 其次，翻译只是19世纪70—80年代关于文明化的本质和如何实现它的争论的一部分。

福泽谕吉（Fukuzawa Yukichi），那个时代最重要的知识分子之一，在他的《文明论概略》（*Outline of a Theory of*

---

〔1〕Douglas R. Howland, *Translating the West: Language and Political Reason in Nineteenth-Century Japan* (Honolulu: University of Hawai'i Press, 2002), 33.

〔2〕Brett Bowden, *The Empire of Civilization: The Evolution of an Imperial Idea* (Chicago: University of Chicago Press, 2009), 27, 32.

Civilization，1875）一书中把文明化限定为不是一种物质安逸的状态，而是一个人的情绪自我调节的、知识不断增长的过程，还是一种“人类向往美好生活持续交往改进的趋势”。[1] 如此描述文明化的价值似乎是不言自明的，但是，福泽和其政府内外的其他改革家们通常将文明化以作为目标还是手段加以区分。在《文明论概略》中福泽在与欧洲对比的时候，轻视日本，但是，他也主张，欧洲文明只是当前最先进的文明，因此是一个学习的榜样，而不是其本身的目标。[2] 他宣称：“国家的独立是目标，国家（kokumin）的文明化是实现目标的手段。”[3] 这些评论揭示了许多文明化与启蒙思想的一种工具倾向。这种倾向支持对日本岛居民持一种保护人的态度：为了日本的生存，人民必须文明化。对一些人来说，如何实现这一目标，还是有争议的，像福泽强调心态的转变，其他的聚焦于物质的变化，但是，所有人都同意，无论愿意不愿意，所有的人都得文明化。文明化引起的许多改革，从饮食与发型的改变到信仰的转变，劳动与休闲的组织在蔑视日本既有生活方式的前提下被贯彻了，滕谷隆（Takashi Fujitani）把那些比拟为一场

〔1〕Fukuzawa Yukichi, *Bunmeiron no gairyaku* (Tokyo: Iwanami shoten, 1995), 57. An English translation is available as *Outline of a Theory of Civilization*, trans. David A. Dilworth and Cameron G. Hurst (Tokyo: Sophia University, 1973); here, see 35.

〔2〕For example, Fukuzawa, *Bunmeiron no gairyaku*, 27－29; *Outline of a Theory of Civilization*, 14－15.

〔3〕Fukuzawa, *Bunmeiron no gairyaku*, 297; *Outline of a Theory of Civilization*, 193.

“文化恐怖”。[1]

福泽把文明化作为实现独立的手段的观点并不是自立自强的理想主义。德川政府与美国和欧洲帝国于19世纪50年代和60年代签定的条约长时间限制了日本的主权，因此文明化的标准在日本国内就不那么吃香。随着对治外法权的愤恨越来越多，按照欧洲国际法的定义，日本已经成为一个文明国家了，
138 企图通过游行示威修订条约。明治政府文明化民众的国内政策，修订条约的对外政策，也是本着同样的逻辑与目标运作的。[2] 连带战略反映了19世纪晚期国家和帝国的惯性势力：没有建立一个统辖文明民族的主权国家才是摆脱半殖民地命运的唯一出路。然而，即使到现在已经很久了，我们依然可以看到，随着跨国知识研究领域通过其他途径的不断成长，像国家和民族这样的概念，通过翻译工作获得了正常的力量。如果我们还是困惑于以像国家标准的历史现象作为分析范畴，是无法掌握知识领域的历史的。

在这个吃苦耐劳的时期，出现了许多新的机构与社会活动。因此，在写19世纪和20世纪日本历史的时候，这一时期占有特殊地位。自亚洲太平洋战争结束以来，为了勾画出编史的最一般倾向：在19世纪50年代和60年代，日本的现代主

[1] T. Fujitani, *Splendid Monarchy: Power and Pageantry in Modern Japan* (Berkeley: University of California Press, 1996), 19. The forced reorganization of daily life in the Meiji period was supported by changing views of history. See Christopher L. Hill, *National History and the World of Nations: Capital, State, and the Rhetoric of History in Japan, France, and the United States* (Durham, N. C.: Duke University Press, 2008), chaps. 2, 5.

[2] Alexis Dudden, *Japan's Colonization of Korea: Discourse and Power* (Honolulu: University of Hawaiʻi Press, 2005), 27-32, 45-46. On the standard of civilization in international law see Bowden, *Empire of Civilization*, chap. 5.

义者和海外的现代化理论家们把文明开化时代看作是现代日本政治、经济和知识的起步阶段。讲英语的史学家们认为该时期是日本的启蒙时代，可以比作与形成民主资本主义有关联的大西洋知识史时期。基于这个理由，文明开化为日本和西方相似的转换打下了基础，并在冷战时期重组成为盟国。[1] 同时期的日本历史学家对明治早期并未持太积极的观点。自由派，像丸山真男（Maruyamg Masao）这样的政治思想学者，针对那个时期质疑日本出现了错误。像丸山一样的学者们，经常是被作为现代主义者提及的，把大西洋启蒙运动只是作为日本与欧洲各国消极对比的基础。也就是说，文明开化是日本扭曲知识与政治现代性的起点，最终导致法西斯主义与一场灾难性的战争。在那些更有希望的时刻，现代主义者们甚至怀疑它是否为真正的欧洲式的现代性提供了基础，但是，他们并不认为在日本建立现代性的基础像现代化史学提议的那么简单。[2]

聚焦于国家和与之相关的改革者的现代化与现代主义史学，在 19 世纪 60 年代和 70 年代受到了各种各样社会史学的 139
挑战，诸如《民众史》（*minshūshi*），它调查了明治时代改革

〔1〕Carmen Blacker, *The Japanese Enlightenment: A Study of the Writings of Fukuzawa Yukichi* (Cambridge: Cambridge University Press, 1964); Albert Craig, *Civilization and Enlightenment: The Early Thought of Fukuzawa Yukichi* (Cambridge, Mass.: Harvard University Press, 2009). On the historiography of modernization, see John W. Dower, "E. H. Norman, Japan and the Uses of History", in *Origins of the Modern Japanese State: Selected Writings of E. H. Norman*, ed. John W. Dower (New York: Pantheon, 1975), 46-65.

〔2〕Maruyama Masao, "Nihon fashizumu no shisō to undō", in *Maruyama Masao shū* (Tokyo: Iwanami shoten, 1995), 3: 259-322; available in English as "The Ideology and Dynamics of Japanese Fascism", trans. Andrew Fraser, in *Thought and Behaviour in Modern Japanese Politics*, ed. Ivan Morris (Oxford: Oxford University Press, 1963), 25-83; J. Victor Koschmann, *Revolution and Subjectivity in Postwar Japan* (Chicago: University of Chicago Press, 1996), chap. 4.

对农民、工人和其他非精英阶层的影响。色川大吉（Irokawa Daikichi）和其他民众史学者破例从日本民主进步的角度研究了这个时代。[1] 在19世纪80年代晚期和90年代，当历史学家们重新评估文明开化时期日本民族认同被巩固并与国家绑定的时候，日本和美国的学者对《民众史》中“民众”相对简单的概念给予了密切关注。这种史学研究的转变是日本史学家民众史研究的一个极重要修改，最终终结了蹒跚许多年的英语现代化史学术研究。[2] 因为对该时期的重新评估需要民族与民族性思想毫不动摇的历史化，他们最终复兴了该时代的知识史研究。近期对该时期最感兴趣的工作聚焦于翻译的历史和国家、主权、权利等概念的采用，以至现在都在谈论明治早期的“翻译文化”。[3]

许多对史学中这些趋势的评论，专门思考了知识史：首先，把明治早期看作是日本现代开始的思想仍然很强。甚至一些历史学家主张在明治时期出现的一些实践机构，在前明治时期能找到根源，他们认为19世纪70—80年代是一个决定性的转变时期。其次，影响了接受的范式几乎是不变的。19世纪50—60年代的史学把明治早期的史学看作是对“西方”思想

---

〔1〕Irokawa Daikichi, *Meiji no bunka* (Tokyo: Iwanami shoten, 1970), in *Nihon rekishi sōsho*, vol. 12; translation available as *The Culture of the Meiji Period*, ed. Marius B. Jansen (Princeton, N. J.: Princeton University Press, 1985); Carol Gluck, "The People in History: Recent Trends in Japanese Historiography", *Journal of Asian Studies* 38, no. 1 (1978): 25-50.

〔2〕Fujitani, *Splendid Monarchy*; Oguma Eiji, *Tan'itsu minzoku shinwa no kigen—"Nihonjin" no jigazō no keifu* (Tokyo: Shin'yōsha, 1995), available in English as *The Genealogy of Japanese Self-Images*, trans. David Askew (Melbourne: Trans-Pacific Press, 2002).

〔3〕Kamei Shunsuke, ed., Kindai Nihon no hon'yaku bunka (Tokyo: Chūōkōronsha, 1994); Howland, *Translating the West*.

采纳的历史。近期对翻译和概念史做的许多研究工作越来越对这个过程持一种更加复杂的态度，但是，对日本的转变基本上没什么变化。然而，无论是接受的范式，还是作为现代的开始对明治时期的影响，都倾向于模糊了日本以外的探讨中的概念史。许多关键的概念，只能追溯到 17 世纪和 18 世纪的欧洲。因为许多概念完全是历史的，不是“西方的”。此外，过分突出接受常常会忽略这些概念被使用的政治背景，例如文明化与权利的概念。近来对文明开化知识史研究工作更明显地倾向于 140
赖因哈特·科泽勒克（Reinhart Koselleck）风格的概念史，而不是昆廷·斯金纳（Quentin Skinner），或者 J. G. A. 波科克（J. G. A. Pocock）的历史，他们倾向于解释新概念的政治用途。[1] 即使是直言不讳的政治人物的历史也集中在民众反对上述强加的思想的斗争中，也未能深入探究他们的权威的真正来源。

世俗之路（Worldly Paths）

只要我们提出那些概念，比如文明化是如何被普遍化的，就能够解释明治早期出现的概念的正常影响力，同时又可以避免斯金纳著作中对概念的使用的过分强调。[2] 这些概念能使日本新政府重组社会的努力合法化，因为他们在任何时间、任何地点都被宣称是正确的。然而，为了了解普遍化的过程，我们不得不把日本的文明开化时代放到更长更广的历史时段去重

---

[1] Howland's thoroughly researched *Translating the West* is an example.

[2] For Quentin Skinner's distinction between meaning and use, see "Meaning and Understanding in the History of Ideas", *History and Theory* 8, no. 1 (1969): 3-53.

要思考，那基本上是自由主义跨国传播的历史。这样做的话，需要搁置接受范式和让渡日本现代化起步阶段划定的国家边界。有此想法，我就提供几个社会思想和社会变化的案例，19世纪时从各国到日本，证明社会思想是如何通过跨国传播形成的。[1]

在18世纪法国与英国出现的文明化的概念，从一开始就与进步观念结合在一起。治理形式在两者的定义中占有突出地位。[2] 苏格兰哲学家亚当·弗格森（Adam Ferguson）在《公民社会随笔》（*An Essay on the History of Civil Society*，1767）中明显地给政治组织形式贴上了进化史的标签。弗格森的主张，把文明化的历史发展与共和国的创建联系在了一起，在欧洲大陆被广泛传阅，也出现在波旁王朝复辟（the Bourbon Restoration）时期本杰明·康斯坦特（Benjamin Constant）、维克托·库辛（Victor Cousin）和其他法国自由主义者的著作中。文明化及时形成的思想对这种情况是至关重要的，弗朗索瓦·基佐（François Guizot）在《欧洲文明史的普遍化》（*Histoire générale de la civilisation en Europe*，1828）中提出法国
141 开明专制。基佐主张，开明专制可以避免“过度”的革命，

〔1〕The examples are drawn from Hill, *National History and the World of Nations*, 11-13. The book as a whole argues that the consolidation of the international state system and capitalist market in the late nineteenth century made these concepts credible and useful in areas where they had not been so before. For another compelling example, see Sheldon Garon, "Savings-Promotion as Economic Knowledge: Transnational Insights from the Japanese Experience", in *Worlds of Political Economy: Knowledge and Power in the Nineteenth and Twentieth Centuries*, ed. Martin Daunton and Frank Trentmann (New York: Palgrave Macmillan, 2004), 163-188.

〔2〕Bowden, *Empire of Civilization*, 30, 46, 51.

保持改革才是欧洲历史的终极目的（telos）。[1] 基佐的政治制度演变观点受到广泛关注［亚里克西斯·德·托克维尔（Alexis de Tocqueville）、卡尔·马克思（Karl Marx）和约翰·斯图尔特·穆勒都热情地拜读］。[2] 在 1837—1846 年之间，基佐的书在英国出现了四种译本。从 1837 年起，两个译本之一于 1840 年在美国出版，后来凯莱布·斯普拉格·亨利（Caleb Sprague Henry）——纽约哲学和历史学教授，加了注释再次发行。[3] 福泽在《文明论概略》中引用了基佐的关于文明的理论，确立了文明日本当时能够达到的一个历史性的阶段。然而，福泽读的是英文译本的亨利注释本。[4] 从弗格森到福泽源起于苏格兰的思想传播路径，途经法国、英国、美国，最后才到达日本，一路连续地翻译、注释和“重新利用”。

欧洲历史小说，另一个描写社会及其转变的重要手段，也有广泛的成就。像沃尔特·司各特（Walter Scott）的小说

---

〔1〕Fania Oz-Salzberger, "Civil Society in the Scottish Enlightenment", in *Civil Society: History and Possibilities*, ed. Sudipta Kaviraj and Sunil Khilani (Cambridge: Cambridge University Press, 2001), 58－65; Ceri Crossley, *French Historians and Romanticism: Thierry, Guizot, the Saint-Simonians, Quinet, Michelet* (London: Routledge, 1993), 39, 71, 76.

〔2〕Larry Siedentop, introduction to *The History of Civilization in Europe*, by François Guizot (New York: Penguin, 1997), xxx－xxxvii.

〔3〕Editions: *Lectures on European Civilization*, trans. Priscilla Maria Beckwith (London: John Macrone Whiting, 1837); *General History of Civilisation in Europe*, anonymous translator (Oxford: Talboys, 1837); *General History of Civilisation in Europe*, anonymous translator (Edinburgh: Chambers, 1839); *The History of Civilization in Europe*, trans. William Hazlitt the Younger (London: Bogue, 1846); *General History of Civilization in Europe*, anonymous translator (New York: Appleton, 1842), text identical to Oxford edition.

〔4〕Matsuzawa Hiroaki, "Kaisetsu", in *Bunmeiron no gairyaku*, by Fukuzawa Yukichi (Tokyo: Iwanami shoten, 1995), 368.

《威弗利》（*Waverly*，1814），引领了小说风格的兴起，通常被看作是 19 世纪历史意识形态变化的标志，包括越来越多无法抵制的社会形式进化的观点。[1] 鉴于此，一旦风格建立起来，基佐提供了文明史，司各特建立了全民族的民族史。他赢得了欧洲的追随者，比如法国的亚历山大·大仲马（Alexandre Dumas père），还有全世界的其他人。在美国，詹姆斯·费尼莫尔·库珀（James Fenimore Cooper）使用司各特的方法描述了殖民地如何变成一个国家，像若泽·德·阿伦卡尔（José de Alencar）一样的作家学习库珀在拉丁美洲创作了“原创小说”。司各特对英国外围与英国关系的描述对海外外围殖民居住地小说创作产生了深刻的影响。本基姆·钱德拉·查特吉（Bankim Chandra Chatterjee）偶然讲到了司各特的作品，他同时代的爱德华·布尔沃-利顿（Edward Bulwer-Lytton）帮助其翻译成了印度小说。[2] 在 19 世纪 80 年代，当作者们寻找一种新技巧去描述一个急剧变化的社会的时候，司各特和布尔沃-利顿的作品都被翻译成了日语。另一贡献来自经由英语翻译的法国历史小说，比如小仲马（Dumas）。[3]

---

[1] Georg Lukács, *The Historical Novel*, trans. Hannah and Stanley Mitchell (Lincoln: University of Nebraska Press, 1983), 23.

[2] Doris Sommer, *Foundational Fictions: The National Romances of Latin America* (Berkeley: University of California Press, 1991), 26-27, 52-56; Katie Trumpener, *Bardic Nationalism: The Romantic Novel and the British Empire* (Princeton, N. J.: Princeton University Press, 1997), 11 - 12; Priya Joshi, *In Another Country: Colonialism, Culture, and the English Novel in India* (New York: Columbia University Press, 2002), 152, 154-161.

[3] Maeda Ai, “Meiji rekishi bungaku no genzō—Seiji shōsetsu no baai”, *Kindai Nihon no bungaku kūkan* (Tokyo: Shin’ yōsha, 1983), 3-4; Atsuko Ueda, “The Production of Literature and the Effaced Realm of the Political”, *Journal of Japanese Studies* 31, no. 1 (2005): 67, 77.

自由政治经济学——其理论和修辞有利于对社会及其演进 142
形成新的描述——的传播同样是复杂的。亚当·斯密，被误称为自由经济学的创立者，通过把英国、苏格兰、欧洲大陆及法国重农学派有关货币的思想集合在一起在《国富论》中进行了总结创新。[1] 让·巴蒂斯特·塞（Jean Baptiste Say），尽管在这个领域做出了贡献，但自认只是斯密的解释者，帮助法国重新引入了这种思想。[2] 反过来，塞的《政治经济学专论》（*Traité d'économie politique*，1803）于 1821 年在英国被翻译成英文。该译本同斯密与大卫·李嘉图（David Ricardo）的版本一道激发了自由理论在美国的普及，并成为大学的标准。[3] 日本开设的第一门自由经济学课程——偶尔由福泽谕吉讲授——使用的教材标注的是塞的著作，实际上是弗朗西斯·韦兰（Francis Wayland）的《政治经济学的要素》（*Elements of Political Economy*，1837）。[4] 用日语出版的第一部自由理论著作也是为非专业人士翻译类书籍：约翰·希尔·伯顿（John Hill Burton）的《供学校和个人使用的政治经济学指南》（*Political Economy for Use in Schools and for Private Instruction*，1852），福泽把其中的一部分收录在《西洋国情》（*Conditions in the West*，1867）一书，还有威廉·埃利斯（William Ellis）

〔1〕Joseph A. Schumpeter, *History of Economic Analysis*, ed. Elizabeth Boody Schumpeter (New York: Oxford University Press, 1954), 182–185.

〔2〕Eric Roll, *A History of Economic Thought*, 5th ed. (London: Faber & Faber, 1992), 290.

〔3〕Eric Roll, *A History of Economic Thought*, 5th ed. (London: Faber & Faber, 1992), 383; Schumpeter, *History of Economic Analysis*, 515.

〔4〕Dorothy Ross, *The Origins of American Social Science* (Cambridge: Cambridge University Press, 1991), 43; Tessa Morris-Suzuki, *A History of Japanese Economic Thought* (London: Routledge, 1989), 48.

的《社会经济学概略》（*Outlines of Social Economy*，1846），被神田高平（Kanda Takahira）翻译成了《基础经济学》（*Elementary Economics*，1867）。后者是一个双语译本，来自神田在林顿大学（Leiden University）的老师西蒙·菲塞林（Simon Vissering）的荷兰语版本。[1]

复制、中介与抽象

在莉迪娅·刘看来，这些案例为“跨语际行为”研究提供了丰富的资源，也是《移动的文字：向全球化》（*Words in Motion：towards a Global exicon*）的集合。一个例子就是英语单词“社会”的翻译，其他欧洲语言的相关词汇等。要创造一个与“社会”对等的单词是很难的，因为日本没有一个词语用来表明一个成员在形式上平等，在范围上又超出熟人社会的群体。词典编纂人斋滕津吉（Saitō Tsuyoshi）发现，作者们在18世纪90年代到19世纪80年代之间，尝试了40多个字词和短语。合成词社会（shakai）最终得以流行，中文创造性地加
143 以复制成（社会），作为对荷兰词语修道院生活（klooster）的翻译（英语是“cloister”或“monastery”）。该词于1826年带着这个意思进入日语，但是，直到1875年才清楚地作为“社会”的翻译，最终于1877年才成为被普遍接受的译词。其他

[1] Craig, *Civilization and Enlightenment*, 60－65; Morris-Suzuki, *A History of Japanese Economic Thought*, 49－50. On the continuing transnational development of economic thought in the twentieth century, see Garon, “Savings-Promotion as Economic Knowledge”; and Timothy Mitchell, *Rule of Experts: Egypt, Techno-Politics, Modernity* (Berkeley: University of California Press, 2002), chap. 3.

的翻译继续流传到19世纪80年代晚期。[1] 按照刘的观点，把“社会”和其他议定的翻译作为多语言符号的标记物还是合理的，也就是说，符号的产物需要不止一种语言。根据条约修订的重要性，“文明化”能够被看作正如刘所说的“超级符号”，即各种各样的异语言符号，可以精确地表达帝国通过条约建立的语意所体现的帝国的支配关系。[2] 根据这个方法，日本文明开化思想的历史应该就是异语言符号的历史。

然而，聚焦于翻译的研究受到几个问题的困扰。最难决定的是一个单词与一个概念之间的区别。很明显，这些并不是完全相同的，但是，这种区别意味着刘近期的工作及收录于《移动的文字》中的许多令人兴奋的论文实际上是概念的历史，尽管明显地集中于文字与翻译。[3] 更严重的是，翻译研究趋向于一种二元逻辑，在刘聚焦于英语与汉语之间交互，目的是要在诸如英语“权利”这样的术语之间建立一种对等关系得到证实。[4] 像“社会”“权利”这样的术语是异语言符号（或者，更恰当地说，是几种语言标记的概念），在大英帝

---

[1] Saitō Tsuyoshi, *Meiji no kotoba—Higashi kara nishi e no kakehashi* (Tokyo: Kōdansha, 1977), 181－183, 192－196, 220－225, translations listed on 195－220. Howland examines the history of Meiji-era translations in *Translating the West*, 158－164, 171－173. See also Yanabu Akira, "*Shakai*—The Translation of a People Who Had No *Society*", trans. Thomas Gaubatz, in *Translation in Modern Japan*, ed. Indra Levy (New York: Routledge, 2010), 51－61.

[2] Liu, *Clash of Empires*, 13－14, 33－34. Liu at times uses heterolinguistic sign and super-sign interchangeably.

[3] Examples of the slip between word and concept can be found in Itty Abraham, "Segurança/Security in Brazil and the United States", and Driss Maghraoui, "'Ilmaniyya, Laïcité, Sécularisme/Secularism in Morocco", both in *Words in Motion: Toward a Global Lexicon*, ed. Carol Gluck and Anna Lowenhaupt Tsing (Durham, N. C.: Duke University Press, 2009), 31, 115.

[4] Liu, *Clash of Empires*, 124－129.

国和中国清朝冲突之前很早就是了。商定一个中文对等词语是已经出现的跨国历史的继续，限制了“正义、公平、权利”和它们的最终对等词语——权利潜在的内涵。刘指向了长时段历史，但是，突出强调对等词语的创造在概念的民族史之间假定了一种重要的区别——竭力要找到一个对等词语——可能是什么，从这个角度看，是超民族的史前阶段。[1] 除了复兴它们想要逃避的国家框架（处理民族主义时代的政治危险倾向），国家或国际翻译史忽略了19世纪流通概念的规范性力量来源，不是创造的对等的词语，或者概念的“西方”起源，而是确信它们应用于任何时间任何地点。对任何传播的概念史来说，问题的关键肯定是它们到底是如何被普遍化的。

144 我们不能通过简单地研究翻译、接受与借用就能够理解普遍化问题。在思想如何和为什么会在特定的时刻在全世界漫游的问题上，我们还有许多功课要做。我早先提出的那些传播史提供了一些有趣的案例。首先，在思想是如何传播的方面，出现了许多意外的发现，甚至是机会。如果某本书碰巧落到具有某种语言技巧的人手里，它可能就会被翻译。书越无处不在，发生这种情况的可能性就越大。这样，伯顿的《供学校和个人使用的政治经济学指南》和埃利斯的《社会经济学概略》，虽然也属于政治经济学范畴但并不是特别重要，被翻译成了日语，也产生了重要的影响。通过伯顿和埃利斯的案例也可看出，许多作品就是通过这种渠道使一些思想的公认文本，诸如

[1] Andrew Sartori's criticism of postcolonial scholarship's focus on the "epistemic violence" wrought by foreign concepts also speaks to this point. See his *Bengal in Global Concept History: Culturalism in the Age of Capital* (Chicago: University of Chicago Press, 2008), 19.

文明化和社会这样的概念得到传播。它们是教科书，或者为一般读者写的书籍。于是，斯密和李嘉图和其他政治经济学方面的关键人物的思想传播到日本的同时，他们也传递了一种或者几种媒介，包括其他作者的作品。翻译——另一种媒介——也属于思想移动的部分。但是，这的确是一个移动的问题，而不只是个对等词语的创造问题，因为许多作品都是以各种语言传播的，而不是以最初书写的语言版本。（回想一下，当年福泽阅读的基佐的作品就是一个由美国教授注释的英文版本。）对日本和其他许多国家来说，英语是最重要的翻译语言，任何翻译成英语的东西都可能得到更多的注意。最后，在明治早期，人们似乎也没有想法去探寻一种思想的源头。更重要的是它为了应对悲惨的地缘政治形势的实用性。

所有与概念如何传入日本有关的这些观察结果，必须得到一个或者更多的把其他案例颠倒过来（或者正过来）的案例来调和。那些诸如文明化的概念，通过多种巡回渠道，漫游得如此广泛，它们被反复捡起，被不同的作者使用，并没有意识到它的来源——即使知道来源——说明那些概念在远离其国家或者来源地的情况下，被在不同地区认识到了。那些来自不同的国家作者对等这些标识符好像它们就是对等的，根本不考虑是否语言最终是不可测量的问题。鉴于像社会一样的概念的跨 145
国流通，到底什么在很大程度上**似乎**是一种偶然性事件，其中作品变得很有影响，简明地指出这个时候的任何作品中都能找到这些概念。许多概念以媒介的形式到来的事实——或通过知识界公认文本的形式，或通过翻译——意味着没必要去起源地找这些概念，这时候可能许多概念不是以起源地的形式，而是以已经大众化了的形式被人们认识到了。这种认知来源于概念的复制，而不是起源地的制造。正如地缘政治影响对等词语的创造一样——思想流通的关键部分——这些对等词汇被接受的意愿也说明，这些概念徘徊在与它有关系的全球特定区域，并不会使它们的普遍化有丝毫的减少。

几个重要的因素奠定了19世纪欧洲概念流通的模式。出版和交通科技的改变，特别是旋转印刷机和蒸汽机，使印刷品的流通更便宜而便捷。[1] 中欧、西欧和北美识字率的上升支持了出版商的兴起，以大规模印刷的形式提供普及版图书。[这就是基佐英国出版商的特色之一，威廉（William）和罗伯特·钱伯斯（Robert Chambers）的爱丁堡公司（the Edinburgh firm)，也出版了伯顿的《供学校和个人使用的政治经济学指南》。] 就国内市场而言，有广泛的传播，但是，尽管如此，还是为国际流通领域注入了更多有形的版本。欧洲帝国主义也影响到了欧洲以外概念的传播运动。欧洲帝国建立的运输渠道也便利了有形的作品流通，同时对诸如法语、英语等帝国语言的精通使他们能够通过翻译接触那些作品，即使不是使用原来的语言。在欧洲和北美大学，或者教会地方学院培训过的学生，如神田，把欧洲思想中的一些概念引进到了非欧洲知识界。殖民统治也使一些概念成为社会实践的一部分，比如簇拥

[1] On the impact of steamships on communication, see Daniel R. Headrick, *The Tools of Empire: Technology and European Imperialism in the Nineteenth Century* (New York: Oxford University Press, 1981), 30-39.

在“人口”（population）概念周围的那些概念。[1] 在非殖民
化地区可以找到类似的重组，正如明治时期的日本所显示的那
样。在这两个案例中，知识分子常常把欧洲的思想作为阻止帝 146
国进一步入侵的技术手段，甚至他们竭力要把这些思想与帝国
主义意识形态手段区别开来。[2]

这些有形的因素使我曾经限定的可能发生的概念普遍化的时代更加明显。诸如社会和文明化等可见的思想从欧洲向日本移动的普遍化过程，是植根于印刷大生产和帝国主义提供的便利通信。广而言之，是以它们 19 世纪的形式植根于资本主义与帝国主义的。从 19 世纪中期的帝国主义自由贸易到世纪末的正式殖民化，使世界的遥远地区与欧洲，到 19 世纪 90 年代，与美国联系得更为紧密，为普遍化提供了便利。（由于我的案例限定在 19 世纪，因此，我可以推断这种模式的普遍化到非殖民化时代为止可能一直处于支配地位。）我曾经强调对原始产品再生产的重要性，但是，还要搞清楚，历史上的这种普遍化过程包括订约与修订，并不是简单的重复，也不是没有抵抗者就会发生，比如新儒学社会思想，自 17 世纪早期开始就已经在日本处于支配地位了。

迈克尔·沃纳（Michael Werner）和贝尼迪克特·齐默尔

---

〔1〕As Omnia El Shakry shows through the example of Egypt, the process extended beyond the work of colonial administrators. The incorporation of "population" into governance in Egypt, through the institutionalization of statistical, medical, geographical, and sociological, began in the mid-nineteenth century and culminated in the interwar period. Omnia El Shakry, *The Great Social Laboratory: Subjects of Knowledge in Colonial and Post-Colonial Egypt* (Stanford, Calif.: Stanford University Press, 2008), chap. 5.

〔2〕Partha Chatterjee, *Nationalist Thought and the Colonial World: A Derivative Discourse* (Minneapolis: University of Minnesota Press, 1986), 41-42; Mark Anderson, *Japan and the Specter of Imperialism* (New York: Palgrave Macmillan, 2009), 52.

曼（Bénédicte Zimmermann）在著作中提出的“交互”范式使我们能够更精确地描述在这些历史条件下订约的模式。沃纳和齐默尔曼使用“交互”来描述两个或者更多的概论以及思想的载体通过互相接触的方式被修改。与概念转换研究假设的影响的线性轨迹相反，沃纳和齐默尔曼强调接触影响交易中的所有“当事人”。虽然如此，有结果的转换也许是不对称的：一边在很大程度上与另一边受到不同的影响。[1] 19 世纪，大西洋以外的地区与欧洲的不对称互动是常态。例如，当占支配地位的新儒学思想和后启蒙社会思想在明治时期的日本交汇的时候，新儒学思想出现极大弱化，作为一种“东方的”特殊思想，即使在不久前还是启蒙时期竭力吹捧的对象。

147 归纳地说，现在可以把 19 世纪概念普遍化过程的特征和概念游移在其中扮演的角色理论化了。当诸如社会和文明化等概念传播的时候，它们与起源地的联结被削弱了。例如，苏格兰的政治经济学思想经过多种媒介沿着许多路径传播到日本。斯密的思想（本身是一个综合）经过塞伊和韦兰德才到了日本，福泽在他的经济学课程中使用了韦兰德的教材。当同样的思想群星通过不同路径到达日本，例如神田对埃利斯（基于一个英文原始版本的荷兰语译本）的翻译，福泽对伯顿的翻译。当概念沿着不同路径进一步远离其发源地的时候，第一个来源也许已经不相关了，因为人们不再利用它去偶遇一些概念了。同时，这些首先是来源于欧洲历史案例的主张，例如基佐认为欧洲文明进化的终极目的是开明专制制度，逐渐与那些被用来理解世界其他部分地区人类社会的案例脱节。结果是一个

〔1〕Werner and Zimmermann, “Beyond Comparison”, 37–39.

抽象的过程，通过它，一个概念，比如文明化，本来是对欧洲生活的描述，却成了“一般文明”的概念。只要努力摆脱了欧洲范例中的概念的一般性，这个过程就会得到加速，正如福泽在《文明理论概述》中所说，欧洲是文明最高级的典型，但是本身并不文明。人类关系秩序中存在的交互性竞争观点，其服务于抽象过程的结果是不对称的：比如混合了欧洲普遍性表象的地区特别主义的竞争性思想就“不符合”。因此，有可能就使用了这些概念，好像它们对任何时间任何地点的社会都适用。一句话，它们被普遍化了。[1]

普遍化与特殊化

要理解概念的普遍化，我们不得不采取一种可能不太受欢 148
迎的步骤，要从作为内在品质的普遍性和作为对这种普遍性认知或黑格尔式认识的普遍化的观点上退回来。通过重新考虑普遍化是由什么组成的，是否所有的概念都存在历史的可能，甚至对所有普遍化的概念来说，过程都是相同的，这样就可能给普遍性奠定比较坚实的基础。在 19 世纪社会思想跨国传播的历史上，有关人类聚合概念的普遍性是它们如何被使用的效果，而不是其“含义”。此外，普遍性的特性是概念在其起源地之外被使用而出现的。对一个法国的思想家来说，把欧洲文明史看作是世界历史的样板，只能是一种陈腐的种族优越主义思想。当一名日本知识分子使用从欧洲案例中抽象出来的概念来评价日本的历史，并提出相应的社会政策的时候，这个概念

〔1〕On these points, see also Hill, *National History and the World of Nations*, 13-14.

就获得了完全不同的适用范围。对历史学家来说，要彻底估量一种思想的普遍性，必须与概念远离其起源地的社会实践活动相结合，不仅要考虑思想领域的行为者，还要考虑统治与潜在的抵抗模式。

19 世纪明显的文明化过程的特定时刻，抽象的角色在能普遍化的概念与不能被普遍化的概念之间给出了一种有效的限定：一个无法普遍化的概念，就如我以前描述的，当转换过程发生的时候，就是其内涵不会丧失太多的概念。然而，基于这样的度量，非普遍性将是一种从属于影响普遍化的同样语境因素的历史特性。于是，普遍性拥有了特殊性这样一个对立面，不能被理解为内在的品质，而是一个结果：特殊化。几个世纪以来，“道”这个概念［中文叫“道”，日语也称“道”（dō）］对东亚许多思想是重要的，它已经被特殊化成了“东亚信仰”。然而，令人奇怪的是，在新的经济政治环境里，它的地位也许会发生改变。

我应该搞清楚：这些概念被普遍接受，并不意味着它们是无辜的。似乎它们越普遍，可能越有政治影响。如从福泽消极
149 地拿日本与欧洲对比的习惯可以看出，普遍性，正如我定义的，作为一种使用的结果，本质上是合乎规范的。在文明开化时代，诸如文明化与社会等概念对于日本应该采取的人类关系形式传达了强烈的信号，实际上是**不得不**采取。这些主张的力量源于那些普遍公认的概念的普遍性：如果“文明化”能够被用来表示所有社会发展的一个阶段，那么福泽可能就会说如果日本人民不文明，就必须被文明化。运用普遍性的标准特性并不局限于那些为了保护日本国家主权的政策。始于 19 世纪 70 年代，这个国家利用国际法大全的普遍性转换了与中国

和朝鲜的关系，最终把对后者的殖民化与“改革”合法化了。[1] 无论是国内还是国际上，文明化的普遍化概念是一种维护与增强国家利益的手段。

日本在东亚采取行动的案例与欧洲社会思想观念的传播是知识帝国主义的观点相矛盾，知识帝国主义在 19 世纪 90 年代直接惠及了欧洲和美国。概念的普遍化，诸如文明化、权利和主权强化了这些诉求，殖民化是合法而有益的。然而，从案例来看，支持这种观点也没能直接成为欧洲文明优越的证据。相反，它是通过概念的普遍运用，最终是通过著作和思想的传播创造的跨国的，而不是“西方的”知识界发挥作用。这些概念的普遍化使全球组织成了一个主权国家和殖民依赖关系的系统，强化了其中任何一个帝国的地位。西奥多·罗斯福（Theodore Roosevelt）赞成日本统治朝鲜，原因是日本在“玩文明人的游戏”，就是一个例子。在《塔夫脱·桂太郎备忘录》（*Taft-Katsura Agreement*，1905）中，美国承诺不干涉朝鲜事务，以换取美国放手殖民菲律宾。帝国霸权之间关于文明权普遍性的协议（1905 年在第二次英日同盟中涉及朝鲜、印度和缅甸时重申）同时使殖民地的反抗特殊化了。[2]

从一般化到相对普遍主义 150

现在一般认为，欧洲的普遍主义可能制造了反殖民运动。

---

〔1〕Dudden，*Japan's Colonization of Korea*，46，101.

〔2〕Roosevelt quoted in Frank Ninkovich，“Theodore Roosevelt：Civilization as Ideology”，*Diplomatic History* 10，no. 3（1986）：238；Dudden，*Japan's Colonization of Korea*，15，62–63.

如前所述，我们应该认识到，概念通过使用普遍化，而不是内在固有的“反对虚假”的普遍性，允许了这种抵抗。另外，还要注意到，那些支持反殖民主义的概念和那些使殖民合法化的概念之间存在着微妙的区别。如前观察，许多源自欧洲社会思想的关键概念被运用，好像它们在任何场合都有效。一旦普遍化了，“文明化”就是一个适用于任何社会的尺度。我们可以说，这样的概念是以一种在启蒙时代建立起来的“一般化”的方式被使用的。

然而，其他的概念是以一种不同的方式被普遍化的。在这些案例中，概念的使用作为一个范畴好像普遍是适合的，但描述为现象的时候，每一个迭代又基本上是不同的。一个例子就是文化（Kultur），当它在19世纪之前被使用的时候，始于德国：每一个地方都有一个文化，但是，每一个又各不相同。另外，每一个文化，由于其差异，和任何一个其他的文化都是对等的。与一般化运用比较而言，我们可以说，这样的概念是以一种“相对化”的形式被运用的：范畴的普遍性与所有可能的案例差异之间彼此是无法分离的。用一般化与相对化手段使用的概念之间常常存在对抗性。正如布雷特·鲍登（Brett Bowden）指出的，文明是对“文明化”的一个对抗性反应。[1] 在19世纪90年代，一群日本知识分子，如政教社（the Seikyōsha），运用相对逻辑去维护日本的“民族文化”（kokumin bunka）反对国内改革者和条约合伙人文明化的一般化运用，这些人主张国家要迎接文明化的标准以重新获得完全主权。政教社的作者们引用了约翰·戈特利布·菲希特

[1] Bowden, *Empire of Civilization*, 34–36.

（Johann Gottlieb Fichte）和其他德国文化的拥护者的言论，把日本的斗争比作拿破仑战争之后，德国反对法国保护德国文化独立的斗争。[1]

19 世纪知识史充满了许多对用一般化和相对化态度使用的相似的普遍化概念。最重要的例子之一就是“国家”（state）对“民族”（nation）：在国际法上，每一个国家都是 151
绝对相同的；在民族主义思想里，所有单一民族都是相同的，但又不同于任何其他民族。[2] 无论是一般化还是相对化的普遍性概念，都是有标准的，但是，后者有些似是而非，因为它们的标准基础不同。另外，这种差异在使用中也可以看到：国家和权利强调的是国际法“一般化的普遍主义”；民族和文化突出的是民族自决和文化差异保护运动的“相对的普遍主义”。19 世纪，这两个类型的概念通过相同的机制实现了普遍化；它们存在于历史上相同的特别知识领域。

19 世纪，概念的传播通过相对使用实现了普遍化，相应而生的结果在 20 世纪特别显著，尤其体现为威尔逊民族主义（Wilsonian nationalism）的形式。相对化普遍主义是对正在被限制和转化的经济和政治支配地位的反应。反殖民的民族主义，就是一个攻击一般化推崇相对化普遍主义的例子，它受到民族概念标准维度的限制（特别是个人只属于一个民族的约

---

〔1〕Anderson, *Japan and the Specter of Imperialism*, 86–95.

〔2〕On this point, see also Hill, *National History and the World of Nations*, 39. Another example is the apply-anywhere universalization of liberal political economy versus the relativizing tendencies of List's theory of "national economy".

束)，因此，着手把多样化的人民转换成有权的单一民族。[1] 一般化和相对化普遍主义的斗争极大地影响了知识领域：到 20 世纪末，“文明化”的一般化运用被加入了相对化应用，用来解释对欧洲和北美竞争者的兴起。［塞缪尔·亨廷顿(Samuel Huntington) 1993 年发表的文章《文明的冲突?》(*The Clash of Civilizations*?) 为这种变化提供了例证。］[2] 实际上，现在普遍化概念的一般化运用常常是防守对抗相对化运用。自由经济学概念的一般化运用——资本主义大规模替代选择消失之后广泛普遍化了——面对的只是分散而断续的反抗，但是，人权话语的一般化运用受到了基于民族特殊性和文化敏感性的持续挑战。[3] 20 世纪中期，主导 19 世纪的普遍化概念的一般化运用和支配今天的相对化运用之间的平稳发生了转
152 变，标志着跨国知识研究领域结构转变的开始。(一般化和相

[1] On the normative dimensions of nationalist thought, see Chatterjee, *Nationalist Thought and the Colonial World*, 10 – 11. A recognition of the normative force of universalized concepts such as nation is missing from Erez Manela's impressive Wilsonian Moment, which tends to treat anticolonial nationalists' “appropriation” of Wilson's arguments for self-determination as instrumental and even opportunistic. See Erez Manela, *The Wilsonian Moment: Self-Determination and the International Origins of Anticolonial Nationalism* (Oxford: Oxford University Press, 2007), 61–62.

[2] The final sentence of the essay indeed traces a reluctant passage from a generalizing to a relativizing use of the concept: “For the relevant future, there will be no universal civilization, but instead a world of different civilizations, each of which will have to learn to coexist with the others.” Samuel P. Huntington, “The Clash of Civilizations?” *Foreign Affairs* 72, no. 3 (1993): 49.

[3] Samuel Moyn shows the hostility of state-oriented national liberation movements to ideas of human rights in chapter 3 of *The Last Utopia: Human Rights in History* (Cambridge, Mass.: Belknap Press, 2010). On a recent, fitful clash between generalizing and relativizing universalisms at the transnational, national, and subnational levels, see GesineKrüger, “Moving Bones: Unsettled History in South Africa and the Return of Sarah Baartman”, in *Unsettling History: Archiving and Narrating in Historiography*, ed. Sebastian Jobs and Alf Lüdtke (New York: Campus Verlag, 2010), 233–250.

对化普遍主义之间的区别有助于我们对跨国社会思想知识领域的研究进行分期。）这样一种转变并不是本章的主题，但是，我们还是可以观察到一些物质因素重新涉足了进来，特别是电子媒体的兴起，从无线电到网络传送文本与图像，还有多中心政治经济结构的出现。由于这些条件将持续到可预见的将来，政治参与人，一般化应用为其目的提供了很好的服务（比如环境保护运动和制定劳动标准的程序），必须认识到文明化的斗争将发生于被相对化运用支配的领域。

全球领域的形成

我从这个问题开始，什么形成了全球知识史的“全球”。我从现在出发为 19 世纪提出一种说法。欧洲社会思想概念的传播与普遍化显示，19 世纪末跨国知识研究领域的形成与物理上的全球是同步扩展的。物质条件，如正式殖民化的重新启动和运输工具的改进，支持了该领域的扩展。就知识而言，该领域是由普遍化概念的星群限定的，由于非对称的遭遇，“特殊主义的东西”被排除在外。从地理上看，如果我们只考虑概念的生产与再生产，那么问题中概念的整体游移可能接近该领域的规模与形态。（它的边缘可能是模糊的。）总的来说，该领域揭示了一种被确确实实的传播、中介、再生产和抽象等限定的特殊历史过程，其中许多关键的步骤发生在欧洲以外。普遍化概念的一般化运用主导了该领域，尽管到世纪末受到来自相对化运用的挑战。

要搞清楚 19 世纪知识领域和一般意义上全球知识领域的历史和动力，需要一种方法上的改变。正如我观察到的，许多

153 研究超国家知识现象的方法再现了它们开始避免的民族框架。因为全球知识领域形成于概念的跨国传播（不论怎样各个领域达到了物质地球的范围），我们必须用非民族的术语来研究这种传播，同时要把民族国家看作其成因之一。出于同样的原因，我们应该抵制把民族框架“同比例放大”到全球水平，把跨民族知识领域看作是民族国家的综合。因为思想的传播决定了这些领域的形态，它们的范围只能单独由传播来限定了。

无疑，这种研究提出了许多挑战：与虚假而不言自明的民族历史边界相比，全球知识史既定主题的边界在这个项目开始的时候并不总是那么清晰，将不得不在研究的过程中加以限定。[1] 我曾经举过 19 世纪的例子提出了一些研究战略，能够同时阐明研究范围。要论述影响思想传播和它们在该领域的关系的物质条件的重要性，诸如通信技术和地区与全球政治秩序，到现在应该是不言自明的。因为再生产与生产对于概念的传播同样重要，全球知识史也许要给大众化与知识通行本和给具有深厚研究功底的创始人与他们的知识丰碑同样的关注。事实上，这或许意味着要为普通大众审查教科书和书籍与杂志出版的目录。另外还要研究翻译及对等物的创立，这样的历史将需要审查翻译语言在著作与思想传播中所起的作用。不论这些是帝国的、神圣的，还是商业语言［通用语言（linguae francae）］，取决于关键的年代与概念。同时，概念的起源依

[1] Werner and Zimmermann stress the importance of adjusting the objects, categories, and schemes of research through continuous “pragmatic induction” (“Beyond Comparison,” 46–48). Gary Wilder’s *The French Imperial Nation-State: Negritude and Colonial Humanism between the Two World Wars* (Chicago: University of Chicago Press, 2005), esp. 5–6, 25–29, provides an impressive example of defining scale according to specific topics.

然重要，全球知识史也将从寻求那些特定的时刻中获益，即概念开始脱离世界的某一部分，最终成为公共财产的时候。除了重视内涵，重视应用就是要集中在知识传播的过程上，诸如思想的普遍化，而不是被视为一般化概念本身的思想的扩散。同时聚焦于过程，将有助于提示全球多领域结构内的变化，诸如在 19 世纪到目前从一般化到相对化应用的变化，还有它们地 154
理适用范围的变化。

运用这些方法得出的知识地理学笨拙、粗糙而多样。“起源”国或者地区的位置变化特别大。19 世纪，欧洲仍然是许多思想的第一发源地，但是，许多重要的事情却发生在其他地方。地势是动态的而不是稳定的。最重要的是，那是一个复杂的形势，其中有形的条件，知识行为的转换和政治支配与反抗交织在了一起。

159 # 第7章
“伊斯兰世界”思想的全球化知识史

杰米尔·艾丁（Cemil Aydin）

在近200年的有关全球史的学术著作中，我们看到对普遍与全球价值给予了特别的关注，例如主权、民族主义、民族权利、国际法和人权思想。联合国的各种机构和不同的国家联盟都是基于这样的假设运行的，某种理想、法定概念、原则和价值在全球都有吸引力和合法性。承认某些标准的全球性提出了一个这些价值的起源问题，把我们带入了关于欧洲中心论的论争。绝大多数全球公认的价值可以追溯到欧洲知识史。只要突出非西方的知识分子和发挥了历史作用的角色的力量，就可以很好地解释全球化史和国际关系史，进而修订欧洲中心论的问题，正是他们在挑战西方帝国霸权的时候，把与“西方”有联系的标准价值普遍化了。现在研究亚非改革者、民族主义者和知识分子们的知识史，可以看到对西方普遍主义思想的一种非西方式攫取，一种导致现代国际主义和一些相关标准的欧洲中心价值的次生实现，诸如民族自决、文化权利、种族平等，
160 甚至人权。在这个新的编史过程中，我早先写作的泛伊斯兰主义和泛亚主义对西方批评的书中，补充了一些围绕同一时期出

版的关于威尔逊主义的书籍的论据。[1] 在这两本书中，似乎从埃及与印度到从中国与日本似乎都热衷于一些以欧洲为中心的平等、自由、人权和民族自决概念，利用它们从事政治斗争，并把它们全球化了。这两本书中，知识界对西方的反抗并不是文明冲突的迹象或者对现代性的抛弃。例如，泛伊斯兰主义和泛亚主义的知识分子对帝国主义世界秩序的批评与挑战同时也分享着他们认为欧洲人也信奉的公共价值观。

这种突出非西方角色在部分普遍化与全球化标准起源的中介与领导作用，要比非西方世界效法、模仿和照搬自由与普遍的西方价值的简单模式要好得多。[2] 然而，这部新的全球知识史的模式有它自身的弱点。在认识和实现全球化价值普遍化的潜能方面，虽然给了次级和非西方人物历史中介作用以卓越地位，但是，还得以弃权结束，因为这些价值源于西欧很少的一片地理区域。这样，阿塔蒂尔克（Ataturk）、孙中山（Sun Yat-Sen），甚至是甘地（Gandhi）都成了西方中心主义的化身，即使他们的中介作用和思想已经塑造了现代国际史。欧洲以外的知识传统中产生过一些标准与思想并普遍化了吗？我们如何来解释伊斯兰教、佛教、印度教社会知识传统对现代全球史的影响？非西方的角色与知识分子们曾经扮演过一种超越了

---

[1] Cemil Aydin, *The Politics of Anti-Westernism in Asia: Visions of World Order in Pan-Islamic and Pan-Asian Thought* (New York: Columbia University Press, 2007); Erez Manela, *The Wilsonian Moment: Self-determination and the International Origins of Anticolonial Nationalism* (New York: Oxford University Press, 2007).

[2] For examples of earlier scholarship that emphasizes the Westernization of the non-Western world through a diffusion model, see Bernard Lewis, *The Emergence of Modern Turkey*, 3rd ed. (New York: Oxford University Press, 2002). See also Marius B. Jansen, "Changing Japanese Attitudes toward Modernization", in *Changing Japanese Attitudes toward Modernization*, ed. Marius B. Jansen (Rutland, Vt.: Tuttle, 1982), 43-97.

欧洲中心价值观中已经存在的潜能，或者超越了对源于欧洲思想的再解释的角色吗？

本章，我重温 19 世纪 80 年代到 20 世纪 20 年代这一时期，那可以回顾性地描述为全球西方化、伊斯兰知识现代化和泛伊斯兰民族主义的高峰时代，目的是探讨全球思想和价值，比如哈里发（the caliphate），它并不是源于欧洲的。在一个民
161 族主义上升和西方价值传播的年代，为什么哈里发能够在奥斯曼帝国领土以外的穆斯林中增加其吸引力与正统性，例如中亚和南亚地区？对这个问题的反应也许不是现代世界对传统价值的坚持，而是哈里发制度当中有些相当现代的内容，甚至在那些神学上不信奉哈里发为宗教与政治领袖的什叶派穆斯林看来也是如此。除了聚焦于那些有助于重新定义哈里发内涵的全球政治语境，我还从现代阐释学的角度审查了承载伊斯兰知识传统的主要文本，在与全球其他知识潮流对话的时候，为这些文本提供了一种新的解释。另外，通过审查那个时候奥斯曼帝国在欧亚大陆和非洲现代主义知识分子圈的使命与大战略的重要性的时候，我看到了全球知识史和国际关系史之间的必然联系。我的案例研究关注的是“伊斯兰世界”的认同，一种新的跨民族认同，它的进化为知识与国际关系史不可分割的联系提供了例证。我将呈现一部伊斯兰世界思想的全球知识史，并探讨它在帝国主义和反殖民主义高潮时期的政治波及面与利用率。由此而论，我将集中研究“穆斯林世界”的概念是如何被奥斯曼帝国影响的，以及它是如何在适合理想的政治领袖、改革与理性方面用宗教文本引发了新的重要的阐释学问题。我希望这个讨论能够有助于我们更好地理解伊斯兰认同当代用途的政治学，思考为什么殖民时代伊斯兰认同的概念和伊斯兰的

团结复活了 20 世纪的非殖民化过程与冷战。

穆斯林认同的概念和 19 世纪之前的奥斯曼帝国

对伊斯兰的统一、乌玛的概念和奥斯曼帝国，以及其他被伊斯兰王朝统治下的其他帝国有几个常见的误解。

伊斯兰国际社会，或者全球伊斯兰社会，从来没有过一个 162
内向型的封闭系统。“伊斯兰世界”，一个包含世界上所有穆斯林的术语，在 19 世纪中期之前是完全不存在的。曾经有过许多帝国，包含着穆斯林居住的区域，既有人口居多数的，也有少数的。没有几个被伊斯兰王朝统治的帝国，如萨非王朝（Safavid）、莫卧儿王朝和奥斯曼王朝，可以被称作神权政治哈里发。尽管伊斯兰知识传统和宗教信仰对这些帝国精英们来说是重要的，但是，他们的帝国愿景和政治决不会还原到伊斯兰传统。对于 16 世纪奥斯曼王朝或者莫卧儿王朝的官员们来说，成吉思汗（Genghis Khan）和亚历山大（Alexander the Great）的故事和早期哈里发的故事一样重要。[1] 在后蒙古帝国时代的帝国里的确是有一些非穆斯林人口，他们是根据有选择的正统的、王权的和司法的世界性概念运作的。[2] 成为穆斯林，归属乌玛，生活于伊斯兰世界的理想，从来不是抽象的，也不

---

〔1〕For an example of an Ottoman bureaucrat who merged Byzantine, Islamic, and Mogul legacies in his imperial visions, see Cornell Fleischer, *Bureaucrat and Intellectual in the Ottoman Empire: The Historian Mustafa Ali, 1541–1600* (Princeton, N. J.: Princeton University Press, 1986).

〔2〕For the cosmopolitan elites of the Mogul Dynasty, see Sanjay Subrahmanyam and Muzaffar Alam, “The Making of a Munshi”, *Comparative Studies of South Asia, Africa and the Middle East* 24, no. 2 (2004): 61–72.

是乌托邦。相反，这些认同与归属概念一直以来通过帝国纽带与地区的现实间接地发挥着作用。

奥斯曼苏丹们在 1517 年征服埃及几十年之后开始使用哈里发这个头衔。但是，这只是他们众多的头衔之一。苏丹们的许多其他头衔反映了奥斯曼王权概念的折中性来源和多种帝国传统的联系。例如恺撒（caesar）、可汗（khan）、帕夏（padishah）、沙希布·奇朗（sahib qiran）。与哈里发头衔一样重要的事就是控制伊斯兰教的两座圣城，麦加（Mecca）与麦地那（Medina），还有耶路撒冷（Jerusalem）。那些去麦加的朝圣者由此会认识到是奥斯曼帝国的统治者保护和维持着这座城市。哈里发头衔的重要性随着历史语境的变化而变化，在奥斯曼帝国认同的自我认知上没有线性的连续性。当奥斯曼帝国统治者于 16 世纪下半期与葡萄牙要在印度洋上展开竞争的时候，大大地利用了哈里发头衔，他们的伊斯兰联盟都称为哈里发帝国。但是，奥斯曼帝国与葡萄牙人的这场冲突是为穆斯林商人争得在印度洋的自由贸易权（葡萄牙人试图阻止的），一旦葡萄牙人撤走，奥斯曼帝国在印度洋也就失去意义。[1] 另
163 外，当蒙古帝国控制了南亚穆斯林的时候，奥斯曼帝国对南亚穆斯林的意义也失去了。[2]

尽管奥斯曼帝国后来被认定为伊斯兰世界或哈里发帝国，

---

〔1〕Giancarlo Casale, *The Ottoman Age of Exploration*（New York: Oxford University Press, 2010）.

〔2〕For a sixteenth-century comparison of the Ottoman Empire and Muslim Dynasties in South Asia that emphasizes differences, see Sidi Ali Reis, *The Travels and Adventures of the Turkish Admiral Sidi Ali Reis*（London: Luzac, 1899）.

但它并不是一个由宗教文本与愿景推进的“伊斯兰帝国”。[1] 当然，奥斯曼帝国精英的伊斯兰认同与伊斯兰主题的价值观对他们的日常生活、文化、建筑与礼仪是重要的。但是，我们不应该用与伊斯兰帝国相对的当代世俗欧洲的一些概念，甚至用一个基督教欧洲对一个伊斯兰帝国，把这个问题搞混淆了。奥斯曼帝国民族呈多样性，其中约有一半不是穆斯林。此外，奥斯曼帝国一直与其他的欧洲帝国维持着紧密的关系，与法国结盟反对哈布斯堡王朝就是例证。早在 18 世纪后半期，奥斯曼帝国外交官就访问欧洲，把伊斯兰治下的奥斯曼帝国与基督教治下的欧洲帝国之间的和平看作是一种价值，本质上超越了奥斯曼帝国反对欧洲帝国联盟威胁的收益。[2] 例如，为了增加帝国税收，艾哈迈德·雷斯米·埃芬迪（Ahmet Resmi Efendi，1700—1783）开始感觉到要建立一种基于互惠贸易与合作而不是旧式帝国领土扩张式逻辑的外交世界新秩序。他甚至认为 16 世纪苏莱曼（Süleyman）辉煌的军事扩张政策是一种资源的浪费。在对 18 世纪后期的帝国模式进行反思的过程中，奥斯曼帝国高层似乎对想象中的共享价值与标准的新世界秩序充满了信心，也不用牺牲他们的伊斯兰教与基督教的传统价值。正是本着这样的精神，奥斯曼帝国与沙俄与大英帝国结盟，在

---

〔1〕For the eclectic and inclusive worldview of the Ottoman imperial elites, see Cemal Kafadar, “A Rome of One's Own: Reflections on Cultural Geography and Identity in the Lands of Rum”, in *Muqarnas: An Annual on the Visual Culture of the Islamic World*, vol. 24, ed. Gulru Necipoglu and Sibel Bozdogan (Leiden: Brill, 2007).

〔2〕For the universalist reflections of an eighteenth-century Ottoman intellectual and bureaucrat with regard to the Ottoman Empire and the emerging new world, see the discussion of the writings of Ahmed Resmi Efendi (1700–1783) in Virginia Aksan, “Ottoman Political Writings, 1768–1808”, *International Journal of Middle East Studies* 25, no. 1 (1993): 57–59.

1799—1802年之间共同反对法兰西共和国。作为第二次联盟战争的一部分，奥斯曼与沙俄海军联合从法国手中抢走了爱奥尼亚群岛（the Ionian Islands）。当印度迈索尔公国（Mysore）苏丹请求奥斯曼帝国苏丹助其抵抗大英帝国的时候，奥斯曼帝国苏丹明确地回复，法兰西帝国才是敌人，因为他破坏了国际法，至于大英帝国，如果有必要，他可以在迈索尔公国与大英帝国之间进行调停。

164 于是，奥斯曼帝国的统治高层同意了维也纳会议达成的帝国合作和王朝正统的基本构想。在18世纪80年代到19世纪40年代之间，奥斯曼帝国精英通过各种改革修订并彻底改造了整个帝国。在1839年的《坦齐马特公告》（*Tanzimat Proclamation*）中他们挑战了以欧洲为中心的国际秩序，以澄清其包容性原则，表明他们的多民族和多宗教帝国包括东欧大部分地区，应该成为欧洲国家体系的一部分，尽管它是一个伊斯兰王朝。奥斯曼帝国精英青睐基于文明原则的外交而不是基督教的团结的外交。奥斯曼帝国主要的改革官员，萨迪克·里法特·帕夏（Sadik Rıfat Paşa），在他的《欧洲形势论丛》（*Treatise on the Circumstances of Europe*）里，甚至不翻译直接使用法国文明词汇来解释欧洲霸权与优越的政治、经济和社会秘密。[1] 帕麦斯顿爵士（Lord Palmerston）和梅特涅王子（Prince Metternich）都支持奥斯曼帝国加入维也纳体系。19世纪20年代的希腊起义起初并不像是对这种新的帝国愿景的挑战（帝国常常有多种起因的地方反抗），尽管1830年的《伦敦议定书》（*The London protocol*）（承认了希腊的主权）偏离了维也纳体系的原则，它

[1] Sadik Rıfat Paşa, *Müntehabat-i Asar* (Istanbul: Takvimhane-i Amire, 1858), 1–12.

还是在19世纪第一次把特定的人口与既定的领土联系在了一起。[1] 奥斯曼帝国高层也许对列强支持希腊独立破坏维也纳体系的原则——和平、安全和其他文明帝国领土的完整——很失望，但是，官员们认为这归因于他们认为奥斯曼帝国是一个不文明帝国的恶劣印象，而不是因为他们的穆斯林苏丹。希腊独立一年后，法国侵入奥斯曼帝国阿尔及利亚省，不久以后，阿尔及利亚受过教育的精英们开始效法希腊，向法国帝国主义统治要求更多的自治权与自由权。[2]

克里米亚（The Crimean）战争与印度民族大起义

奥斯曼帝国的伊斯兰领导们认为他们在像欧洲人一样文明方面不存在任何的宗教、文化和种族障碍，只要他们完成一整套的改革，就会让他们在发展的普遍化阶梯上达到更高的水 165
平。从1839年到19世纪60年代，奥斯曼帝国的改革精英们发现，他们的文明形象以及与主导欧洲国际社会的强权的大英帝国的紧密合作为其在国际事务中带来好处。他们在克里米亚战争（1853—1856）中结盟反俄是奥斯曼帝国外交最重大的胜利。[3] 就在希腊反抗20年后，当时欧洲强国都支持希腊人，奥斯曼帝国政府与英法结盟打击俄国。令人惊奇的是，奥斯曼帝国的将军们与英法的将军们穿着相似的军服并肩抗击俄

[1] Eric Weitz, “From the Vienna to the Paris System: International Politics and the Entangled Histories of Human Rights, Forced Deportations, and Civilizing Missions”, *American Historical Review* 113, no. 5 (2008): 1313-1343.

[2] Jennifer Pitts, “Liberalism and Empire in a Nineteenth Century Algerian Mirror”, *Modern Intellectual History* 6, no. 2 (2009): 287-313.

[3] Candan Badem, *The Ottoman Crimean War, 1853-1856* (Leiden: Brill, 2010).

国。（唯一不同的是土耳其毡帽，这在1820年最初被用来象征帝国的改革是欧洲激发的。）奥斯曼帝国的欧洲国家俱乐部成员资格给他们提供了一种感觉，改革派的“文明化”外交真正发挥了作用，奥斯曼帝国获得了国际生存的合法权利，其成员资格在1856年克里米亚战争结束时签订的《巴黎和约》（*the Treaty of Paris*）欧洲协调中得到了承认。[1]

另一方面，奥斯曼帝国的伊斯兰官僚们并不支持1857年由穆斯林领导印度反英大起义。据报道，印度反抗者们计划派遣一个代表团到伊斯坦布尔（Istanbul）请求奥斯曼帝国政府支持他们的反英斗争。然而，奥斯曼帝国却支持其英国盟友，甚至祝贺其最终取得了胜利。[2] 大英帝国不仅被允许通过埃及及红海地区，还得到了奥斯曼帝国苏丹一个公告，催促印度的穆斯林不要反抗英国军队。奥斯曼帝国政府还为大英帝国孤儿、寡妇和受伤的士兵提供救济基金。由于其他的欧洲帝国承认了奥斯曼帝国苏丹对基督教人口的文明统治，同样，土耳其人也承认了英国、俄国、荷兰和法国对各种各样穆斯林人口的统治。在那个时候，泛伊斯兰主义还没提上任何知识日程。作为对这种帝国逻辑的反映，麦加的行政管理人员把来自荷兰和

---

[1] Hedley Bull, *The Anarchical Society: A Study of Order in World Politics*, 3rd ed. (New York: Columbia University Press, 2002), 32.

[2] For the Ottoman response to the Great Indian Revolt of 1857, see Azmi Özcan, “1857 Büyük Hind Ayaklanmasıve Osmanlı Devleti”, *İ. Ü. Islam Tetkikleri Dergisi* (Istanbul) 9 (1995): 269–280. Similarly, the Ottoman government did not support the Muslim resistance to the Russian Empire in the Caucasus, except during the Crimean War. See Moshe Gammer, *Muslim Resistance to the Tsar: Shamil and the Conquest of Chechnia and Daghestan* (London: Cass, 1994).

英国殖民地的朝圣者看作是荷兰与英国的穆斯林。[1]

哈里发的威望与伊斯兰世界的思想 166

鉴于奥斯曼帝国精英坦齐马特的构想，19 世纪 70 年代之后，奥斯曼帝国苏丹哈里发头衔不断增加的重要性并不意味着奥斯曼帝国和跨越土耳其边界的穆斯林社会之间几百年关系的延续。实际上，立足于自由的文明化思想和既要成为以欧洲为中心的世界秩序的一部分，也包括帝国行政管理结构的非伊斯兰化问题，19 世纪的奥斯曼帝国有一个非常不同的大战略和帝国认同。但是，在 19 世纪，尽管奥斯曼帝国不支持各种各样的穆斯林抵抗西方殖民主义运动，他们投身于文明化改革的愿景，奥斯曼帝国苏丹作为穆斯林哈里发的头衔在殖民地穆斯林社会却越来越流行。这取决于两个主要原因，但没有一个是神学的。首先是一种新的伊斯兰世界认同的出现，其次是奥斯曼帝国苏丹的形象，顶着哈里发头衔，也是和欧洲列强保持着完全的、平等的外交关系的伊斯兰帝国首脑。换句话说，正是奥斯曼帝国在欧洲文明帝国俱乐部一定程度上的成员资格，提升了其在亚洲伊斯兰社会中的威望。

正是其这种成员身份促使远在印度洋东部边缘的亚齐省

[1] Selim Deringil, “‘They Live in a State of Nomadism and Savagery’: The Late Ottoman Empire and the Post-Colonial Debate”, *Comparative Studies in Society and History* 45, no. 2 (2003): 311-342.

(Aceh) 领导请求土耳其政府支持他们反抗荷兰的进攻。[1]这更多的是一种寻求外交支持的请求，土耳其政府在哈里发的名义下宣布保护亚齐，这样荷兰帝国就会停止其进攻。这种与日俱增的对奥斯曼帝国的同情，总是和伊斯兰世界要求改革与公正的象征——哈里发的新概念联系在一起，并不必然否定其他的帝国认同。在早期写作的支持哈里发和改革的一个文本里，印度穆斯林知识分子切勒格拉·阿里（Cheragh Ali）（来
167 自海德拉巴州），把对奥斯曼帝国的赞美和对大英帝国的忠诚结合在了一起，认为奥斯曼帝国是世界上最伟大的伊斯兰帝国。对他而言，哈里发能象征着现代文明价值与伊斯兰信仰的相容性，证明穆斯林在进步的能力方面是不低于基督徒的。[2]

就超越边界的穆斯林，包括什叶派穆斯林而言，对奥斯曼帝国与日俱增的认同反映了欧洲帝国与奥斯曼帝国之间的关系，这是一方面，还有和殖民地穆斯林社会的关系，这是另一方面。当奥斯曼帝国被亚洲殖民地的穆斯林看作是领袖象征的时候，欧洲各帝国试图把它排除在欧洲国际社会之外，因为它是一个伊斯兰王朝国家，如果按照基督徒分离主义者的要求，它还是少于文明化。在有关东方问题的谈论中，欧洲大众和俄

---

[1] On the Atjeh Aceh rulers' demand for aid from the Ottoman Empire, see Anthony Reid, "Nineteenth Century Pan-Islam in Indonesia and Malaysia", *Journal of Asian Studies* 26, no. 2 (1967): 275-276. Reid's article demonstrates the role played by pilgrims, students, scholars, and merchants who connected Indonesia with Mecca, Cairo, and Istanbul and revived the notion of Islamic solidarity during the 1860s and 1870s. For the broader context of the Indonesian-Ottoman links during the colonial era, see Engseng Ho, *Graves of Tarim: Genealogy and Mobility in the Indian Ocean* (Berkeley: University of California Press, 2006).

[2] Moulavi Cheragh Ali, *The Proposed Political, Legal and Social Reforms in the Ottoman Empire and Other Mohammadan States* (Bombay: Education Society's Press, Byculla, 1883).

国、英国和法国的精英们争论奥斯曼帝国的基督教国民未来的分离与独立问题，声称基督徒不应该由半文明的穆斯林来统治。同时出现了要努力争取解放“奥斯曼帝国”统治下的基督教臣民，越来越多的伊斯兰社会被置于基督徒统治者的统治之下，这特别是印度哈里发的穆斯林支持者经常强调和使用的一个悖论。这些有关东方问题的谈论把奥斯曼帝国的改革描述得徒劳无功，坚称奥斯曼帝国的穆斯林不能创造一个文明的帝国，而奥斯曼帝国的支持者却持相反的看法：哈里发是一个改革者，一个文明的领袖，土耳其帝国对待基督徒臣民往往要比英国、法国和俄国对待它们的穆斯林臣民要好得多。[1] 虽然欧洲公众把奥斯曼帝国看作一个欧洲“病夫”，但是印度和东南亚的穆斯林却把它看作全球伊斯兰社会的文明领袖，在全球帝国主义世界秩序中代表着他们的尊严与平等。欧洲公众请求对奥斯曼帝国内政进行人道主义干涉以解放基督徒保加利亚人、罗马尼亚人和塞尔维亚人，但是，印度及东南亚的穆斯林却想要奥斯曼帝国的人道主义干预，以帮助他们反抗殖民主义 168 者。欧洲观察家们开始把这种对奥斯曼帝国的同情描述为泛伊斯兰主义，而日渐增多的穆斯林观察家们开始把欧洲人对任何伊斯兰团结概念的敌意和他们的殖民统治看作帝国主义的“现代基督教军队运动”。在此背景下，从 19 世纪 80 年代前期开始，一场针对穆斯林团结内涵和泛伊斯兰主义的思想的争论出现了。欧洲各种圈子把穆斯林的反应描述为奥斯曼帝国统治

〔1〕For the Central Asian and South Asian admirers of the Ottoman Empire, see Adeeb Khalid, “Pan-Islamism in Practice: The Rhetoric of Muslim Unity and Its Uses”, in *Late Ottoman Society: The Intellectual Legacy*, ed. Elisabeth Özdalga (London: Routledge/Curzon, 2005), 203–226. See also Adeeb Khalid, “Central Asia between the Ottoman and the Soviet Worlds”, *Kritika* 12, no. 2 (2011): 451–476.

者煽动的对西方文明化使命的一种反向运动，穆斯林改革派既坚决否认泛伊斯兰主义的存在，又建议广大的穆斯林团结起来，战胜“邪恶的”帝国主义世界秩序对伊斯兰世界的压制。

伊斯兰世界的思想

成为泛伊斯兰主义思想基础的伊斯兰世界的概念在 19 世纪 80 年代获得了全球广泛的传播与使用，在伊斯兰改革者之间的对话中，焦虑的欧洲穆斯林人口观察员不满不断扩大的殖民统治以及反殖民主义的人物。鉴于欧洲人使用的泛伊斯兰主义这个术语存在反现代主义的消极内涵（狂热的穆斯林反对欧洲帝国主义），穆斯林使用术语伊斯兰教联盟（ittihadi Islam）或者穆斯林党（Muslimin），其常常包含着改革主义与进步主义的内涵，伴随着反殖民主义的团结和奥斯曼帝国文明化落后穆斯林地区的使命。作为多方利益互动的结果，从福音派基督教与东方主义到反殖民主义的民族主义，印度和中亚地区的前伊斯兰改革派和殖民地官员，一种伊斯兰世界认同作为常识性知识出现了，一种地缘政治现实，也是一种每个人同意的文明化宗教认同。[1] 这种共享认同既与伊斯兰教观点的历
169 史作用有关，也与正在出现的全球公共领域里几乎可以归为种族范畴的伊斯兰世界思想有关。

---

[1] Samuel Zwemer, a leading Christian missionary focusing on the Muslim societies, exemplifies this popularization of the books on the "Muslim world" with his prolific writing career. For some of his early books from 1909, see Samuel Zwemer, *Islam, a Challenge to Faith: Studies on the Mohammedan Religion and the Needs and Opportunities of the Mohammedan World from the Standpoint of Christian Missions* (New York: Laymen's Missionary Movement, 1909).

从 19 世纪 80 年代到 20 世纪 30 年代的泛伊斯兰主义对文明化的观点有三个特征，塑造了当代大部分跨国伊斯兰思想。

第一个是关于伊斯兰文明化的一种新观点，一个似乎是种族的单元，共享历史与相应的伊斯兰世界思想。最初一些基本种族的文明化他者的争论来自有敌意的观察者。传教士首先创造了一幅地图，用红色或者绿色把穆斯林占多数的地区标示出来，也把这些土地上的基督教人口识别出来。后来传教士们办了一份杂志，命名为《穆斯林世界》（*The Muslim World*）。[1] 但是，在 19 世纪 80 年代到 20 世纪 30 年代间，有几十份杂志被命名为《穆斯林世界》，其中伊斯兰现代主义者们就地缘政治认同的范围保护伊斯兰文明化的本质。[2]

埃内斯特·勒南（Ernest Renan）在 1883 年所作的关于“伊斯兰教与科学”的演说，对这种不同的伊斯兰文明化的历史提出了一种更加种族化的观点，坚称由于它的狂热性与闪米特人的特征，注定要衰落。[3] 大约同时期，威廉·格拉德斯通（William Gladstone）的反伊斯兰和反奥斯曼的评论（以跨

[1] For the early Christian missionary movements' interest in conceptualizing a united Muslim world, see their major journal *The Muslim World*, first published by the Hartford Seminary Foundation in 1911. It continues to be published under the same name by the Hartford Seminary, but it no longer is a missionary magazine. Around the same time, Pan-Islamists published their own journals with similar titles. See *Alemi-i Islam* (*The Muslim World*), edited by Abdurreşid Ibrahim and published in Istanbul, 1911/1912.

[2] We still have English, German, and French journals with the same title, as well as the Japanese journal *Kaikyōsekai*. See Syed Amir Ali, The Life and Teachings of Mohammed: The Spirit of Islam (London: W. H. Allen, 1891); Hindli Abdulmecid, *Ingiltere ve Alem-i Islam* (*England and the World of Islam*) (Istanbul: Matbaai Amire, 1910); Abdurreşid Ibrahim, *Alem-i Islam ve Japonya' da Intişarı Islamiyet* (*The World of Islam and Spread of Islam in Japan*) (Istanbul: Ahmet Saik Bey Matbaasi, 1911).

[3] For the English translation of Ernest Renan's 1883 lecture on Islam and science, see *The Poetry of the Celtic Races and Other Studies* (London: Walter Scott, 1896), 84–108.

国伊斯兰网络著称）引起了全世界穆斯林知识分子保护伊斯兰文明本质和进步能力的回应。[1] 跨国伊斯兰知识界坚称伊斯兰文明继承了希腊文明的遗产，又融合了理性的和人道的伊斯兰价值，经过其黄金时代，为现代西方世界的出现做出了贡献。这种以欧洲伊斯兰为中心的世界观暗含着“为现代西方世界的出现提供了服务”成为一个文明的价值与尊严的标准。[2] 由于欧洲东方主义认为穆斯林固有的不文明本质的概念有种族的涵义，甚至像艾哈迈德·勒扎（Ahmed Riza）这样被认为是奥斯曼不信教的实证主义知识分子都被迫写一些捍卫伊斯兰教反对东方主义立场的道歉文章。[3] 在社会达尔文主义的争论中，伊斯兰知识分子承认了穆斯林的欠发展与落后，但是，他们否认这是永久的劣等。知识精英们可以干预各种形式的社会工程，并呼唤人们把种族或者宗教社会复苏过来以
170 “结束衰落”。从这个意义上来说，整个伊斯兰现代化工程，正如穆罕默德·阿卜杜（Muhammad ‘Abduh）和拉希德·里达（Rashid Rida）提供的例证，依靠这样的企图，通过与占

---

〔1〕For a British contemporary response to Gladstone, see H. A. Munro Butler-Johnstone, *Bulgarian Horrors, and the Question of the East: A Letter Addressed to the Right Honorable W. E. Gladstone, M. P.* (London: William Ridgway, 1876).

〔2〕For Namik Kemal's response to Renan's speech, see Namik Kemal, *Renan Müdafaanamesi: Islamiyet ve Maarif* (Ankara: Milli Kültür Yayınları, 1962). For Afghani's response, see Jamal al-Afghani, “Answer of Jamal ad-Din to Renan”, in *An Islamic Response to Imperialism*, ed. Nikkie Keddie (Berkeley: University of California Press, 1968), 181–187. For the response by Ataullah Bayezidof, see his *Islam ve Medeniyet* (Ankara: TDV Yayınları, 1993). For an account of Afghani's relationship with Renan in Paris, see Elie Kedourie, *Afghani and Abduh* (London: Cass, 1966), 41–46.

〔3〕Ahmed Riza, *La faillite morale de la politique occidentale en Orient* (Tunis: Éditions Bouslama, 1979); Ahmed Riza and Ismayl Urbain, *Tolérance de l'islam* (Saint-Ouen: Centre Abaad, 1992).

优势的欧洲社会科学理论的争斗去重新思考“伊斯兰衰落”的问题。实际上，伊斯兰现代主义者严厉批评当代伊斯兰的衰落，把之归咎于苏非主义（Sufism）或者流行的伊斯兰实践活动，讽刺的是，这使得他们的争论类似于瓦哈比派（Wahhabi）要求回到早期伊斯兰的思想。[1] 他们渴望复兴早期伊斯兰那种纯粹的价值观，即唯理主义，它的新教伦理是进化论的关注点，即在帝国主义高度发展、竞争不断加剧与安全日益严重的时代，如何保证伊斯兰的幸存。

第二个泛伊斯兰主义共享的重要内容是，西方—伊斯兰冲突的愿景最初定位在对欧洲殖民帝国做出的任何回应，必须是出于伊斯兰国家固有的抵制西方帝国的愿望。殖民地观察家及帝国战略家认为穆斯林易于用暴力回应抵制西方帝国。因此，德国人计划激发泛伊斯兰主义者反对其对手。后来，意大利、奥斯曼帝国和日本也基于类似的假设制定泛伊斯兰政策。伊斯兰改革家们拒绝伊斯兰与基督教西方永远冲突的观念，但是，不久就形成了一种文明化的认识路径，把基督教对穆斯林攻击的历史叙述与现代帝国主义联系在了一起。从他们的观点来看，现代殖民主义就是一次新的基督教军队运动。从长远来看，这种争论有助于创造一种特别的历史文明意识，的确是把伊斯兰与西方置于冲突的中心。尽管中世纪的伊斯兰历史学家的确写到了基督教军队运动，但是，伊斯兰世界和基督教西方世界的冲突从来就不是他们历史解释的主要叙述部分。［伊本·白图泰（Ibn Batuta）和艾弗里雅·切莱比（Evliya

---

〔1〕For the modernism of Salafi thought during the late nineteenth century, see David Dean Commins, *Islamic Reform: Politics and Social Change in Late Ottoman Syria* (New York: Oxford University Press, 1990).

Çelebi），前现代世界旅行家，没有这样的叙述。］鉴于对改写伊斯兰历史的新兴趣，主要是关于以欧洲为中心的世界历史，穆斯林改革派转向萨拉赫丁·阿尤比（Salahuddin al-Ayyubi）的故事。阿尤比是伊斯兰世界击败欧洲帝国主义的英雄之一。例如，奥斯曼帝国知识分子纳米克·凯末尔（Namik Kemal）写了一部关于19世纪70年代萨拉赫丁生活的戏剧。

如果穆斯林能够击败基督教军队，他们也能够打败现代帝
171 国主义的基督教军队。正是用这样的叙述，东欧的奥斯曼帝国统治被美化为文明伟大的榜样，即使奥斯曼帝国战胜欧洲对手这样的叙述与它声称属于欧洲帝国俱乐部的声明或许还存在冲突。正是这种同样历史性冲突的观点，复活了人们对西班牙伊斯兰化故事的兴趣，被用来支持阿威罗伊（Averroes）和其他伊斯兰哲学家等对西方文明做出贡献的观点，同时也暗含了另一个伊斯兰—西方冲突的案例。

所有有关文明冲突的理论，都强化了基于历史叙述的伊斯兰教和基督教的冲突，取决于地缘政治和国际事务产生的文学作品，在欧美的大学中被阅读，在西方媒体中被复制。于是，毫不奇怪，正是那些在欧洲或者美国接受学术训练的伊斯兰或者亚洲的思想家们创造了大多数的泛伊斯兰主义或泛亚主义文本，关心着伊斯兰与西方之间，或者白种人与黄种人之间的冲突。哈利勒·哈立德（Halil Halid）基于其剑桥大学的硕士论文写了《新月与十字架》（*Crescent Versus the Cross*）；小寺健吉（Kodera Kenkichi）基于其在乔治·华盛顿大学（The George Washington University）［当时叫哥伦比亚大学（The Columbia University）］的论文写了一千多页的《泛亚主义论丛》

(*Treatise on Pan-Asianism*)。[1] 同样地，洛思罗普·斯托达德(Lothrop Stoddard)，一个获得哈佛大学博士学位的白人至上主义者，由于其在国际事务中对文明与种族冲突的现实主义的作品，是被泛伊斯兰主义和泛亚主义思想家们密切关注与跟踪研究的对象。[2] 尽管斯托达德《伊斯兰世界》（*The World of Islam*）的阿拉伯译本被主要的泛伊斯兰主义学者沙基卜·阿尔斯兰（Shakib Arslan）在一些细节问题上给予了长长的异议性评价，但是，他还是同意书中从伊斯兰与西方的冲突的角度对世界事务进行解释的基本框架。[3]

第三个跨国泛伊斯兰主义的共享主题是非伊斯兰亚非社会接受的反殖民国际主义，还是来自全世界的世界主义和包容思想。这期间，和黑格尔派东西方冲突的观点一道，围绕伊斯兰世界对抗基督教西方的概念，还有一种占支配地位的国际主义思潮。民族主义穆斯林赞成日本现代化的成就，中国民族主义 172

---

[1] A Pan-Islamist Ottoman who published extensively in England on issues of the Muslim World, Halil Halid studied and taught at Cambridge University. See Syed Tanvir Wasti, “Halil Halid: Anti-Imperialist Muslim Intellectual”, *Middle Eastern Studies* 29, no. 3 (1993): 559-579. For Halil Halid's autobiography, see See Halil Halid, *The Diary of a Turk* (London: A. C. Black, 1903). Similarly, the first comprehensive book on Pan-Asianism was written by a Japanese graduate of the Columbian College of Law in Washington, D. C., around the turn of the twentieth century: Kodera Kenkichi, *Dai ajiashugi ron* (Tokyo: Hōbunkan, 1916).

[2] Lothrop Stoddard, *The New World of Islam* (New York: Scribner, 1921).

[3] For its Arabic translation, see Lûthrub Stûdard, *Hadir al-Alam al-Islami*, trans. ‘Ajjâj Nuwayhid and ed. al-Amîr Shakîb Arslân (Cairo: Matbaa-i Salafiyah, 1924). For the Ottoman translation of the same work, *Yeni Alem-i Islam*, trans. Ali Riza Seyfi (Istanbul: Ali Şükrü Matbaasi, 1922).

就是反西方国际主义的好素材。[1] 许多非穆斯林的亚洲人支持泛伊斯兰主义，并不把它看作一种保守的宗教运动。东西方共用欧洲思想的相同经历把伊斯兰教主导的中东和非穆斯林的远东围绕东亚共同认同的思想联结在了一起，这导致了一种替代性的国际主义。与泛伊斯兰组织相联系的通神学派是他们国际主义的另一个标志。像亚历山大·罗素·韦伯（Alexander Russell Web）等人，是在研究佛学与通神学（他的伊斯兰葬礼仪式是由一名女性通神学者主持）的时候，对泛伊斯兰主义产生了兴趣[2]，并且《神智学杂志》（*Journal of Theosophy*）对泛伊斯兰主义者做了一个非常积极的解释。[3]

伊斯兰知识分子不断增长的亚洲认同对奥斯曼帝国产生了严重的后果，因为随着希腊和亚美尼亚人民亲西方基督教认同的发展，帝国在伊斯兰教与基督教问题之间的分歧越来越大。根据中世纪伊斯兰教对人的分类，穆斯林比信仰神道的日本人（Shinto Japanese）更接近英国的殖民地基督教官员。但是，20世纪早期埃及的伊斯兰知识分子同情日本要甚于英国。圣雄甘地被欢迎加入在印度爆发的泛伊斯兰基拉法特运动（Khilafat

---

[1] Renée Worringer, " 'Sick Man of Europe' or 'Japan of the Near East'?: Constructing Ottoman Modernity in the Hamidian and Young Turk Eras", *International Journal of Middle Eastern Studies* 36, no. 2 (2004): 207-223. Also see Cemil Aydin, "A Global Anti-Western Moment? The Russo-Japanese War, Decolonization and Asian Modernity", in *Competing Visions of World Order: Global Moments and Movements, 1880s to 1930s*, ed. Sebastian Conrad and Dominic Sachsenmaier (New York: Palgrave Macmillan, 2007), 213-236.

[2] Umar Abdallah, *A Muslim in Victorian America: The Life of Alexander Russell Web* (New York: Oxford University Press, 2006).

[3] Mushir Hosain Kidwai's book *Pan-Islamism* mentions that in its November 1907 issue, the magazine *Theosophist* had a positive account of the establishment of the London Pan-Islamic Society.

movement)。很长一段时间，奥斯曼土耳其政府都小心翼翼地处理这个问题。在世界宗教会议上，大多数维护奥斯曼帝国的伊斯兰具有改革、文明生活和进步能力的人，仍然是基督教徒，包括一个亚美尼亚人、一个希腊人，还有一个东正教基督徒叙利亚阿拉伯人。[1]

拯救奥斯曼帝国或者公正对待伊斯兰世界

与伊斯兰世界思想相联系的各种政治诉求展现了所有同一政治学、宗教阐释学和帝国竞争的复杂性。对广大的伊斯兰公众阶层而言，泛伊斯兰主义只是一种要求从西方帝国主义的不 178
公正与屈辱中恢复平等与尊严的象征。无论是政治自治的诉求，还是寻求平等，都和通过与基督教西方建立种族和文明的平等关系重新获得尊严的观念紧密相联。

然而，奥斯曼帝国对作为一个包括非穆斯林人口的帝国的主权与正统性更感兴趣。使改革派伊斯兰精英泄气的是，尽管他们在国际事务中不让使用他们的伊斯兰身份，但是，西方各帝国却常常借口保护奥斯曼帝国内基督教国民的权利与特权干涉其内政。与此同时，当土耳其人被告知他们不能统治基督教国民的时候，越来越多的穆斯林却被置于基督教帝国的统治之下。

一个全球层面的泛伊斯兰主义认同对于奥斯曼帝国而言，

---

〔1〕Muslim representation at the Chicago World's Parliament of Religions in 1893 was relatively small, mainly composed of Ottoman envoy ismail Hakkı Bey and Alexander Russell Web. However, there were many non-Muslim delegates who gave speeches about the civilized life of Muslims and the Ottomans, including Esmeralda Cervantes, Herant Kiretchijian, Teresa Viele, and Christopher Jibara.

既是一个机遇，也是一个负担与问题。理想地看，成为其余伊斯兰社会的楷模提高了土耳其精英声望。但是，在他们的欧洲帝国主义对应国家的眼里却带来了进一步的怀疑与敌意，还有附加的责任。此外，土耳其政府不能放弃基督教徒人口对其忠诚的要求，但是，这种要求与泛伊斯兰主义认同冲突。

与此同时，从19世纪80年代到20世纪20年代，奥斯曼帝国哈里发的威望达到全球顶峰，超出了土耳其政府的意图与政策范围。一个新的、种族化的伊斯兰世界的概念增加了土耳其哈里发的宗教重要性，尽管自1883年威廉·布伦特（William Blunt）出版《伊斯兰教的未来》（*Future of Islam*）一书以来，存在强烈争论反对奥斯曼帝国声称是逊尼派哈里发的神学有效性。[1] 到第一次世界大战的时候，亲奥斯曼阵营决定性地赢得了这场知识分子的争论，哈里发的合法性已经鲜有置疑的了。[2]

亲奥斯曼帝国的穆斯林知识分子与英国首相威廉·格拉德斯通的斗争证明了他们知识问题争论的复杂性。格拉德斯通对穆斯林与土耳其人充满敌意的评论，例如把他们称为“反人类反人性的标本”，既反映了大多数欧洲人对“异教徒穆斯林”的感情，也反映了更加精确的欧洲东方主义对伊斯兰教
174 卑微地位的观点。[3] 从格拉德斯通的谴责中可以看出国际法上少数民族的权利和一个帝国合法性的紧张关系，奥斯曼帝国伊斯兰统治者正在巴尔干地区对基督教人口施以暴行。这里，福音派格拉德斯通是作为一名人权斗士（以保加利亚基督徒

---

〔1〕William Scawen Blunt, *The Future of Islam* (London: Kegan Paul, 1882).

〔2〕For many texts on the validity of the caliphate and trajectory of this debate, see ismail Kara, ed., *Hilafet Risaleleri* (Istanbul: Klasik Yayınları, 2002), 1: 65-67.

〔3〕W. E. Gladstone, *Bulgarian Horrors and the Question of the East* (London: John Murray, 1876).

少数民族权利的形式）出现的，而奥斯曼帝国统治者明显是为了保护帝国领土主权与国际法。印度的伊斯兰知识分子始终强调认为，实际上，自 1839 年以来，奥斯曼帝国的基督教徒主体享受的权利与特权一直都比英法帝国的要多。[1] 对他们来说，欧洲反奥斯曼帝国的论点只是基督教徒对穆斯林的偏见。与此同时，印度的穆斯林的确尝试通过证明奥斯曼帝国的基督教徒享受的权利与特权比大英帝国里的穆斯林多的方式，提高在英治印度下他们自己的权利。

在奥斯曼帝国对欧洲列强干涉帝国主权做出反应的背景下，国际法成为土耳其法学院和穆斯林知识分子特别青睐的对象，因为它被看作保护他们地位的一种手段。[2] 奥斯曼帝国国际律师团积极用国际法维护主权的概念。[3] 格拉德斯通却宣称奥斯曼帝国既不自由，也不人道，爱尔兰民族主义者称呼格拉德斯通为“盎格鲁-撒克逊大土耳其人”[4]，建议基于基

〔1〕In various Indian Muslim defenses of the Ottoman Empire, the Ottoman Empire's appointment of Greek and Armenian bureaucrats to high-level positions is often compared with limitations for Muslims and Hindus for social mobility in British Empire. To make this point, Cheragh Ali lists almost one hundred Christian officers working for the Ottoman Empire at that time. See Moulavi Cheragh Ali, *The Proposed Political, Legal and Social Reforms in the Ottoman Empire and Other Mohammadan States* (Bombay: Education Society's Press, 1883), 40–43.

〔2〕Almost all the major international law books of the late nineteenth century were translated and used in the Ottoman Empire. There also were original works written by Ottoman Muslim intellectuals. For example, Celal Nuri, *Kendi Noktai Nazarimizdan Hukuk-i Düvel* (*International Law from Our Point of View*) (Istanbul: Osmanlı Şirketi Matbaasi, 1911).

〔3〕Arnulf Becker Lorca, "Universal International Law: Nineteenth-Century Histories of Imposition and Appropriation", *Harvard International Law Journal* 51, no. 2 (2010): 475–552.

〔4〕Deringil, "They Live in a State of Nomadism and Savagery", 42. Deringil quotes this term from Karl Blind, "Young Turkey", *Fortnightly Review* (1896).

督教教义的反奥斯曼帝国与反穆斯林的言辞不应该被看作一个自由帝国对一个不自由帝国的批评。当面对亚美尼亚人权利问题的时候，奥斯曼帝国的守护者在他们的价值观以及类似于大英帝国对手一样在认同上面临一个两难处境。针对前亚美尼亚基督徒在欧洲和19世纪90年代晚期在美国的骚动，阿卜杜拉·奎利亚姆（Abdullah Quilliam）和亚历山大·罗素·韦伯（还有所有的印度穆斯林知识分子）都匆忙维护奥斯曼帝国的活动。奎利姆指出，奥斯曼帝国像29个爱尔兰岛，英国应该感谢奥斯曼帝国控制亚美尼亚分离主义者的正义之举。[1] 他进一步提出，英国白人基督教徒亚美尼亚支持者对美国白人对黑人的私刑仍然保持沉默。

175 奥斯曼帝国与哈里发的终结

到1914年，某种程度上奥斯曼帝国已经成为伊斯兰世界的同义语，阿诺德·汤因比是一战时负责书写奥斯曼帝国报告的英国情报分析师，常常记述伊斯兰世界的觉醒与反抗，他曾假设，对英国来说，伊斯兰威胁与奥斯曼帝国威胁是同一个。在同一个办公室，阿卜杜拉·优素福·阿里（Abdullah Yusuf Ali），一位杰出的印度穆斯林，试图把伊斯兰世界认同限定在

---

〔1〕Ron Geaves, *Islam in Victorian Britain: The Life and Times of Abdullah Quilliam* (Leicester: Islamic Foundation 2009). For an example of Quilliam's defense of the Ottoman Empire, see William Henry Quilliam, *The Troubles in the Balkans. The Turkish Side of the Question: Verbatim Report of the Speech Delivered by the Sheikh-ul-Islam of the British Isles (W. H. Quilliam) on the 22nd October, 1903, at the Town Hall, Liverpool* (Liverpool: Crescent Printing, 1904).

忠于大英帝国。[1] 泛伊斯兰主义的影响，特别是把文明化的前提下西方对伊斯兰世界的打击看作现代基督教军队运动的国际关系观点，对奥斯曼帝国获得公众支持其站在德国一侧加入第一次世界大战至关重要。[2] 在意大利 1911 年入侵利比亚和 1912—1913 年巴尔干战争之后，奥斯曼帝国的伊斯兰精英们相信，这是对最后伊斯兰帝国的新基督教军队运动，在巴尔干地区基督教敌人排斥穆斯林的运动更使他们确信无疑。对奥斯曼帝国的伊斯兰精英而言，人口政策就是国际关系未来的方向，结果就是形成了 1915 年对亚美尼亚人的种族清洗政策。[3]

奥斯曼帝国的权威人士推断，他们不得不使用欧洲帝国内部的竞争去报复英法俄帝国的联盟。这是 19 世纪奥斯曼帝国外交政策的剧烈变化，本来是想与主要的西方列强合作，并完成西方文明化标准的改革。由于某些原因，奥斯曼帝国坚持与德国结成牢固的联盟，作为加入第一次世界大战的前提，这也是他们想成为欧洲一部分的政策的延续，即使是站在了失败的一侧，他们也不愿意被排除在欧洲之外，享受非洲和亚洲那些欧洲殖民地的待遇。除外交打算之外，泛伊斯兰主义流行的概念为奥斯曼帝国的决策者们提供了这样的远景：只要加入战争，他们就可以利用帝国主义世界秩序中正统性的矛盾与弱点之处，鼓动穆斯林不服从，如果可能的话，还可以公开对抗。 176

〔1〕M. A. Sherf, *Searching for Solace: A Biography of Abdullah Yusuf Ali, Interpreter of the Quran* (Kuala Lumpur: Islamic Book Trust, 1994).

〔2〕Mustafa Aksakal, “Defending the Nation: The German-Ottoman Alliance of 1914 and the Ottoman Decision for War” (Ph. D. diss., Princeton University, 2003).

〔3〕Donald Bloxham, *The Great Game of Genocide: Imperialism, Nationalism and the Destruction of the Ottoman Armenians* (Oxford: Oxford University Press, 2005).

所有的欧洲帝国都严肃对待这种威胁，把之概括为哈里发对他们发起的“圣战（jihad）”。尽管泛伊斯兰主义的宣传对奥斯曼帝国和德意志帝国都有战略利益，但是，奥斯曼帝国的代理人却不能挑起任何穆斯林的民众反抗西方殖民主义的斗争。英、法、俄用它们自己的宣传展开反击，英国计划支持阿拉伯哈里发反对奥斯曼帝国的承诺，成功获得了阿拉伯民族主义者的支持。然而，更重要的是，在奥斯曼-德国联盟和英法俄联盟之间的宣传斗争中，双方都强调它们是为文明与自由而战，加深了亚洲帝国秩序的合法性危机。

奥斯曼帝国输掉了战争之后，一战后兴起的布尔什维克国际主义和威尔逊国际主义思想影响了泛伊斯兰国际主义的命运。降低欧洲中心世界秩序就有了两个可行的“西方”备选方案。最初，布尔什维克国际主义企图通过亚洲累积的反西方情绪和泛伊斯兰激进运动潮流获益，于1920年在巴库（Baku）组织了第一次东方人民代表会议，杰出的泛伊斯兰主义代表人物，如恩维尔·帕夏（Enver Paşa）就公开为伊斯兰世界的自决辩护。[1] 俄罗斯的新布尔什维克政府支持伊斯兰世界的反殖民主义的民族运动。然而，布尔什维克党无法接受一个可供选择的以泛伊斯兰观点为中心的东方文明思想体系，社会主义者逐渐拉开了与泛伊斯兰运动的距离，原因是担心的不是利用他们，而是他们

〔1〕John Riddell, ed., *To See the Dawn*: *Baku*, 1920-*First Congress of the Peoples of the East* (New York: Pathfinder, 1993).

被这种竞争性国际主义利用。[1] 另一方面，最初对布尔什维克革命感兴趣的积极的泛伊斯兰主义，把苏维埃社会主义共和国联盟描述为东方反西方觉醒动力的标志，后来逐渐转向憎恶与竞争，尽管许多前任泛伊斯兰主义者继续与布尔什维克政府合作到 20 世纪 30 年代。[2]

奥斯曼帝国一战失败后，土耳其的伊斯兰领袖们把威尔逊主义看作获得独立，维护穆斯林占人口多数地区的新民族国家安全的手段。对他们来说，威尔逊主义是一种摆脱帝国主义的关于人口政治必然性的理想主义观点。于是，奥斯曼帝国中一 177
些最善于表达的泛伊斯兰主义倡导者，如杰拉勒·努里·伊莱里（Celal Nuri İileri），在伊斯坦布尔（Istanbul）成立了威尔逊原则协会，请求美国对土耳其进行干预与托管，防止潜在的对奥斯曼帝国领土的瓜分。[3] 尽管欧洲列强认为土耳其穆斯林文明低劣把绝大多数伊斯兰国家排除在外，但是土耳其的伊斯兰领袖们要求承认土耳其是那些被拒绝的大多数伊斯兰国家的民族家园。不久之后，第一次世界大战的战胜国支持希腊于 1919 年 5 月侵入安纳托利亚（Anatolia），希腊居民必须在忠于伊斯坦布尔还是忠于入侵的希腊敌人之间做出选择，粉碎了穆斯林与希腊人在安纳托利亚共存依稀可见的任

---

〔1〕For the separation between Communism and Pan-Islamism, see Tan Malaka, “Communism and Pan-Islamism”, in *What Next: Marxist Discussion Journal 21* (2001), also available at http://www.whatnextjournal.co.uk/Pages/Back/Wnext21/Panislam.html (accessed March 2012).

〔2〕For an interesting example of sympathy for Bolshevism among Pan-Islamic activists, see Mushir Hosain Kidwai, *Pan-Islamism and Bolshevism* (London: Luzac, 1937).

〔3〕Mine (Sümer) Erol, “Wilson Prensipleri Cemiyeti’ nin Amerika Cumhurbaşkanı Wilson’ a Gönderdiği Muhtıra,” *Ankara Üniversitesi Dil ve Tarih Coğrafya Fakültesi Tarih Araştırmaları Dergisi* 3, nos. 4-5 (1966): 237-245.

何希望。由于巴黎和会赞成希腊、亚美尼亚和库尔德民族主义者的诉求，拒绝奥斯曼帝国的要求，土耳其民族运动成为一战后时代泛伊斯兰运动的焦点问题，在印度的基拉法特运动中体现得最充分。

印度穆斯林发起和领导的这场基拉法特运动，象征着一种似是而非的伊斯兰团结、反殖民民族主义和威尔逊正统性概念的多种思想的混合。在接受反土耳其战争争取独立的各种捐赠的同时，基拉法特运动的领袖们请求英国政府、印度殖民统治者承认他们在穆斯林居多数的土耳其中的自决权利。尽管运动的名字叫基拉法特，但是暗含了要解放盟军占领下的伊斯坦布尔伊斯兰哈里发地位，这是给位于安卡拉（Ankara）的民族政府提供的援助，而不是给英国占领下伊斯坦布尔哈里发苏丹的宫殿提供援助。

最终，土耳其民族政府通过一系列的战争胜利实现了它的目标，部分要归因于泛伊斯兰主义给予的道义与物质支持。《洛桑条约》（*The Lausanne Treaty*）谈判使土耳其与同盟国（the Allied Powers）之间达成了一项和平条约，证明了土耳其的穆斯林外交家与律师们几十年来在处理基督教徒少数民族权利和人口政治方面的经验。在洛桑，土耳其的代表团坚持把基督教少数民族减少到无关紧要的数量，他们赢得了外交事务的
178 绝对主权。洛桑会议接受了土耳其大多数要求的消息被看作穆斯林反击基督教帝国主义现代基督教军队的胜利。这也是基拉法特运动的高峰时刻，也许还是奥斯曼帝国逊尼派哈里发在全世界穆斯林当中名气的历史顶点，包括赞成和支持哈里发是伊斯兰世界领袖的象征的穆斯林，在某种程度上还包括不相信哈里发制度的十二伊玛目派和伊斯玛伊派穆斯林。

然而，在这个至关重要的时刻，《洛桑条约》的条款已经逐渐改变了土耳其新共和国民族的和领土之外原有的重要政治影响的内涵。随着奥斯曼帝国的终结，哈里发思想开始失去原来的意义。土耳其外交家们不得不签署各种文件，以确保对原帝国领土没有政治和经济诉求。即使《洛桑条约》签订后，随着土耳其人与希腊人的互换迁移，土耳其成为一个伊斯兰主体国家，哈里发制度和帝国的传统还是对安卡拉的新民族政府提出了挑战。一个只有 800 万人口的新共和国如何能主导一种得到 8000 万印度穆斯林尊重的制度？如果印度的穆斯林请求伊斯坦布尔的哈里发帮助他们向英国殖民统治者争取自由与自治的时候，安卡拉政府应该和能做什么呢？正是在这种背景下，新土耳其共和国的精英决定在 1924 年 3 月放弃哈里发头衔，同时拒绝接受由土耳其担任伊斯兰世界泛伊斯兰领袖的要求，这样可以说明，在两次世界大战之间的国际秩序中，土耳其偏向于威尔逊主义的方向。[1] 土耳其共和国象征着一国穆斯林的尊严与自由，这可能会鼓励其他的穆斯林人口，但是，土耳其政府不会给其提供任何的外交支持。按照威尔逊所说的民族自决的原则，加上对哈里发头衔的废止，意味着不会为了伊斯兰世界的公正与尊严提出采取集体的行动，尽管许多穆斯林仍然信奉有关认同和历史记忆的泛伊斯兰主义的知识遗产。在后来所有穆斯林争取独立的斗争中，泛伊斯兰的团结和历史 179

〔1〕For examples of the post-World War Ⅰ Pan-Islamic movement and its ideas, see Mushir Hosain Kidwai, *The Future of the Muslim Empire*: *Turkey* (London: Central Islamic Society, 1919); Mushir Hosain Kidwai, *The Sword against Islam or a Defence of Islam's Standard-Bearers* (London: Central Islamic Society, 1919); and Gail Minault, *The Khilafat Movement*: *Religious Symbolism and Political Mobilization in India* (New York: Columbia University Press, 1982).

自觉的思想不但会被民族主义团体唤醒，还会被为了镇压这种民族主义的殖民地政权唤醒。例如，一直到20世纪60年代早期，法国政府都把阿尔及利亚民族主义描述为反西方的泛伊斯兰反动叛乱。然而，还没有合法的国际会场或者法律框架代表所谓的伊斯兰世界的集体单元去表达泛伊斯兰主义（泛亚主义，或者泛非主义）对尊严、平等和公正的诉求。

土耳其议会1924年3月废止哈里发头衔讽刺之一是土耳其议会里一些演说者重复着威廉·布伦特反哈里发的争论，也就是说，根据逊尼派穆斯林的早期文本，哈里发是不合法的，尽管前40多年的时间里，伊斯兰精英们激烈反对东方学家的这些主张。也就是在哈里发头衔被废止之后，在伊斯兰世界不同角落掀起非常强烈的抗议声中，埃及学者阿里·阿卜杜勒·拉齐格（Ali Abdul Raziq）1925年发表有关伊斯兰政府信念的有争议的论文，用这种论点部分地维护了哈里发不存在的理由，政治理论从来就不应该成为伊斯兰宗教信条的部分。重新创造一个新的哈里发头衔的各种尝试都失败了，虽然不同的网络维持着跨国伊斯兰思想的延续。[1]

结　论

对伊斯兰世界思想起源的反思提醒我们，为什么非欧洲中心论的全球知识史的标准不能被减化为西方与伊斯兰思想的冲突，也不是非西方知识分子代理的西方普遍化思想的目的论式

〔1〕For a recent study of the importance of the Ottoman caliphate for the world's Muslims before and after its abolition in 1924, see Mona Hassan, "Loss of Caliphate: The Trauma and Aftermath of 1258 and 1924" (Ph. D. diss., Princeton University, 2009).

的胜利。过去的 200 多年来，全球社会都信奉这样一些标准，诸如民族主义、主权，甚至人权，但是，这不是世界不同地区多样化文化传统欧洲化的结果。标准的全球化的确包括非西方知识社群的代理与贡献。此外，竞赛与有时候似乎是反西方的普遍主义促成了当代标准的全球化。泛伊斯兰主义（还有泛 180
亚主义与泛非主义）是这跨国普遍主义的典型。

在这个漫长的转移过程中，一些可以普遍化的标准，像世界性帝国与少数民族权利，为了其他全球标准被抛弃了，比如国家主权。泛伊斯兰主义思想包括一些强大而普遍的理想，比如对宗教、文明和族群（无论这些群体是如何设想）尊严与公正的诉求，尽管这些诉求在 20 世纪标准全球化的偶然事件中受到削减与抑制。更重要的是，在广博的泛伊斯兰主义、泛亚主义和泛非主义的思想中，存在着一种和非西方知识与宗教传统的诠释学上的冲突，这种诠释过程是由全球知识分子的力量形成的，但是绝不能论为以欧洲为中心的影响。知识生活在世界各种公共领域的全球化，并不意味着非欧洲知识传统的终结。尽管表面看起来没有被全球化，伊斯兰世界内部交往的成果，新的泛民族与跨民族认同，解释学与经文的关系，塑造了现代世界的起点，于是，需要一种更加认真细致与博采众长的全球知识史的观点。

一部全新的非欧洲中心论的全球知识史，只有在与新的国际关系史的对话中才能写作出来。在对泛伊斯兰主义思想和伊斯兰世界思想的案例研究中，我们已经看到知识潮流与各帝国的权力斗争关系密切，和奥斯曼帝国的命运紧密相连。奥斯曼帝国伟大战略与伊斯兰世界认同之间的复杂关系使得这个问题更清晰了，从一个帝国林立的世界转换到一个多民族国家

（从维也纳体系到巴黎体系）的新世界，并不意味着是自由的全球民族主义价值对帝国主义的主权与王权概念的胜利。我们必须承认从 19 世纪 70 年代到 20 世纪 20 年代有关哈里发在伊斯兰世界的认同中重大而又被遗忘的作用。世界历史上一直就存在帝国，有一些比其他的更成功，这些帝国或变得越来越强
181 大，或者越来越弱，然后就终结了，或者被转变成了一个共和国。奥斯曼帝国最后 55 年值得注意的是，它成为全球穆斯林渴望尊严与公正的象征、化身与焦点。作为一个伊斯兰帝国，还有一个哈里发首脑的奥斯曼帝国终结了，即使 19 世纪早期奥斯曼帝国的精英曾经想象了一个不同的、文明的和多宗教的帝国。类似的故事也可以写成日本或中国与亚洲人的全球身份认同、黄色人种、泛亚主义、埃塞俄比亚与黑人种族和泛非主义的关系。奥斯曼帝国还有一些独特的方面，正是全球知识史与伊斯兰知识史的专题研究的对象。例如，对哈里发头衔的有效性和哈里发人气意外上升的争论，不能用全球标准集中的理由来解释，虽说的确需要全球知识史给予解释。尽管哈里发头衔在 1924 年被新共和国废止了，但前 50 多年的哈里发运动的观念的内容还是为 20 世纪的知识与国际关系史留下了一笔长久的遗产。

作为最后一个伊斯兰帝国，尽管奥斯曼帝国的世界非常意想不到地转变到了一个民族自决的时代，但是泛伊斯兰文明观念与历史叙述的内容没有消失。国际关系史需要知识史来更好地理解跨国认同的坚持与意识形态的内容。从 1923 年的《洛桑条约》到 1963 年阿尔及利亚的解放，殖民地伊斯兰社会有许多民族救赎的契机。但是，宽泛的伊斯兰历史与认同的叙述，合并了现代民族主义基本文本的内容，通过教科书及其他

文化史传播工具，形成了当代伊斯兰世界认同的历史记忆。即使民族主义救赎的叙述，也是立足于穆斯林要获得与不可靠——邪恶——帝国主义的西方平等的思想。也许这种泛伊斯兰主义知 182
识内容的持续遗产和历史记忆应该被看作还没有实现的全球价值，反过来还形成了当代各种伊斯兰社会的跨国政治运动与知识趋势。

187

第 8 章
论思想的非全球化

塞缪尔·莫恩（Samuel Moyn）

突然之间，海地（Haiti）革命成了当代思想的试金石，越来越多的历史学家和理论家以同样的方式热衷于纠正叙述排斥的错误，为了说明“西方的”历史是依赖其下属主角们的活动形成其自己非常珍视的概念。[1] 正在讨论中的后来被称作圣多明各（Saint-Domingue）的许多事件——多亏了法国革命期间奴隶制度在恐吓了一些人，后来又永久性地鼓舞了其他许多人的起义中被废止了——经过了长期的被忽视之后，值得注意。在这些事件如何被解释方面，许多原因都是至关重要的，特别是概念是如何被传播而引发政治斗争的爆发。

在过去，海地也许改变了世界，包括美国史。然而，它今天的角色似乎是要激发一个思想是如何全球化的答案。的确，海地对一个自称正在全球化的时代为了对大范围概念的传播进行追根溯源，似乎是一个窗口（或者一面镜子）。也许最突出的就是，苏珊·巴克-莫尔斯（Susan Buck-Morss）试图证实由

[1] For exclusion, see Michel-Rolph Trouillot, *Silencing the Past: Power and the Production of History* (Boston: Beacon Press, 1989).

戴维·布里翁·戴维斯（David Brion Davis）构建的一个并行的长时期使人想到借助于对海地起义记述的解读去理解黑格尔的主人-奴隶的辩证法。[1] 但是，在本章，我将从海地在新的“人权”史学中的角色开始。

劳伦特·杜波依斯（Laurent Dubois）在这个文献中提供了已经证实的内容非常丰富的主张，黑人恢复了白人的一些原 188
则，因此，权利的概念逐渐“普遍化”了。他写道：“如果我们生活在这样一个世界，民主不排斥任何一个人，也没有一个小地方因为坚称人权也是他们的，像圣多明戈那些奴隶们一样行动起来。”[2] 然后，他又将这一主张添加到了对瓜德罗普岛（Guadeloupe）暴动令人印象深刻的研究当中：“安的列斯群岛（Antilles）的发展越过了权利想象与普遍化中核心城市的政治想象力。”[3] 不论这种主张在杜波依斯自己的作品中意味着什么，它已经被后来的历史学家接受了，像罗宾·布莱克本（Robin Blackburn）和林恩·亨特（Lynn Hunt），暗含着我在全球知识史中命名的一种“删减与完成”模式，这种模式，用海地的案例来分析，即采用的是普遍化删减与下属地区完成

[1] David Brion Davis, *The Problem of Slavery in an Age of Revolution, 1770–1823* (New York: Oxford University Press, 1975), esp. epilogue, “Toussaint L'Ouverture and the Phenomenology of Mind”; Susan Buck-Morss, “Hegel and Haiti”, *Critical Inquiry* 26, no. 4 (2000): 821–865; Susan Buck-Morss, *Hegel, Haiti, and Universal History* (Pittsburgh: University of Pittsburgh Press, 2009). For the effects of Haiti on America, see Edward Rugemer, *The Problem of Emancipation: The Caribbean Roots of the American Civil War* (Baton Rouge: Louisiana State University Press, 2008); and Ashli White, *Encountering Revolution: Haiti and the Making of the Early Republic* (Baltimore: Johns Hopkins University Press, 2010).

[2] Laurent Dubois, *Avengers of the New World: The Story of the Haitian Revolution* (Cambridge, Mass.: Harvard University Press, 2004), 3.

[3] Laurent Dubois, *A Colony of Citizens: Revolution and Slave Emancipation in the French Caribbean, 1787–1804* (Chapel Hill: University of North Carolina Press, 2004), 2.

的模式。

即使它是以权利的术语建构起来的，但是，使用这种模式值得注意的是，它只是概念在广大空间传播的一般模式。可是，仔细检查，这个模式的结果是无说服力的。亨特的方法具有明显的“权利的逻辑”，是从加勒比事件中犹太人与妇女争取公民权的当代诉求中得出的结论。按照亨特的逻辑，一旦一般权益被公告，那么弥补他们原来被删减权利的压力就会上升。尽管白人基督教徒只想为他们自己保留这些权利，但是，他们自己主张的普遍化驱使他们扩大这种权利的受益范围：

> 人权有其内在逻辑。一旦一个高度想象的团体提出（权利的）争论，同范畴的那些人，只是处于可想象的低层面……肯定会出现在议程上……。按照这种逻辑发挥作用的方式，大概（权利）形而上学的本质将被证明是一笔非常真实的资产。[1]

因为正常的普遍主义适用于任何人（因为我假定它是谈论那些事情权利的普遍主义），任何人都可以主张，他或她被排除在覆盖范围之外。由于他们也是人，犹太人、妇女和黑人都只可以坚持他们享有权利，于是概念就逐渐普遍化了。

但是，这种普遍概念起作用的逻辑是如何发挥作用的呢？
189 从概念内容和历史中介互补的角度来考虑这个问题，还是有意义的。从内容着手，可以做出这样的推论，删减与完成模式假定只有那些**普遍性原则**才能顺从内部的“逻辑”，像在内部发生作用一样，从外部起作用，遍及全世界。通过推测，那些特殊的概念不能被以同样的方式加以限制，或者是虚饰的。按照

---

〔1〕Lynn Hunt, *Inventing Human Rights: A History* (New York: Norton, 2007), 150.

杜波依斯所言，亨特坚持认为，正是那些被正式删减的一般概念的抽象性使它得以传播——自下而上地被抓住——如此意外。通过对比，特殊概念不允许以同样的方式宽广地或者普遍地去传播，因此不会招致相同的运动。

当然，一些非普遍化的概念也会全球化，但是，如果它们的确全球化了，那也不是依赖于同样的逻辑。它们可能更像商品一样流通，依据一种更随意或许还更缺乏人气的多套机制。于是，人更像是咖啡，或者浪漫交响曲，从他们的起源地分散开来，为全世界提供了他们的新变种。人们现在对这些故事的兴趣相当大，原因在于研究全球各种货物，从鳕鱼到巧克力证明了在全球渗透的许多模仿类书籍的成功。但是，没人主张存在一种咖啡或者交响曲是有逻辑的，根据这个逻辑，它们在某种程度上并不是它们真正的样子，直到它们被进口并变成了它们自己。我发现咖啡令人满意，但是，我并不满足。然而，在当前的模式下，好像几乎所有的普遍化的东西，特别是权利，存在一个只能依靠全球化去实现的宿命。

现在从内容转向中介。全球知识史中一个有趣的，可能还是吸引人的删减与完成模式的特征就是，它似乎提供了一种结构，其中敌对的精英与部下是互相需要的。正是（大都市的）精英们宣布了普遍性的原则，尽管他们坚持这些原则，然而（殖民地的）属下却成了完成人。正如布莱克本着重指出的，概念并不会完全依靠自己起作用：如果法国大革命“挑战了奴隶制度”，它“不是因为法国议会对 1789 年的《人权与公民权利宣言》（*Declaration of the Rights of Man and of Gitizen*）的回应，因为既不是议会，也不是后来的国民大会本身主动去

面对奴隶制度”[1]。换句话说，促使黑人起来争取白人的一些原则，这绝不是虚伪的。此外，下属所完成的不仅仅是简单的
190 模仿，更是提升了这些原则，超越了他们原来有界限的宣言，目的是让他们第一次梦想成真。如果它有任何的意义，那么杜波依斯主张的“普遍化”肯定就是这个意思。另外，它对那些已经普遍化了的原则有什么意义？确切地说，它们从一开始就是形式的普遍化。但是，如果它们被意想不到的人物给“普遍化”了，可能是由于它们并没有真正普遍化，直到它们的覆盖范围达到适合的（或者至少是更近一些的）范围。通过这种方式，此类的一些例子显示，模式的确是想给中介腾地方。

这些代理人的作用仍然是认识下级中介到来之前概念中固有的潜在含义。在删减与完成的模式中，历史学家们假定那些普遍化了的东西，比如权利，要比它们原初的含义有更大的关联性，所以，如果它们流传到全球，依据的就是它们开始时具有的潜在含义。这样，它们的全球化能否满足它们，完全取决于它们下级中介的作用，但是，这样做的结果是，只能认识到它们原来的本义。如果它们最初就不是普遍化的，但至少它们是可以普遍化的。亨特的“小瀑布”比喻——他说的是权利

[1] Robin Blackburn, *American Crucible*: *Slavery*, *Emancipation*, *and Human Rights* (New York: Verso, 2011), 174. Given the intention and subtitle of his book, it is surprising that Blackburn devotes almost no space to the proposition that “human rights” were on the mind of insurgent blacks in that era or, indeed, later.

的逻辑可以借以发挥作用的机制——是这种说法的一个好例证。[1] 自然主义的隐喻理解得较合理，好像概念正在努力认识它的潜在含义，人类是它的仆人，或者还是它的受益人。换一种方式，在删减和完成的模式里，一个概念的全球化，在很大程度上，就是自我的全球化。

全面地考虑，模式显著地是一个理想主义的东西，不仅仅呈现于困惑的人们反对采取真正的行动以促进无意识的设计，还存在于把中介的作用安置到概念本身内嵌的命运之中。像古老的《世界精神》（*Weltgeist*）一样，权利也许也需要以一种神秘的方式发挥作用，但是，它们的全球化已经暗含在它们的宣言当中了。

有重要证据显示，这种模式不简单是一个令人满意的构建。毕竟亨特是对的，在革命年代，当无意识的人们需要它们 191
的时候，普遍主义的概念就有了“瀑布”效应。在构建一部全球知识史取得第一批成就的过程中，其他人设法要说明，在 19 世纪，为了解放的自由与民主的承诺以相似的方式起作用。[2]

但是，海地这个案例，即使是依据自己的条件来看，还是有几个明显的问题。它不是可找到的仅有的对事件的解释。在删减与完成的模式中有一个令人尴尬的发现，杰里米·波普金

---

[1] For a more contemporary use of the metaphor, consider Kathryn Sikkink, *The Justice Cascade: How Human Rights Prosecutions Are Changing World Politics* (New York: Norton, 2011), as if justice were not created or enacted but flowed through the world in somewhat the same way that communism was once viewed as spreading like dominoes falling. Compare Samuel Moyn, "Of Deserts and Promised Lands", *Nation*, March 19, 2012.

[2] C. A. Bayly and Eugene Biagini, eds., *Giuseppe Mazzini and the Globalisation of Democratic Nationalism, 1830–1920* (Oxford: Oxford University Press, 2008).

（Jeremy Popkin）指出，在1791—1793年间，没有证据显示海地的奴隶诉求“人的权利”，在寻求授权的动机里也根本没有什么更高的主义。[1] 正如马利克·W. 加尚（Malick W. Ghachem）证实的，起义是建立在法国旧政权的合法权利之上的，而不是通过自下而上攫取的结果，等着要实现的一场新革命的普遍主义。[2]

此外，模式还推翻了一种由C. L. R. 詹姆斯（C. L. R. James）提出的，对事件更老的、马克思主义式的解释。作为一个托洛茨基主义者，詹姆斯《人权》（*droits de l'homme*）中的观点似乎被看作“雄辩的夸夸其谈者”“冗长的”佐证，要用真正的历史经济动力决定论“作结论”，最终只是在起义者的松口下才愿意改变其贵族的外表。[3] 回顾布莱克本近期写的书，格雷格·格朗丹（Greg Grandin）评论道：“布莱克本不只是维护了詹姆斯的主张，认为海地人把欧洲的自由、博爱与平等的思想普遍化了。他把它扩展到了整个美洲。”但是，很清楚，詹姆斯或许从来没肯定过一个权利的逻辑。实际上，他对正式抽象概念的态度并没有太大的不同，因

[1] Jeremy D. Popkin, *You Are All Free: The Haitian Revolution and the Abolition of Slavery* (Cambridge: Cambridge University Press, 2010), esp. 17n.

[2] For the case that in an act of "strategic ethics", slaves appealed to conventional "old regime" law rather than natural or universal principles, see Malick W. Ghachem, *The Old Regime and the Haitian Revolution* (Cambridge: Cambridge University Press, 2012).

[3] C. L. R. James, *The Black Jacobins: Toussaint L'Ouverture and the San Domingo Revolution*, new ed. (New York: Vintage Books, 1963), 24, 116, 139. James thought that what mattered to Toussaint was that the "cascade" of citizenship did not happen by itself. Instead, it had to be forced through violence, and what these radicals insisted on was mainly their right to be masters of their fate. The same was true in twentieth-century history.

此，他努力要实现的是其他的东西，而不是普遍主义者的删减与下级完成模式。[1]

这种替代选择看起来像什么呢？坚持运用权利的概念，让我们进入另一个年代，去探求令人兴奋的海地起义的复杂性，在现代也许很难取得成功的部分原因是它是如此特殊。

与不断重复的协议相反，在《世界人权宣言》（*The Universal Declaration of Human Rights*）（1948 年）的年代，新思想“享受着全球非凡的关注”，于是联合国提供了一个单独的论坛，其中国际关系领域的任何词语（在英语方面基本上是新的）都有了关联。[2] 世界上的任何地方都没有自封的“人权运动”。 192
换句话说，第二次世界大战之后的重要时刻提供了一个概念的迷局，最终注定是一个要开始新生活的世界巨人，似乎被困于摇篮。[3] 进入战后年代以来，如果“人权”的意思正如现在对任何人的意思——超越了民族国家惩罚的原则，也是跨国家非政府激进主义荣辱的基础——由于某种原因，在这个意义上来说，它们无法满足许多人的愿望。

国际人权史作为一种激励人心的思想，无论是开始时，还

---

〔1〕Greg Grandin, “The American Crucible”, *Guardian*, July 8, 2011. It is interesting that even though he is one of the world’s senior Marxist historians today, Blackburn pays almost no attention to the long-standing Marxist critique of rights or formalistic abstraction in general. Compare Robin Blackburn, “Reclaiming Human Rights”, *New Left Review* 69 (May/June 2011): 126-138.

〔2〕Paul Kennedy, *The Parliament of Man: The Past, Present, and Future of the United Nations* (New York: Vintage Books, 2006), 179.

〔3〕See Samuel Moyn, *The Last Utopia: Human Rights in History* (Cambridge, Mass.: Belknap / Harvard University Press, 2010), esp. chap. 3; as well as Samuel Moyn “Imperialism, Self-Determination, and the Rise of Human Rights”, in *The Human Rights Revolution: An International History*, ed. Akira Iriye et al. (New York: Oxford University Press, 2012).

是很长一段时间以来，都是一部非全球化的历史，特别是与它们现在的传播与共鸣相比更是如此。于是，案例挑战了被删减了的普遍性和次级完成的模式：它为什么没有出现？这并不是瀑布理论的失败，正如法国革命时期妇女争取公民权利一样。就像海地人要求自由一样，奥兰普·德·古热（Olympe de Gouges）和其他妇女在 18 世纪 90 年代看起来他们是要设法“实现”革命的普遍主义。相比之下，第二次世界大战之后，几乎没有人尝试把同样颠覆性的普遍的人权标准挪用到广大全球空间。二战后的时代提供了一种情景，其中人依赖于瀑布效应，而不是等待着失败的到来，就像一条河，即使大坝已经被毁坏了，水却拒绝流动。

二战后，国际人权没有被广泛要求，有许多理由。在我看来，最重要的一个理由就是，新概念是随着旧概念一同问世，其暂时作用发挥得较好，即人的自决。1941 年的《大西洋宪章》（*Atlantic charter*），常常被看作人权起源的文献，同盟国承诺集体自决。但是，对英国前首相温斯顿·丘吉尔（Winston Churchill）来说，这是一个阿道夫·希特勒（Adolf Hitler）帝国解放的幻象，但不是他的帝国，更别说其他类似的帝国了。最终，丘吉尔说服了富兰克林·德拉诺·罗斯福（Franklin Delano Roosevelt），尽管后者不喜欢正式的帝国，分享他的解释。人权的概念，在《大西洋宪章》里没有体现，影响在战后飚升，就当同盟国从自决走上回头路的时候。一个概念替代另一个意味着世界上的一些地区在“人权”中看到
193 的不是当代史学吸引人的全球愿景，只是在某种程度上更像是一个安慰奖。毫不惊讶，《大西洋宪章》曾经在世界上引起巨大的反响，包括非洲裔美国人，认同全球反殖民主义事业。与

早期引人注目的“瀑布”效应相比，《世界人权宣言》已经相对跌落为聋子的耳朵。[1]（实际上，1950 年之后，自决成为第一个人权，即使几十年来联合王国的整个条款都失去了活力。）

对于删减与完成模式而言，接近 20 世纪 40 年代这些事件含义的方式之一就是像从前一样从两个维度来看：内容和中介。如果人权的非全球化是某种第一种模式本身无法解释的东西，那么就必须回答为什么——并且它是不是更大理论错误的一种症状，这有可能削弱整个计划。在既定的某个时刻，权利的逻辑并没有起作用，说明正式的普遍主义并不需要其本身自下而上激发其潜能，1945 年以后，世界上的非殖民化与即将到来的非殖民化问题甚至可能指向概念全球化的某个不同的模式。

删减与完成模式复杂性缺失的第一个要素似乎是，能够传播的普遍主义常常（或者总是）有不止一种形式的普遍主义。正如谢尔登·波洛克所示，普遍主义可以追溯到很久以前，不同版本的世界主义在人类历史上互相竞争。[2] 二战后，集体

---

[1] For the *Atlantic Charter* as the origin, see, for example, Elizabeth Borgwardt, *A New Deal for the World: America's Vision for Human Rights* (Cambridge, Mass.: Harvard University Press, 2006); and Elizabeth Borgwardt, "'When You State a Moral Principle, You Are Stuck with It': The 1941 *Atlantic Charter* as a Human Rights Instrument", *Virginia Journal of International Law* 46, no. 3 (2006): 501–562. On the interpretation of the *Atlantic Charter* by the Allies as the war continued, see Wm. Roger Louis, *Imperialism at Bay: The United States and the Decolonization of the British Empire, 1941–1945* (New York: Oxford University Press, 1978).

[2] "There has been", Pollock concludes in his comparative study of the rival universalisms of the premodern Latin and Sanskrit language zones, "not just one cosmopolitanism in history but several". Sheldon Pollock, *The Language of the Gods in the World of Men: Sanskrit, Culture, and Power in Premodern India* (Berkeley: University of California Press, 2006), 280.

自决被西方人看作人权的上升，在全球化过程中获得成功。现在也有可能讲一个有关自决的删减与完成模式的故事了，正如埃雷兹·马内拉（Erez Manela）在其一本非常引人注目的书里写的那样。[1] 但是，我不是为了一套不同的概念保留该模式。在这个特定的历史时刻，或者在所有类似的时刻，不可能把一个概念的合理化与另一个概念的非合理化完全隔离开。

如果有意义的删减正好就是那个模式，那么大概第一个问题就是，删减哪一个？完成哪一个？在这个年代，和自决同样普遍的概念，还有马克思主义，都比人权做得更好，反而全球化了。自决政治的胜利导致世界历史上主权思想作为一个概念
194 与实践获得了极大的宣传，并且它创造了恰当的环境，人权运动后来设定的任务就是获得资格或者努力克服障碍。（就其本身而言，马克思主义传播到全球范围做得如此之好，如果硬要用普遍主义的删减与完成的术语去理解它，将不得不承认其对形式主义与抽象概念的批评，使得更无法理解其全球传播与再创造的问题。）那么，从内容的角度看，我的案例显示，从来就没有足够了解一个特定概念的普遍化——即使是错误的或者欺骗的——都有其足够的传播理由。从其自身来看，删减并不占太大比例。

现在再考虑中介的问题。立足于这个优势，在自动全球化概念的理想模式里明显而值得注意的缺点似乎是清楚的。或许（或者全部）概念普遍化的历史取决于竞争的人物，为了好的或者坏的目的，如何选择与部署它们，还需要各种架构，其中

---

[1] Erez Manela, *The Wilsonian Moment: Self-Determination and the International Origins of Anticolonial Nationalism* (New York: Oxford University Press, 2007).

概念有地点与时间限制的含义，可能会使它们在特定而具体的环境里受欢迎。尽管普遍化的概念通过不同的方式起作用，但是，它们在具体的时间与地点通过抽象而特别的含义胜出，意味着它们的命运总是首先取决于概念的次级人物的选择与部署。

有时候，基督教——形式上比人权更普遍——已经证明了更吸引人的“完成”意识形态。在其他时候，马克思主义——形式上还没人权更普遍——也已经提供了证明。然而，如果概念本身没有提供形式普遍化的任何东西，那么什么能够解释概念的传播？大概唯一有说服力的解释就是次级选择与再创造地挪用概念的行为。尽管这是事实，普遍主义可供选择的不同版本的内容在关键方面是不同的，但是，次级的选择与再创造依赖于历史学家们无法忽略的非概念因素的覆盖范围，也是实情。

简单地循着迄今使用过的例子，就能回答如下一些重要的问题，即使常常是隐含的，有关竞争性概念在特定历史语境下的含义：首先，概念的先验联系是什么，采用这些概念的主角们形成了什么？20 世纪反殖民主义的历史显示，奋力争取独立的选择权慢慢地在错误或者失败的殖民地改革的残骸中形成 195
了。尽管人权是新的，但是，权利在帝国范围却不是。一方面，考虑到它们先前的诉求，它们不适合作为文明的礼物，容易被抛弃。另一方面，在 20 世纪 40 年代之前，它们也可以接受拨款，但它们最终没有成功地创造足够强大的选择来避免竞标正式独立——以它们在帝国的新旧形式。[1] 20世纪40年代是一个混合着幻想的经验主义与真实的犹豫不决的时段，但是，没有似是而非的叙述可以忽略竞争性的普遍主义传播之前的历史，它导致各种概念的次级解释与借用。

其次，不同的普遍化概念与特定地区和全球各种力量的联系是什么呢？毕竟，不同的概念其有用性似乎或多或少取决于特定的历史时刻，它们的普遍化都无法单独解释其中的各种原因。杜桑·卢维杜尔（Toussaint L'Ouverture）唤醒了革命的公民权（不是他们现代意义上的“人权”），不是作为普遍化在全球实现本身的替代概念，而是在帝国范围内作为一种替代选择的战略行为。在20世纪中期，差别非常大的国际主义，如泛非主义，有更大的含义。然而，今天，一场其他语言授权危机之后，许多概念转向（或者被迫转向）了突然对它们充满吸引力的各种基督教福音主义的形式——还有国际人权思想。[2] 在这些联系中，如果有一个因素是思想的，那么另一个就是工具的。那么，一般情况肯定就是次级对有关替代概念提供的权力与可能特性的判断。

最后，如果忽略已经建立的各种角色继承并能够重塑的政

[1] See, for example, Jane Burbank and Frederick Cooper, “Empire, droits, et citoyenneté, de 212 à 1946”, *Annales E. S. C.* 63, no. 3 (2008): 495-531; Bonny Ibhawoh, *Imperialism and Human Rights: Colonial Discourses of Rights and Liberties in African History* (Albany: State University of New York Press, 2007).

[2] To reflect on black Africans and “rights” today, consider the following contending presentations: Harri Englund, *Prisoners of Freedom: Human Rights and the African Poor* (Berkeley: University of California Press, 2006); Makau wa Mutua, “Human Rights in Africa: The Limited Promise of Liberalism”, *African Studies Review* 51, no. 1 (2008): 17-39; and Lucie White and Jeremy Perelman, eds., *Stones of Hope: How African Activists Reclaim Human Rights to Challenge Global Poverty* (Stanford, Calif.: Stanford University Press, 2010).

治空间将是一个错误，但是，那几乎或者根本就没有形成绝对的全球规模。这对殖民地的历史而言，更是如此，其中次级区域与帝国主义宗主国之间存在一种动态的关系，但绝不是一般意义上的全球的概念。

在对海地及其他地方的评论中，弗雷德里克·库珀非常强调概念传播的空间政治边界问题。尽管他也提到了海地与权利，实际上他的理论指向了一个不同于删改与完成模式的方向，或者至少记录了在一个预设的政治空间中完成模式的关键价值。“权利、人的尊严与参与的概念只能被局限于民族的单 196
元吗?”库珀发问道：

> 法兰西帝国的海地革命，大英帝国的奴隶暴动与反奴隶制动员的混合，西班牙美洲革命时代克里奥尔人精英与农民和农奴之间的紧张关系，都指向了一种可能性，即大城市政治与殖民地政治不能截然分开。[1]

如果万圣节与法国大革命发生在同样的政治空间，或者如果（用库珀喜欢使用的另一个案例）早期的黑人知识分子，诸如二战末期的利奥波德·塞达尔·桑戈尔（Léopold Sédar Senghor），非常热衷于重新构想法语联盟区，其中帝国的空间不是为继续阻碍解放与平等而起作用，因为那个空间只是概念僭越的一个媒介。在这个时候，对桑戈尔来说，在一个革新了的政治结构中享有的权利要远远大于在一个预想的自治国家，或者还是一个全球人权毫无意义的载体。实际上，桑戈尔从来没提到据我所知的后者，尽管他常常带有明显的普遍主义思

[1] Frederick Cooper, *Colonialism in Question*: *Theory*, *Knowledge*, *History* (Berkeley: University of California Press, 2006), 28-29.

想：如果他认真地那怕只是暂时接受了帝国的空间，他同时就会对联合国与“普遍人权”置之不理。

换言之，海地及二战后的案例都突出了次级角色在战略选择中政治空间的重要性，这不是对权利概念的迎合。正是由于这个原因，库珀对比了帝国空间与“全球化”的逻辑关系。与库珀不同，我不排除概念在全球层面传播，或者至少比那些其他可得到的空间范畴更接近于此；但是，很明显，全球本身并不是一个纯粹的地理空间概念，而是一个建构起来的政治与文化空间概念。[1]

这三个有助于判断概念传播的优先轨迹，权力和战略选择的范围，创造性干预可利用空间的维度启示我们，没有明显的路径可以从一些概念的内容中找到历史角色们结盟的决定性理由。代理机构更多的也是基于特定的历史环境对概念意思
197 （包括允许结盟的种类）的解读。在复杂的二战后时代，与权利有关的历史更像是一种政治形式或者结构——国家、地区、帝国、国际组织和世界共同体，所有这些都有它们真实与想象的形式——它们都可以用一种差异来产生。推而广之，相似的复杂时刻已经导致选择一种权利的替代学说（基督教教义、马克思主义或者其他的什么东西）。

若果真如此，不仅不存在一种内在的权利“逻辑”，而且也没有任何特定概念的逻辑。它们都是为了未知的更好与更坏的用途准备的工具与武器。当然，在这个模式中，概念的中介作用与传播和实践中的调动是分不开的（包括潜在的暴力的方式）。概

---

[1] Frederick Cooper, *Colonialism in Question*: *Theory*, *Knowledge*, *History* (Berkeley: University of California Press, 2006), chap. 4.

念引领了这种调动，但不是以黑格尔哲学史中据说的那种“精神”的方式，而是被假定激情盲目地服务于目的。不是原因的巧妙，换句话说，而是全球知识史应该立足于行动的巧妙。

要坚持多种因素决定历史的紧要关头和它们中自由中介的作用，其危险就是忽略了紧要关头总是由强大的力量决定的，中介也总是由这些力量构成，自由的中介从某种不可言喻或者战略的意义上来说，取决于神秘“理性人”的未成形的偏好，也不是自由的。有一点值得注意，我的建议可以绕开结构与中介的困境，因为其转变的说法不能产生全球知识史的幻象，其中概念通过人类被动的相互渗透自动全球化。深入社会结构及其进化的方法的多种路径——特别是在一个大的地理范围——由于非常具有强迫性，阻碍了对删减与完成模式的描述。然而，承认这一事实是重要的，对删减与完成模式的批评，本身并不是全球知识史的理论之一，尽管后者在当代对权利和其他全球主题（如经济与法律）的描述中很显著。相反，它是与正在出现的流派的许多方法并存的。[1]

威廉·H. 休厄尔（William H. Sewell）对史学理论最先进的贡献显示对细微的差别的承诺都能导致两难境地。不是结 198 构的强制性理论，休厄尔强调，结构从来都不仅仅是一种强制，它也是一种资源。用他的话来说，结构总是“双重的”，既产生原因，又提供机会。在对事件的描述中，从来就不只是一种结构。休厄尔既利用又批评马歇尔·萨林斯（Marshall

[1] For several years, political scientists have been addressing these topics under the heading of “norm diffusion”. See, for example, Amitav Acharya, “How Ideas Spread: Whose Norms Matter? Norm Localization and Institutional Change in Asian Regionalism”, *International Organization* 58, no. 2 (2004): 239-275; and for the theorizing as applied to criminal accountability protocols, see Sikkink, *Justice Cascade*.

Sahlins)，认为事件并不是自然地发生的，而是基于各种结构的紧要关头。这些结构的多重性与冲突性，在连续的新模式中不断发生，就是在各种案例中产生所谓的“结构决定论”。似乎这种复杂性还不够，休厄尔还坚持过去一代限定了多数人文研究的“文化转向”。内涵是“厚重的”，需要逻辑解释去重构各种角色想象中的世界。[1]

阅读了休厄尔之后，一种清醒的认识就是，最近对一种似乎合理的社会理论的需要使得提出一种合理的大空间（也叫长时段）理论变得极其困难，恰恰是因为那些描述必须处理好结构双重性与多重性的问题，就像文化意义对它们的影响一样。为了全球知识史的目的，我的建议是承认承载着文化内涵的双重与多重结构也使得这种复杂性更加清晰，而不是那不可言喻的或者尚未建立的中介，这也是理解各种各样个人角色在一些特定的、紧要关头的和文化承载的时刻如何选择使用概念的起点。

尽管如此，某一种跟我的一样的方法，突出相互矛盾的替代选择与情景借用，也许似乎忽略或者冷落了那种途径，其中一个“普遍性的概念”，如一般意义上的权利，或者后来的人权，“出现在现代，跨越了语言与文化特殊性的边界，作为一种解释世界的工具，达到全球的合理性”。不论怎样，这就是那种途径，安德鲁·萨托利把它描述为文化，这也是他为了写一部全球知识史，在近来的编史过程中在概念上最复杂的尝

[1] See William H. Sewell Jr., *Logics of History: Social Theory and Social Transformation* (Chicago: University of Chicago Press, 2005).

试，是他研究的样本课题。[1] 他对它的描述似乎也适用于权利与人权概念的全球化问题，这也是我这里一直以来考虑的案例。

萨托利想迫使历史学家们面对这样的现实，某些普遍概念可以通过不同的版本广泛传播，不管它们在语言和其他障碍上 199
的调解和“翻译”的问题及困难如何——这些版本可以被认为是相似的。甚至在欧洲概念的案例中，正如萨托利观察到的，人们必须承认它的传播，并且不用担心把那些次级用户看作派生出来的，因为概念的挪用本身就如早期的指向发明一样。[2] 出于避免理想化对待概念传播（还有可简约的唯物主义的方法）的愿望，萨托利提议，全球知识史最雄心勃勃的计划必须既能描述又能解释概念在现代全球传递方面的突破，其中只有这个事实，即“一些跨越了区分开多样的、区域的生活世界真实而巨大的差异的基本社会实践结构”能够解释。[3]

对萨托利来说，这些结构是由资本主义的突破性进展及其演化特征带来的。循着卡尔·马克思（Karl Marx）及其某个继承人的足迹，从格奥尔格·卢卡奇（Georg Lukács）到莫伊舍·普殊同（Moishe Postone），萨托利声称，资本主义解释了普遍性概念如何提供了个体自治的幻象（是个体的，不是集体的），与社会生活客观决定论相联系。由于资本主义是现代

---

[1] Andrew Sartori, *Bengal in Global Concept History*: *Culturalism in the Age of Capital* (Chicago: University of Chicago Press, 2008), 47.

[2] Andrew Sartori, *Bengal in Global Concept History*: *Culturalism in the Age of Capital* (Chicago: University of Chicago Press, 2008), 19, and the literature on translation cited on p. 241, n. 76.

[3] Andrew Sartori, *Bengal in Global Concept History*: *Culturalism in the Age of Capital* (Chicago: University of Chicago Press, 2008), 18; compare p. 48 for a similar formulation.

的，因此这并不是偶然的，现代性为“新的、特别现代概念的出现，其合理性与影响力马上实现并随着时间的推移得以维持，在范围上逐渐全球化”提供了讨论的机会。[1]

萨托利的目的是为全球知识史提供一种超越其案例研究细节的模式，该模式如此具有挑战性，以至于任何对该事业有兴趣的人都直接参加了。而令人苦恼的是，基于我前面的探讨，萨托利的方法有可能揭示出删减与完成模式要优于随环境挪用概念的模式。毕竟萨托利本人致力于现代普遍化概念的关联性与他们传播的“逻辑”研究。如我所示，他们的理论上的承载很少有显性的，那些提出的删减与完成模式的目的就是要应用于特别现代的有关解放的承诺，或者是独立权，或者是包含尊严与民权的一揽子权利。同样，萨托利书中对普遍性概念给予特别关注与这一事实有关，它们在现代资本主义的环境里扮演了独一无二的意识形
200 态的角色，允许它们传播。换句话说，它们的全球化非常符合一种“逻辑”，对萨托利来说也一样。确实，萨托利更愿意改造这些思想，概念的普遍化传播，像自由权与集体自决权，被看作只是导致阶级关系“解放”了的意识形态的影响。尽管如此，他的解释仍然是必然的现代普遍主义及其全球化浪潮之一。

诚然，萨托利的思想和删减与完成模式的理想主义决裂了，理由就是对这些全球化浪潮的解释，通过这些解释，传播的发生只有在社会实践中才能找得到，其基础至少部分或最终是唯物的。同理，萨托利无疑是想避开完成的概念，不是因为他不愿意承认概念从西方向世界其他地方传播，他对这样一种

[1] Andrew Sartori, *Bengal in Global Concept History: Culturalism in the Age of Capital* (Chicago: University of Chicago Press, 2008), 63.

模式提供的西方优越暗含的道理没什么影响，但是，他也不关心承认概念的西方起源论在某种程度上是对其他地方起源的一种打击。对萨托利来说，资本主义就是一般意义上的现代社会历史现象，即使它首先在一个地方出现（伴随着各种各样的概念），而不是“西方的”。不管怎样，概念的传播对于次级起源来说是一个机会，而不是简单地派生出来的。毕竟萨托利的概念全球化的物质上占根本优势的意识形态影响的结果，而不是唯心“调和”胜利的转折点。

萨托利对普遍化概念与全球化逻辑的描述或许避开了我对删减与完成模式的批评。虽然如此，我还是担心他的模式——意图公正对待现代性与关键概念的传播，目的是把全球知识史与一种关键的社会理论结合起来——使得人们很难理解我提供的战后世界“人权”案例试图证明的竞争的细节。的确是这样，萨托利对文化主义扩散到孟加拉和其他更远的地方的叙述，是以个人主义的自由到集体主义的解放（包括本土主义）的延续为前提的，这也适合我说的个体“人权”与集体“自决权”非常紧密竞争的情况。[1] 然而，那些竞争的细节，特别是作为安慰奖“人权”的发明和自决的情景偏好，似乎取决于这些因素，既不是删减与完成，也不是“资本主义的现代性”能够轻易解释的。如果萨托利的反应是资本主义为自相矛盾的关键概念创造了一个框架，那么他的社会理论就阻止 201

[1] Liberalism and culturalism, though generally emerging and working in historical succession, were, Sartori says, “both... conceptions of subjective autonomy [that] proceed from the historically specific structures of capitalist society [and] must both be understood in terms of an antinomy internal to the logic of capitalist social forms.” Ibid., 51. Thus, Sartori's story is one about competition rather than the mere sequence of conceptual schemes.

了关键冲突解决的匮乏问题，为中介立足于基本的和偶然发生的事件提供了纵横捭阖的机会。无论如何，像早期为了解决自决权，被延迟但最终取得优势的人权的斗争——面对全世界发展主义心理状态陷入危机的背景——同样是很难与全球政治事件偶然发生的细节，包括次级中介对概念的借用分得开。[1]

公正地说，萨托利很清楚，他的框架没有排除当地和临时环境的特殊性。这在他的案例研究中得到证实，即使他要夺回全球概念传播的现代性与一般性的目的占有非常重要的地位。[2] 但是，就其研究的范围合同书，对他在他的模式当中没有吸收多少文化差异作为历史的偶然性的描述又不是很清楚。如果我能正确地理解他，萨托利可能会说，我们不是为了一个情景解释与借用的图景而要丢弃删减与完成模式的现代化与普遍化特征，而是为了一个新理论要拯救这些特征，该理论尊重或者甚至合并了我突出强调的情景与中介这一重点。然而，还有一个在概念的“逻辑”与它们传播的偶然性之间要找到一个恰当妥协的问题。解决那个问题很难，但是，读了萨托利的书之后，也许是无法回避的。

我对那种解决方式完全满意，因为它和我强调的内容完全一致：如果存在一部全球概念史的话，必须把潜在的全球概念

---

〔1〕It is perhaps interesting here that although the breakthrough of human rights around the world coincides with his periodization of "neoliberalism", David Harvey refuses to reduce the former to the latter. See David Harvey, *A Brief History of Neoliberalism* (New York: Oxford University Press, 2005), esp. 177-180.

〔2〕See, for example, Sartori, Bengal in Global Concept History, 20:

> While I do insist on a radical epochal break from the forms of nonmodern social relations that characterized premodern South Asia, I do so to emphasize the historical specificity of global social structures into which these older institutions have come, in an inevitably transformed manner, to be embedded, and not to negate the concrete continuities of particular social practices.

之间的对比与竞争放在中心。另一具有至关重要的附加条件是，在具体情景下的各种主角在明确的历史时刻经常搞各种对比，解决竞争的问题——没有删减与完成模式的逻辑可以控制哪怕是各种角色或者多种时刻。最重要的是，概念不是一个接一个传播的。它们不仅与较大的政治与文化进程紧密相联，而且它们也是从各套较大的现实与可能的概念中挑选出来的。这意味着对每一个确实全球化的概念来说，其他的就不是这样。由于这个原因，思想的非全球化——甚至现代值得注意的扩散的确会发生——是似乎合理的全球知识史的一个关键而必要的部分。

205

第9章
“铸造黑人脚下自卑的徽章”：在世界史中归档和读取非洲的过去、现在和将来

马马杜·迪乌夫（MaMadou Diouf）和
吉尼·普雷斯（Jinny Prais）

在20世纪之交，非洲人和黑人作家们积极参与国际上关于现代性、现代性的属性及表现的辩论与论战。[1] 如W. E. B. 杜波依斯（W. E. B. Du Bois）、威廉·亨利·费里斯（William Henry Ferris）和J. E. 凯斯利·海福德（J. E. Casely Hayford）等，是第一代参与的思想家，他们想对人类的过去与经历的普遍化的表述寻找一种更包容性的理解。针对源于启蒙运动及帝国主义的话语体系，他们要开展一种新的普遍化的表述，寻求在多样而分布广泛的黑人社区之间建立起某种联系，同时，在世界历史上为非洲划出一个空间，作为确保他们在人类史上表达政治诉求，宣告过去与未来所有黑人角色的一个途径。在他们追求重新定位非洲在世界史中的地位，重申他们在世界舞台上的作用的时候，许多黑人思想家赋予非洲以向导与球星的角色，其产生的知识史，改写了世界通史。

---

[1] The title of this chapter is from William Henry Ferris, *The African Abroad: or, His Evolution in Western Civilization, Tracing His Development under Caucasian Milieu* (New Haven, Conn.: Tuttle, Moorehouse and Taylor, 1913), 446. From this point forward, we use the term "black" to represent Africans and people of African descent living outside the continent.

然而，目前非洲学者和非裔美国人在研究普遍化叙述方面对非洲定位的表态越来越少。直到现在，二战后写作的学者们并没有像亚洲/印度的历史学家，如拉纳吉特·古哈（Ranajit Guha）和迪佩什·查卡拉巴提和全球知识学者杰克·古迪（Jack Goody）曾经做的那样，以同样的方式卷入全球知识史的争论。非洲研究的专业化已经结束了对全球存在的追求和在世界历史上非洲发展轨迹的理解。这种倾向被出现的针对民族主义的两种叙述得以强化——美国非洲民族主义与民权思想——并导致非裔美国人与非洲研究的创立和他们同步的分离。这种趋势在历史中还是特别占优势的，在寻求非洲真正“文库”的时候，强调档案研究，获得非洲语言，领域研究和村级社区知识，尽管在更广泛的领域里非洲还包括诸如大西洋、非洲，以及非洲人流散研究，还有世界史。 206

今天，讨论一部包括非洲人和非洲血统的人的全球知识史，其中最富饶的一个区域就是横跨大西洋与黑人横跨大西洋研究。在大西洋世界的非洲知识分子们想通过大西洋宗教、文化与制度资源，通过从法律与人文科学里获得灵感，来要求政治权力的资源和文化的进步。他们的文本与思想，很大程度上受到《圣经》、宗教经典和福音派话语体系的影响，提供了一种新的历史框架，激发了新的历史叙述，服务于不仅仅局限于地区的，专门针对非洲人的社区。然而，尽管有非洲人出现在大西洋的许多证据，但是，大西洋世界的支配性概念化，包括黑人跨大西洋研究,[1] 都很大程度上忽略和（或者）摒弃了非洲和非洲人的作用。[2]

历史学家约翰·桑顿（John Thornton）提出最具争议与挑战的研究大西洋世界非洲的方法，重新把非洲作为一个关键实体，非洲人扮演着决定性的角色。桑顿历史记载的区域是西非海岸和远离海岸的岛屿——佛得角（Cape Verde）、圣多美岛（São Tomé）、刚果王国（the Congo Kingdom）和安哥拉（Angola）。据他所说，参与到大西洋世界的那些群体，比如那些非洲人或者欧非混血儿（Eurafricans）[3]、卢索非洲人

[1] The best example is Paul Gilroy's work on the black Atlantic, which posits a single Atlantic world and community and excludes Africa from the black Atlantic as a geographical and cultural space. See Paul Gilroy, *The Black Atlantic: Modernity and Double Consciousness* (Cambridge, Mass.: Harvard University Press, 1993); and Paul Gilroy, *Against Race: Imagining Political Culture beyond the Color Line* (Cambridge: Harvard University Press, 2000).

[2] For some examples of this trend in Atlantic studies, see Roxanne Wheeler, *The Complexion of Race: Categories of Difference in Eighteenth-Century British Culture* (Philadelphia: University of Pennsylvania Press, 2000); Marcus Rediker, *Between the Devil and the Deep Blue Sea: Merchant Seamen, Pirates, and the Anglo-American Maritime World, 1700–1750* (Cambridge: Cambridge University Press, 1987); Felicity Nussbaum, *Torrid Zones: Maternity, Sexuality, and Empire in Eighteenth-Century English Narratives* (Baltimore: Johns Hopkins University Press, 1995); P. J. Marshall and G. Williams, *The Great Map of Mankind: Perceptions of New Worlds in the Age of Enlightenment* (Cambridge: Cambridge University Press, 1982); Nicholas Canny and Anthony Pagden, eds., *Colonial Identity in the Atlantic World, 1500–1800* (Princeton, N. J.: Princeton University Press, 1987); Pierre Chaunu, *Conquête et exploitation des nouveaux mondes* (Paris: Presses universitaires, 1969); and Pierre Chaunu, *Séville et l'Amérique aux XVIe et XVIIIe siècles* (Paris: Flammarion, 1977).

[3] George Brooks, *Eurafricans in Western Africa: Commerce, Social Status, Gender, and Religious Observance from the Sixteenth to the Eighteenth Century* (Athens: Ohio University Press, 2003).

(Luso-Africans)[1]、非洲维多利亚人（Afro-Victorians)[2] 和本地人/原住民（Originaires/Inhabitants)[3]，都是非洲大西洋人民，相对于“陆地上的人民”而言，被想象成或代表着“海洋上的人民”。因此，非洲大西洋随着大西洋贸易、思想家及王国等被构想成了大西洋群体的一部分了。

在20世纪早期，黑人大西洋的分布状况可以被扩展到包括非洲人与非裔美国人知识分子及积极分子之间的历史关系。许多这样的知识分子被形成于欧洲与北美大都市的政治与知识联盟联系在了一起。他们在各种各样的会议中可以碰到许多知识交流的机会，诸如泛非会议［the Pan-African conferences（1900，1919，1945）］，在西欧召开的第一届全体种族大会［the First Universal Race Congress（1911）］。像杜波依斯和海福德这样的参与者也出现在了这些会议上，另外，还有一些个人参加，如J. E. K. 阿格雷（J. E. K. Aggrey）和爱德华·威尔莫特·布莱登（Edward Wilmot Blyden），在西非与纽约之间来回穿梭，培养和增强黑人知识分子之间的国际联系与对话，启动了黑人全球知识史的编撰工作。[4] 207

---

〔1〕Peter Mark, "*Portuguese Style" and Luso-African Identity*: *Precolonial Senegambia*, *Sixteenth-Nineteenth Centuries* (Bloomington: Indiana University Press, 2002).

〔2〕Simon Gikandi, "Introduction to Africa, Diaspora and the Discourse of Modernity", Black Atlantic Issue, *Research in African Literatures*, 27, no. 4 (1996); John Lonsdale, "Jomo Kenyatta, God and the Modern World", in *African Modernities*, ed. Jan-Georg Deutsch, Peter Probst, and Heike Schmidt (Portsmouth, N. H.: Heinemann, 2002), 135-157.

〔3〕Mamadou Diouf, "The French Colonial Policy Assimilation and the Civility of the Originaires of the Four Communes (Senegal): A Nineteenth Century Globalization Project", in *Globalization and Identity*: *Dialectics of Flow and Closure*, ed. Brigit Meyer and Peter Geshiere (Oxford: Blackwell, 1999), 71-96.

〔4〕Aggrey traveled to the United States as part of the Phelps-Stokes education tour in the 1920s.

黑人知识分子在涵盖大西洋世界相同的黑人圈子里交往。非裔美国人，如杜波依斯和费里斯，很熟悉居住在非洲与欧洲的非洲人知识分子的工作，包括黄金海岸［现今的加纳（Ghana）］的律师、作家和活动家凯斯利·海福德。例如，海福德和杜波依斯，还有其他的黑人知识分子，包括布莱登、亚历山大·克鲁默尔（Alexander Crummell）和马丁·德拉尼（Martin Delany），在1900年参加了在伦敦举行的第一届泛非会议。不管怎样，他们的直接交流与合作没有停滞在那里。1903年，海福德送给杜波依斯一封贺信，祝贺《黑人的灵魂》（*The Souls of Black Folk*）的出版。在1909年，杜波依斯请海福德，还有其他类似的著名人士，有布莱登、弗朗兹·博厄斯（Franz Boas）和朱塞佩·塞尔吉（Giuseppe Sergi），担任《非洲百科全书》（*the Encyclopedia Africana*）的编辑委员会董事。[1] 显而易见的是，威廉·亨利·费里斯，包括海福德在他的书《海外非洲人》（*The African Abroad*）中被看作“杰出的海外非洲人”的一员。[2]

因此，本章通过审视杜波依斯、费里斯和海福德三位知识史学家的作品，寻求通过扩展桑顿的黑人跨大西洋分布图的方式，恢复19世纪晚期20世纪早期黑人知识分子之间的对话。
208 试问：我们如何把这个宝库恢复成支撑全球知识史研究领域的一部分？这些作者对历史的普遍化叙述和给他们鼓劲的政治动机和战略的改编与支持是主要利益所在。这些行为使他们更好地理解普遍化历史的模型，让他们为了想象过去与未来人类历

〔1〕David Levering Lewis, *W. E. B. Du Bois, 1868-1919: Biography of a Race* (New York: Holt, 1993), 248, 292, 279-280.

〔2〕Ferris, *African abroad*, 135.

史叙述上黑人的地位设想更复杂的模式。他们坚持把非洲包含在世界历史内，这对他们自己的政治主张与社会生存是至关重要的，因为这使他们能够在大西洋奴隶贸易与非洲帝国主义殖民之后重新获得他们作为人类的身份。黑人思想家们建立了一种不断重塑和内部竞争的知识经济。他们使用这种知识与把他们排队在外的西方人类进化、文化与公民等知识结构斗争。把黑人知识经济的内涵放到全球知识史中去探讨，无疑会促使学者们去重新思考这个领域，留意20世纪早期黑人学者们的经验教训，认识西方通史框架何以成为许多发展轨迹中唯一的轨迹。

20世纪之交的非洲

对非洲人及流散于大西洋世界的人来说，非洲在他们反种族主义与反殖民主义神圣战争中的地位是至关重要的。[1] 19世纪，非洲只是一个物理空间，给非裔美国人提供了一个划定一片地理区域建立他们自己生活的机会，这样，非洲在他们的意识形态与言语修辞方面与美国奴隶制斗争的时候发挥了关键的作用。这一时期主流非裔美国人的非洲观受到福音派基督徒陆地想象的强烈影响，认为那是一块需要转换的异教徒土地，他们自己能够从种族压迫中找到自由。[2] 所以，非裔美国人有关非洲的争论围绕的都是移民回非洲，或者非洲的殖民化问

〔1〕Clare Corbould, *Becoming African Americans: Black Pubic Life in Harlem, 1919–1939* (Cambridge, Mass.: Harvard University Press, 2009), 10.

〔2〕Dennis Hickey and Kenneth C. Wylie, *An Enchanting Darkness: The American Vision of Africa in the Twentieth Century* (East Lansing: Michigan State University Press, 1993), 240.

题，弗雷德里克·道格拉斯（Fredrick Douglass）为了支持融入美国社会，坚决反对移民，德拉尼、亨利·H. 加尼特
209 （Henry H. Garnet）[1] 和克鲁默尔则坚决提倡迁移到西非或者中美洲或者加勒比海地区。[2]

在早期对非洲的讨论中，该陆地并不是确保非裔美国人要求美国政治包容的资源。相反，非洲只是一块有形的领土，非裔美国人可以在那里充当宗教、经济和政治的中介。非洲还没有成为黑人主张纳入人类历史普遍化叙述的基础。[3] 直到19世纪后期，随着人种学的兴起，有关古非洲社会和文化的信息通过人类学研究在公众领域的扩散开始传播。这个消息激发了美国人与欧洲学术界在流行杂志上的热情讨论与争论。非裔美国人利用这个消息发挥他们自身的优势开拓出一个历史空间，揭示了其在世界历史上的发展轨迹。通过对文化与种族领域的解释，黑人学者们重构了世界知识史及其产生的机制与根源。通过这个过程，他们建立了一个文库与一套知识经济，记录了文化进化的基本特点，就黑人的人类认识问题提出了一种解决方法。

---

[1] Garnet was the founder of the African Civilization Society (1858) and the author of *The Past and Present Condition, and the Destiny, of the Colored Race: A Discourse Delivered at the Fifteenth Anniversary of the Female Benevolent Society of Troy, N. Y., Feb. 14, 1848* (Troy, 1848) in which he noted "that by almost common consent the modern world seems determined to pilfer Africa of her glory", referring to the two patriarchs of history, "Moses for sacred history" and "Herodotus for profane", who "lead one back to Egypt in Africa and Africa in Egypt". See John Ernest, *Liberation Historiography: African American Writers and the Challenge of History, 1794–1861* (Chapel Hill: University of North Carolina Press, 2003), 70.

[2] Hollis Lynch, "Pan-Negro Nationalism in the New World, before 1862", in *The Search for a Homeland in Black Brotherhood, Afro-Americans and Africa*, ed. Okon Edet Uya (Lexington, Mass.: Heath, 1971), 59–60.

[3] Ibid., 7.

这个过程始于非裔美国作家杰西·马克斯·巴伯（Jesse Max Barber）、德拉尼、费里斯和杜波依斯的作品。特别值得一提的是，费里斯和杜波依斯的作品的确得益于19世纪晚期从西方世界开始的对非洲思考的变化，这一变化源自莱奥·弗罗贝纽斯（Leo Frobenius）和弗朗兹·博厄斯的作品。他们的思想，直到20世纪早期还是边缘化的，与杜波依斯和费里斯的作品交相辉映，最终在几年之后在大众期刊与学院获得了动力与合法性，一战后马上处于领先地位。尽管博厄斯想解开这两个概念的纠缠，但是，种族与文化相互构成的观点仍然是战前对种族理解的支配性观点。尽管在战后形成的对西方文明的批评有助于增加与非洲有关的更积极的理论与形象的可信度与 210
分布，在自然科学、大众文学和艺术领域，把非洲人描述为“野蛮人”与“原始人”的倾向还是没有减弱。[1] 战争削弱了占支配地位的前帝国主义作为文明的唯一代表，为其他文明的表达创造了空间，逐渐被认识到并被重视。同时，非洲，一旦被贴上“黑色大陆”的标签，成为西方艺术家、知识分子、学者和政治家们的资源，他们寻求修复他们过去的认知，即非洲文明是一个病态的文明，受到帝国主义的贪婪、工业化和战

[1] Charles Darwin, *On the Origin of the Species by Means of Natural Selection, or the Preservation of Favoured Races in the Struggle for Life* (1859); Charles Darwin, *The Descent of Man and Selection in Relation to Sex* (1871); Count Joseph Arthur de Gobineau, *Essai sur l' inégalite des races* (1853).

争的压制。[1]

19 世纪末 20 世纪初，那些被新科学领导的学者们，如弗罗贝纽斯、博厄斯、布罗尼斯拉夫·马利诺夫斯基和莫里斯·德克拉福塞（Maurice Delafosse），对非洲社会与文化在想象中赋予了其理性与复杂的美学感觉。[2] 他们的研究为非洲文明提供了政治的证据与社会组织、国家、法律制度、司法体系，并坚持认为非洲文明在非洲人与欧洲人联系之前很久就已经存在了。非洲被重新思考（并不总是以一种积极的态度）的时候，学术与艺术品的结合，有助于在欧洲与北美创造一种更加积极的对非态度。对于黑人知识分子们来说，这为非洲社会、文化和历史提供了证据材料，从中他们可以集合非洲有用的过去，向世界展现非洲新形象。

黑人思想家们使用这些证据和新远景去批评和修正启蒙运动时期形成的对非洲的许多信念与叙述，特别是黑格尔著作中的东西，那些被用来支持欧洲人对非洲的“文明化的使命”。[3] 黑格尔的哲学干预对黑人融入现代与历史，获得自由与民权产生了深远的影响。在黑格尔和其他启蒙思想家的作品

---

〔1〕James Clifford describes this artistic, musical, literary, intellectual, and scientific interest in Africa as collectively representing “negrophilia” in the West, which he defines as a “multivalent aesthetic and cultural phenomenon” in which Africa was reimagined through visual and plastic arts, as well as in popular material and mass culture. He associates negrophilia with the fields of anthropology and ethnology. James Clifford, “Negrophilia”, in *A New History of French Literature*, ed. Denis Hollier and Howard Bloch (Cambridge, Mass.: Harvard University Press, 1989), 901 – 908. See also Petrine Archer-Straw, *Negrophilia: Avant-Garde Paris and Black Culture in the 1920s* (London: Thames & Hudson, 2000).

〔2〕Especially the works of Leo Frobenius, Maurice Delafosse, Carl Meinhof, and Arnold van Gennep, and the Mission Dakar-Djibouti and the Frobenius expeditions.

〔3〕Of course, they recognized the various and sometimes opposing interpretations and expressions of Enlightenment thought.

中，非洲和非洲人占据了种族学上“他者”的不被人羡慕的位置，从进化论的意义上看，那只是代表了人类历史的早期阶段。这种“人类”进化的单线观得到进一步发展并被整合进了黑格尔的普遍化史学理论，或者“世界史”，[1] 通过把它与文明化概念本身合并，并把欧洲人看作人类，模糊了欧洲地理与文化的特征。作为文明的缩影和牢牢植根于科学与科技的 211
可预见的所谓的先驱，欧洲在世界历史的意义上扮演了领导者角色，很大程度上受帝国主义扩张驱动。这导致同步整合与非西方文化与社会被排斥于世界潮流之外。当西方合并了非西方世界的时候，也导致它无法对历史的大目的论叙述运动做出什么贡献。尽管也有相反的证据，但是欧洲人把非洲人想象得在他们的环境里没有留下什么标志物、建筑与纪念碑，也没有手稿与书写记录。相应地，他们把非洲看作一个虚无，一个没有历史或者进步的大陆与人民。在黑格尔的“神授哲学计

[1] G. W. F. Hegel's concept of "World History" and his narrative of a unilinear evolution of human history is the dominant view of universal history of the Enlightenment. One of the best expositions and sharpest critiques of Hegel's perspective can be found in Ranajit Guha, *History at the Limit of World History* (New York: Columbia University Press, 2002). The book is also a critique of "the forms of modern history writing...practices are necessarily intertwined with the rationality of the state and always implicated in the practices of domination". See Partha Chatterjee, editor's introduction to *The Small Voice of History*, by Ranajit Guha and ed. Partha Chatterjee (Ranikhet Cantt: Permanent Black, 2009), 16. Another powerful internal critique of history and Eurocentrism we would like to mention is Jack Goody, *The Theft of History* (Cambridge: Cambridge University Press, 2006). Of course, the Hegelian view was contested by Counter-Enlightenment thinkers such as J. G. Hamann and Johann Gottlieb Herder, both of whom insisted on the unique quality of each civilization and time and rejected the concept of absolute and universal value, as well as by later thinkers such as Friedrich Nietzsche and Oswald Spengler, who proposed a cyclical approach to history.

划"[1]的视界里——历史的必然过程中，认为非洲社会既没有现代国家政治文化与制度，也没有改变自然需要的必不可少的知识与技术，他写道："我们正确理解的非洲，是无历史的不发展的灵魂，还包含纯自然的条件，这里我们只是把它作为世界史的入口呈现出来。"[2]依据这种叙述，欧洲在非洲的"文明化使命"发挥了关键的作用，非洲的建立缺乏历史的中介，在其与欧洲遭遇之前，既没有主观的，也没有客观的历史。

黑人知识分子[3]展开了一幅战略历史图像，暗中破坏黑格尔学派统一而标准的权威，因为它把历史建立在政治成就的基础之上。他们采纳了"反启蒙运动的主线……及接踵而至的浪漫主义运动"[4]，提出"不同时期展示了在伦理学与美学方面不同的审美与偏好"，没有哪一个团体能在"一个位置

---

[1] Gianni Vattimo, *Dialogue with Nietzsche*, trans. Wiliam McCuaig (New York: Columbia University Press, 2008), 31.

[2] G. W. F. Hegel, *Lectures on the Philosophy of History, 1830-1831*, trans. J. Sibree (New York: Dover, 1956), 99.

[3] For example, Eric Porter mentions the analytical influence of "Hegelian dialectics" and "Herderian nationalism" on W. E. B. Du Bois's four books and numerous articles devoted to African history and the place of Africa in world history. These four books were *The Negro* (1915); *Africa: Its Geography, People and Products* (1930); *Africa—Its Place in Modern History* (1930); and *Black Folk, Now and Then* (1939). The most important of the articles published during this period is "The African Roots of the Great War" (1915). See Eric Porter, *The Problem of the Future of the World: W. E. B. Du Bois and the Race Concept in the Midcentury* (Durham, N. C.: Duke University Press, 2010), 104.

[4] Maria Baghramian, *Relativism* (New York: Routledge, 2004), 38. On the "Counter-Enlightement" intellectuals, see Isaiah Berlin, *Three Critics of Enlightenment: Vico, Hamann, Herder*, ed. Henry Hardy (Princeton, N. J.: Princeton University Press, 2000).

上对它们进行分等或者客观上在它们之间做出选择。”[1] 黑人思想家倡导一种周期性的研究方法，假定人类文明就是一个不断起落的周期。这也就是说“时间循环运动”，许多黑人作家辩称，所有的文明，包括曾经强大的各种非洲文明，都服从于前进与衰退的周期规律，非洲将会再崛起。[2] 他们借用了沃尔内（Volney）、格雷古瓦（Abbé Grégoire）和托马斯·鲍迪奇（Thomas Bowdich）的研究成果，提出古埃及就是一个起源于尼罗河下游河谷地区和埃塞俄比亚的一个黑人文明的典 212
型——黑人的埃及。[3] 他们也在构建自己的档案，以图证明非洲及非洲人在普遍化历史的周期性理解的模式中在政治、文化、经济和宗教方面的古老与先驱作用。[4] 对一些学者来说，强调黑色埃及人在古代早期的文明化使命，可以作为一种非常有力的策略，导致一种关于陆地与人类文明的新的地理与历史观。这种证据可以帮助他们重组一个全球历史的叙述方式，明确黑人在人类历史上的地位，无论是过去，文明化的开始（古埃及和埃塞俄比亚），还是未来。[5]

---

[1] Baghramian, Relativism, 39.

[2] Kevin Gaines, *Uplifting the Race: Black Leadership, Politics, and Culture in the Twentieth Century* (Chapel Hill: University of North Carolina Press, 1996).

[3] Their research was overshadowed by the work of the French classical scholar, philologist, orientalist, and decipherer of the Egyptian hieroglyphs, Jean-François Champollion.

[4] This development began as early as 1794 when "early African historical writers" had to contend with and against the developing tradition of white American historical thought, as well as the pointed erasure of Africa as a site of history in enlightenment thought. This line of intellectual history inquiry took a remarkable turn in 1879 with Delany's *Principia of Ethnology* and continued in the work of Ferris and Du Bois. In *The African Abroad*, Ferris revisited and recirculated the work of Volney and Grégoire and augmented their arguments with the research findings from leading ethnologists, historians, and sociologists of the late nineteenth and early twentieth centuries. Du Bois engaged this literature in *The Negro*.

[5] Corbould, *Becoming African Americans*, 59.

这个任务，正如黑人知识分子限定的那样，不是完全在西方世界之外构建一部历史，而是要在西方普遍化框架之内建立他们的历史与文化明证。在努力构建一部据黑人贡献重新设计的普遍化史的过程中，这些思想家们认为，非洲人、非裔美国人和加勒比黑人的历史一直是较大的大西洋和世界历史的几个部分。他们在西方的知识与政治文化的框架内工作。他们的黑人历史与身份的产品主要植根于一个大西洋与流散的语境，因此，有人可以在西方世界辩称“黑人是一个国家”[1]。通过牢记历史与哲学对人种的干涉，而不是对空间、种族或民族的干预，他们划定了一个物理空间，戏剧性地修改了黑格尔的黑人大陆地理概念，而且收集世间的知识与文化资源支持他们的诉求。

非洲重回世界史

费里斯、杜波依斯、海福德等每一个人都在深情地致力于把非洲恢复到世界历史中去。总的来说，他们找到了共同的根据“来支撑对美国黑人与新生的非洲民族主义的尊重”，建立一个群体，历史学家乔治·谢泼森（George Shepperson）形容为“黑人历史运动”。[2] 他们作为黑人全球知识共同体成员，
213 在彼此的联系中发展了他们的思想。他们的共同之处就是对政治权利的追求——在美国为美国黑人追求政治权利，在欧洲帝

[1] Nikhil Pal Singh, *Black Is a Country*: *Race and the Unfinished Struggle for Democracy* (Cambridge, Mass.: Harvard University Press, 2004).

[2] George Shepperson, “Notes on Negro American Influences on the Emergence of African Nationalism”, *Journal of African History* 1, no. 2 (1960): 308.

国列强中为非洲人争取政治权利——和在美国及殖民地非洲基于种族认同的民权排外理论与实践的争论。每一个人都热心于非洲史，特别是非洲人对世界史和人类进步的贡献，作为维护他们权利的主要模式。通过对历史普遍化叙述的抵制，坚持非洲在其中的地位，他们为他们的人类及他们对历史及未来的发展的贡献提供了证据。反过来，这也鼓舞了他们要被看作人，应该享有政治与社会权利的要求。

威廉·亨利·费里斯并没有提供一部连贯的学术性的非洲史，或者“海外非洲人”。相反，他的两卷专论，《海外非洲人》或《他在西方文明中的进化，追寻他在白人环境下的发展》（*His Evolution in Western Civilization*，*Tracing His Development under Caucasian Milieu*），1913 年出版，对非洲与种族全球对话进行归档，是一种历史编年的尝试，也是黑人在美国人中取得的成就。费里斯，1891 年毕业于耶稣大学，1900 年毕业于哈佛大学，是“十里挑一的天才论”的边缘成员。1919 年，当他成为马库斯·贾维（Marcus Garvey）的《黑人世界》（*Negro World*）的副主编之后，他与黑人中产阶级的关系更加疏远了。[1] 不管怎样，他的知识及政治作品在很大程度上被非裔美国人史学者给忽略了，除了凯文·盖恩斯（Kevin Gaines）的《令人振奋的种族》（*Uplifting the Race*）保留了一章论及费里斯。威尔逊·摩西（Wilson Moses）在他的几本书

〔1〕His marginal status might have had little to do with his politics, at least initially. Ferris admired Du Bois and was a member of the Niagara movement. He devoted an entire chapter to Du Bois in *The African abroad*. Despite his efforts to fit in, he remained an outcast. Lewis, *W. E. B. Du Bois*, 466; Gaines, *Uplifting the Race*, 117.

里也谈到了费里斯。[1] 盖恩斯和摩西都把费里斯的书描述为随笔和“哲学漫谈”系列，《海外非洲人》在出版的时候，也不怎么受欢迎。[2] 按照许多评论家的说法，主要问题是书中所言对盎格鲁-撒克逊人过度的赞誉。[3] 其他的问题，例如书的混乱不堪的性质，不可能提高其接受度。有一些章节也包含冗长的摘录，来源于书的章节、小册子、演讲和新闻稿，还有长篇专论。

《海外非洲人》也许最好被描述为对有关人类历史上非洲及非洲人的角色进行国际讨论的文件材料的归档。使用能得到的有限的论及非洲的英文资料，费里斯提议有关非洲大陆历史
214 的几章使用人类学研究的最新资料。[4] 这一计划的关键是北美新闻界对非洲及其历史的当代讨论。特别重要的两篇文章出现在 1906 年 5 月发生的《世纪杂志》(*Century Magazine*) 上。两篇文章——在 1906 年 6 月发生的《多彩美国人杂志》(*The Colored American Magazine*) 上转载，在 20 世纪早期阶段引起正在

[1] Wilson Moses, *Creative Conflict in African American Thought* (Cambridge: Cambridge University Press, 2004); Wilson Moses, *Black Messiahs and Uncle Toms: Social and Literary Manipulations of Religion* (University Park: Pennsylvania State University Press, 1982); and Wilson Moses, *The Golden Age of Black Nationalism, 1850-1925* (New York: Oxford University Press, 1978).

[2] Gaines, *Uplifting the Race*; Moses, *Golden Age*, 311.

[3] Many book reviews support this view. As one reviewer, F. H., writing for the *Journal of the Royal African Society*, explained, [Ferris] was quick to seize on the application of these modern ethnological data and to draw conclusions favorable to the black man.

[4] Du Bois, much more so than Ferris, benefited from this research, as he had more resources to pull from, in part because of his training in German, which allowed him to draw from the work of Leo Frobenius written in German. Perhaps because of this, his work was met with less criticism from the academic community. Reviews of *The Negro* include J. A. Bigham, review of *The Negro*, by W. E. B. Du Bois, *Journal of Negro History* 1, no. 2 (1916): 217-218.

美国和欧洲形成的有关非洲的大讨论。第一篇是由查尔斯·弗朗西斯·亚当斯（Charles Francis Adams）所写，运用了他在苏丹恩图曼（Omdurman）生活时收集的人种学数据，辩称非洲人是天生的、不可避免的野蛮人，支持他的论点是他认为生活在恩图曼的苏丹人的原始和野蛮的本性。他得出结论说，美国的重建计划是命中注定的，在美国的黑人既不能被吸收也不能被驱逐。《世纪杂志》的编辑不同意亚当斯的结论，争辩说他对苏丹人的观点存在缺陷。提到近期博厄斯的文章《黑人在非洲的所作所为》（*What the Negro Has Done in Africa*），1904 年发表在《伦理记录》（*The Ethical Record*）上，编辑继续坚持认为非洲人是高度发达的人种，讨论的大部分是建立在博厄斯对“非洲部落和广大王国”社会与政治组织研究的成果之上的，其中最主要的例证就是中非的伦达帝国（the Lunda Empire）。

为了进一步维护其非洲人是文明人的观点，费里斯转载了皮克斯利·卡·伊萨卡·塞梅（Pixley Ka Isaka Seme）的演讲——《非洲的重生》（*Regeneration of Africa*），该演讲使他在 1906 年赢得哥伦比亚大学柯蒂斯奖（the Curtis medal）演说类一等奖。他辩称，作为一个从南非来的祖鲁（Zulu）人，塞梅的成就证明，非洲人并不受他们种族的限制，在西方社会也能取得最高水平的成功。接着费里斯又转载了一篇文章——《祖鲁族战士》（*The Zulus as Fighfers*），出现在 1906 年 5 月 31 日的《有线电报》（*The Cable Dispatch*）上。在他自己的评论中，费里斯提到近期《独立报》（*The Independent*）给予阿比尼西亚（Abyssinia）国王孟尼利克（Menelek）的赞誉和利比里亚黑人共和国取得的巨大进步。他从《纽约独立报》（*The New York Independent*）（1906 年 10 月 6 日）上收录了一篇论述非裔美国人和利比里亚共和国非洲人的文章，他们被描述为幸福而勤奋的人，“尽管以前所有的说法都是黑人天生懒惰”。[1] 在另一章，“历史发端的非洲——史前时代的黑人”，
215 在讨论了非洲人参与科学与技术进步的丰富才能之后，费里斯继续构建他有利于非洲人对人类史贡献的实例。他把他的论点建立在博厄斯、W. C. 泰勒（W. C. Taylor）、凯莱布·斯普拉格·亨利、塞尔吉、W. Z. 里普利（W. Z. Ripley）、格雷古瓦和沃尔内的工作之上。[2] 费里斯以探讨塞尔吉与里普利研究发现的方式开启了本章，认为“文明化”的种族在非洲与亚洲已经产生了，非洲人与亚洲人是“世界文明的奠基人，他们奠定了艺术、科学、天文学、数学和宗教的基础”[3]。

正如他在其他章节所做的那样，他从这些作者的作品中收录了很长的选辑，还有大众杂志与报纸发表的对他们的研究结果所做的评论与分析。其中第一篇文章就是琼斯（Jones）对里普利的《欧洲的种族：社会学分析》（*The Kaces of Europe: A Sociological Study*，1899）的评论，文中他辩称，欧洲种族的真正起源是在非洲与亚洲。琼斯采纳了这些证据来证明帝国主义的计划与文明化的使命在本质上是存在缺陷的。为了进一步支持他的非洲对人类历史的贡献的论点，费里斯转载了沃尔内研究古代底比斯（Thebes）和泰勒论述古埃塞俄比亚的作品的部分成果。沃尔内的作品提出，古代底比斯的非洲人在宗教、

---

[1] Ferris, *The African Abroad*, 461-462.

[2] Giuseppe Sergi, *The Mediterranean Race: A Study of the Origin of European Peoples* (London: Walter Scott, 1909).

[3] Ferris, *The African Abroad*, 444.

哲学和天文学的领域对人类做出持续而重大的贡献，而泰勒的作品证明，古埃塞俄比亚也有高级的文明。费里斯还收录了法国罗马天主教神父格雷古瓦神父作品的节选，倡导种族平等，论述了非洲人与艺术、贸易和热爱自由的密切关系。另外的证明就是博厄斯的小册子《黑人的人类学地位》（*The Anthropological Position of the Negro*），也被转载。在小册子里，博厄斯的主要目的就是对R. B. 比恩（R. B. Bean）的研究结果（发表于《世纪杂志》）提出疑问，认为黑人的脑容量通常比白人的小。比恩使用这些研究结果得出结论，黑人在种族上要逊于白人。博厄斯辩称，比恩结论的逻辑及针对非洲人的社会、经济、政治组织的复杂性提出他自己的结论证明，“如果站在最诚实批评的角度，毫无科学证据证明黑人种族方面的劣等性”[1]。费里斯使用这个证据得出结论：

> 这样，我们看到，许多古代与现代的权威人士证明， 216
> 非洲的黑人对文明做出过相当多的贡献。另外，在1908年6月，各种报纸都报道，有7吨建筑与雕刻材料被海运给宾夕法尼亚大学图书馆馆长，于是可以证明，埃及的黑人在几个世纪前就已经有了一种文明。因此，黑人种族在过去肯定做过一些事。[2]

其他章节收录了对埃及、埃塞俄比亚和非洲帝国研究的详细讨论成果。在“非洲，黑色大陆”这一章，费里斯开始排除非洲人既原始又野蛮的主流解读。他的弹药的主要来源就是博厄斯的学识，为其提供了非洲人在农业与熔铁技艺和法律程

[1] Ferris, *The African Abroad*, 460.
[2] Ferris, *The African Abroad*, 446.

序以及国家形成方面的证据——“当雅利安人正在使用石器工具的时候，也在引入使用青铜武器”[1]。

自始至终，费里斯试图要证明非洲人也是人类历史的一部分，非洲人，像其他所有的人类一样，在生活中要努力做好两件事：寻找面包与获得自由。为了支撑黑格尔自由是人类奋斗的最高目标的思想，他把海地革命看作黑人天生追求自由的证据。在人类发展方面，美洲的黑人发挥了先锋作用。在“海外非洲人”中，他把他们看作“黑人-撒克逊人”，通过同化过程，有效地吸收了盎格鲁-撒克逊人的文明。费里斯把他们看作这样的一个群体，通过他们的所作所为——概念类似于黑格尔在“世界历史中的个人”中对人的理解的方式——认为他们是即将出现的能够改变人类历史的世界历史人物。黑人-撒克逊人的历史经历已经把非洲人的血统带到了美洲，进而与被他描述为最高与最先进的盎格鲁-撒克逊人的文明接触。他争辩说，由于他们在西方的地位，黑人-撒克逊人受到很好的定位与熟练以适应高级人类文明，进而达到更高水平的教养。

支配费里斯历史的全球叙述行为的是黑格尔的进化世界
217 观，只是他做了修改以便能够包含非洲的人民与文化。费里斯相信，西方的非洲人，黑人-撒克逊人，在历史上发挥了关键的作用。在提出这个论战的时候，他写道，盎格鲁-撒克逊种族代表了最高级的文明。然而，他并没认为盎格鲁-撒克逊人的成就自然或内在地就比其他文明优越，正如许多费里斯的批评者假定的那样，但是对盎格鲁-撒克逊人的历史经历来说是如此。他辩称，盎格鲁-撒克逊人从其他人那里受益，包括非

[1] Ferris, *The African Abroad*, 429.

洲人及其他的文明。随着时间的改变，一个利用盎格鲁-撒克逊文化进步成果的新的人类种族成熟的时刻，就可以推动人类达到更高的水平。他相信，这种行动只能由受到西方影响与教育的非洲人，或者生活于欧美的具有非洲血统的人来承担，也就是，他公开宣称，黑人-撒克逊人命中注定要超越盎格鲁-撒克逊种族并产生一种更高级的文明。正如他的批评者所抱怨的那样，他对盎格鲁-萨克逊种族的价值观与对白人的爱无关，而是与对人性的爱有关。就在这里，就在现在，费里斯在人类历史的发展过程中，为非洲人及有非洲血统的人开创了一个可以利用的空间。非洲人不仅出现在人类文明的初期，即美洲和欧洲的“海外非洲人”，而且他们在刺激人类进一步增长与发展方面发挥了先驱作用。运用这种方法，费里斯在黑格尔人类历史发展的线性理解中建立了自己的叙述架构，但是，他超越了只局限于政治事务的历史，特别强调历史是各种人类群体遭遇、交互、交易的结果。

同样，一名黄金海岸律师和西非英国国民大会奠基人（1919），海福德相信，接受了西方教育的非洲人在人类未来的发展中发挥了先锋作用，尽管海福德的历史全球叙述行为更多的是受到反启蒙运动思想影响，特别是历史循环论的影响。正如他在《挣脱束缚的埃塞俄比亚》（*Ethiopia Unbound*）中断言的，非洲，作为人类的发源地和世界最伟大文明的场所，将再次引领人类。海福德试图分两个步骤反驳黑格尔把非洲排在世界历史之外的观点：第一步，他强调非洲文明的重要性；第二步，他采用了吉本式（Gibbonesque）的文明起落理论。第一 218

种方法可以在他有关黄金海岸机构与历史的演说与作品中找到。[1] 第二种方法在海福德1911年的小说《挣脱束缚的埃塞俄比亚》中有所采纳，文中辩称非洲曾经是伟大文明的家园，必然会“再次崛起”。他解释说，所有的现代社会，包括英国，在它发展的过程中，都从其他的社会中有所借用，这种借用的行为推动社会前进。非洲通过借用和吸取从西方及其他社会学习的教训，将重获其以前的地位。[2] 此外，他还提议，非洲拥有独一无二的圣歌知识，当它与西方文明融合之后，可以极大地获取人类的进步。非洲，作为最古老也是最年轻（从工业化的角度来看是如此）的大陆，位于引领世界走向未来的理想位置。海福德解释说，非洲人已经学习了实现真正进步的规则：恭敬地研究和对比所有人类社会的“方法”，以及有把这些经验教训融合到更好的东西中的智慧。通过对共识知识与混合文化形式的利用，他证明了一种不能降低到西方形式的非洲的现代性。

在《挣脱束缚的埃塞俄比亚》中表达的观点并不新鲜。全世界的黑人知识分子正在讨论全球种族问题，也产生了一系列的解释与解决方案。[3] 这些人中第一个就是布莱登，一个圣托马斯（St. Thomas）的本地人，在美国殖民协会（The

[1] J. E. Casely Hayford, *Gold Coast Native Institutions* (1903; repr., London: Frank Cass, 1970).

[2] For example, Casely Hayford was deeply impressed with Japan and looked to it as a model for how Africa could assimilate knowledge from other cultures without becoming a "bare imitator". He was inspired by Japan's ability to remain distinctively eastern while wearing Western clothing and engaging with Western cultures. Casely Hayford, *Ethiopia Unbound: Studies in Race Emancipation* (London: Cass, 1969), 170–172.

[3] African Americans, including Du Bois, Booker T. Washington, and, especially, Blyden had influenced Casely Hayford. Casely Hayford found Blyden more compelling than Du Bois. Casely Hayford, *Ethiopia Unbound*, 163.

American Colonization Society）的帮助下，移民到了利比里亚（Liberia）。布莱登在黑人历史运动中是一个先驱式人物。他的《非洲人的生活与习俗》（*African Life and Customs*，1908）从社会学的视角与整体性方法研究了非洲社会。书中辩称，无论是过去还是现在，都要深深地欣赏与承认非洲习俗与传统的内在逻辑性与必要性。因此，他的作品稍微不同于和黑人历史运动的非裔美国人的观点。他不太关心非洲人对人类文明贡献的归档工作。他旨在给“非洲人的个性”下定义，确立非洲的权利，像其他任何种族一样，按照最适合他们的环境的要求创立社会、经济、宗教、法律、政治和家庭模式。[1] 他的论点是与博厄斯有关的文化相对主义的一种表达，后来被博厄斯在20 世纪 20 年代和 30 年代于哥伦比亚大学培养的学生们给推 *219*
广开来。布莱登对海福德的思想产生了极大的影响，这在他的《挣脱束缚的埃塞俄比亚》及研究非洲制度的早期都有所反映。[2] 而他的知识对杜波依斯和费里斯的影响不太明显，布莱登和非裔美国人保持着定期的联系，他被认为是研究非洲的引领权威和杰出的非洲民族主义者。

这是一个时代，许多黑人知识分子相互期待着发掘一种途径保证其与众不同的文化认同，使他们能赢得被认为是人类文明进步与世界前进的参与者。不同的群体通过多种方式融入了西方主导的国际社会，尽管该时期，通过形成他们自己的俱乐部，创办杂志，身穿三件套（three-piece suits）作为学习者参加了国际和帝国主义的会议，大多数加入了对话。通过这些方

〔1〕Tracy Keith Flemming, “Negro: Travel and the Pan-African Imagination During the Nineteenth Century”(Ph. D. diss., University of Michigan, 2010), 55-56.

〔2〕Casely Hayford, *Gold Coast Native Institutions*.

式，他们明确表达了他们的权利，要领导完成他们的国家或者种族起源的“文明化”使命，有时他们还彼此竞争。正是这种跨大西洋思想网络的发展，推动了黑人思想家们致力于历史的普遍化叙述。

在 1911 年，也就是《挣脱束缚的埃塞俄比亚》出版那年，杜波依斯参加了第一届全体种族大会，他们相遇在伦敦大学，在那里，他讨论了“一个和平的未来世界和没有种族歧视”的可能性，某一天建立一个新的包含所有人类的国际制度。[1] 杜波依斯论述非洲大陆的政治与知识著作开始于 1915 年《黑人》（*The Negro*）专著的出版，他认为那是对黑人历史的一个一般化简短叙述。《黑人》的灵感来源于 1903 年他在亚特兰大大学参加的一个由博厄斯所做的讲座，引用了最新的社会科学研究成果，为非洲大陆提供了一个简捷的历史。[2] 像费里斯和卡特·伍德森（Carter Woodson）一样，杜波依斯抓住博厄斯和弗罗贝纽斯作品中形成的非洲的形象去证明黑人对文明的贡献，以及在美国语境下对公民权利诉求的合法性。他们提供的研究成果是一种“更为复杂的人种学研究非洲文化”的方式，为非洲及非洲社会带来了一笔信息财富。[3]

220 这些作品为非洲的和非裔美国思想家们提供了基础，运用这些就能够书写政治与知识的历史，表达他们对民权的诉求。杜波依斯 1939 年创作了《黑人——黑色民谣：当时与现在》（*The Negro—Black Folk, Then and Now*）、《历史随笔与黑人种

〔1〕W. E. B. Du Bois, *The World and Africa* (New York: Viking Press, 1947), 4.

〔2〕W. E. B. Du Bois, *Black Folk Then and Now* (New York: Oxford University Press, 2007).

〔3〕Clifford, “Negrophilia”, 904.

族社会学》（*An Essay in the History and Sociology of the Negro Race*），1946年出版了《世界与非洲：非洲在世界历史上扮演的角色探究》（*The World and Africa*: *An Inquiry into the Part Which Africa Has Played in World History*，简称《世界与非洲》）。[1] 1946年，杜波依斯辩称，非洲被排除于历史之外，并不是没有证据，很大程度上是服务于欧洲帝国扩张与资本积累的目的所为。他们设计了一个帝国主义计划为奴役、殖民和掠夺非洲及其人民辩护。关于非洲的人种学数据，特别是两次世界大战之间所做的工作，促使他修订了《黑人》，在《世界与非洲》中较少地为“黑人民众”提供一部全面的历史，更多地“陈述他们在人类历史上从史前到现在发挥了怎样的作用”。[2] 因为它积极努力要把非洲恢复到世界历史与人类共同命运之中，《世界与非洲》就是一种政治介入，运用两次世界大战之间新的研究成果来反驳一种源自授权于欧洲帝国主义和“文明化使命”的历史哲学。[3]

对费里斯与杜波依斯而言，他们参与世界历史的动机是有政治目的的。费里斯通过在他的书里呈现档案材料的方式，记录了全球知识史的重要时刻，其中有些人，像博厄斯和弗罗贝纽斯，都探讨了人类的起源，种族的含义和各种族、文化和文

[1] *The Negro* (1939), the first sequel to the book *Black Folk*, *Then and Now*, is considered by Sidney Mintz as "surely the first serious global overview of African (especially African American) history ever published". Sidney Mintz, *Three Ancient Colonies*: *Caribbean Themes and Variations* (Cambridge, Mass.: Harvard University Press, 2009), 4.

[2] W. E. B. Du Bois, *The World and Africa*: *An Inquiry into the Part Which Africa Has Played in World History* (New York: International Publishers, 1965), viii.

[3] Such an abstract process is brought about by the logic of *Aufhebung*, that is, "the act of superseding" whereby "denial and preservation, i. e., affirmation, are bound together". Guha, *History at the Limit*, 2.

明的关系。费里斯的黑人-撒克逊人概念——基于他把盎格鲁-撒克逊人取得的成就理解成世界所见最高的典型，其中他的海外非洲人也有所受益[1]——对他的政治议程很关键，尽管这个概念在黑人新闻出版界只有可怜的极低的接受度。首先，费里斯的主要目的是要证明非洲人对人类文明初始阶段的贡献；其次，提议海外非洲人要继续为人类未来的进步做贡献。他的黑人-撒克逊人概念使他能够在有关人类过去与未来的叙述中包含美国以外的受西方影响的黑人思想家（比如海
221 福德）。不同于这个时候的许多美国黑人知识分子，最明显的是杜波依斯，费里斯推动有关黑人-撒克逊人的讨论超越了美国黑人从历史的垃圾中拯救非洲与非洲人的偏狭叙述。对杜波依斯而言，转向非洲史的动力很大程度上是他关心在美国取得公民权利的可能性。[2] 杜波依斯对非洲知识分子的著作与思想归档缺乏兴趣（正如费里斯在其知识分子历史中强调的一样），努力为非洲人参与到非洲的未来找寻一种途径。在 1919 年，他旅行到了凡尔赛（Versailles），在那里，他作为全国有色人种协进会（the NAACP）的代表为前德国殖民地的国际化作了辩解。像这时候的许多非裔美国人一样，杜波依斯希望看到美国黑人在非洲的发展中发挥关键的作用。[3]

结　论

本章，我们着眼于全球知识史，特别是通过对非洲最早的

---

[1] Ferris, *The African abroad*, 405.

[2] See Corbould, *Becoming African Americans*, chaps. 2, 3.

[3] James Weldon Johnson, *Along This Way: The Autobiography of James Weldon Johnson* (1933; repr., New York: Penguin Books, 2008).

历史学家的分析，来认识黑人知识分子是如何曾经和将要出现在这一研究领域的。在对这种早期的历史调研中，我们论述了早期非洲与美国的黑人思想家应对被从政治上排除于各帝国与各民族之外的方式，通过转向世界历史并把非洲置于其中的方式，去应对与修复曾把他们排除在外的全球普遍化的历史叙述。如果该领域包含了黑人的全球知识史，那就必须包含非洲及其流散者，并承认已经构成这种争论各因素的认识论传统。

我们从黑人知识分子的介入与运作中得出的教训提出了全球知识史的关键问题。首先，这些知识分子工作与形成思想的领土是全球性的，恰恰是因为他们遍布大西洋。他们位置的全球性允许他们通过自己的国际网络重新调研全球知识史的设计、方法、语言和理论，这有一个功能：通过连续地就有关非洲历史与文化展开对话，重构黑人（非洲人及其流散者）被肢解的世界。其次，在这个案例中，通过他们利用的方法，他 222
们采用了包含非洲及非裔血统的人的普遍化叙述法，黑人知识分子们建立了一种案卷，并提议用多种方法认知与解释非洲人在人类历史上过去、现在和将来的定位与贡献。这两个行动对于提出新问题和确立有关全球史的资源、方法和目标的新要素是至关重要的，进而提出他们被排除于历史与现代之外的知识与伦理问题。他们使用知识欧洲的范畴和认识论与伦理价值观重申他们作为一个非洲人和有非裔血统人群的中介作用。这可以纠正对他们历史的误解，更能明确地提示欧洲人对他们历史的误解。他们的案例将让全球知识史学家们在实际与推断的全球知识领域，检查一群各种历史角色修订与质疑历史进化论的方式，为他们自己在人类历史上找到一席之地。

228

第 10 章
让全球知识史归其位[1]

贾纳基·伯克莱（Janaki Bakhle）

在本章，我将使用印度最具争议的反殖民主义的民族主义者——维纳亚克·达莫达尔·萨瓦尔卡（Vinayak Damodar Savarkar，1883—1966）的观点来考虑新的全球知识史的轮廓。萨瓦尔卡是 20 世纪早期印度革命民族主义者的代表，仅仅由于被大城市的警察认为不合法就去英国伦敦学习法律。在学院学习期间，萨瓦尔卡相当早就与印度的民族主义派取得了联系，殖民地官员称其为“极端主义派”。在他于伦敦学习的 5 年里，他的伙伴们是一个各色人等混杂的志趣相投的印度革命学生群体，他们都崇拜爱尔兰民族主义者［特别是芬尼亚成

---

〔1〕I am grateful to Samuel Moyn and Andrew Sartori for giving me the opportunity to present an earlier version of this chapter at their workshop on global intellectual history. Much of this chapter was worked out in conversation with the workshop participants. For a characteristically brutal reading of both my prose and ideas, I am indebted to Nicholas Dirks. I would also like to thank Partha Chatterjee, Mamadou Diouf, Satya Mohanty, Rosalind O'Hanlon, Sheldon Pollock, Narayan Rao, Rahul Sarwate, Somdev Vasudeva, and Akbar Zaidi for helping me think through some of the problems in writing about a figure as difficult as Vinayak Damodar Savarkar. Allcritical of accent marks for the Marathi passages quoted and have offered as well only a rough transliteration in English of the Marathi poem to which I refer. The full text of the poem is readily available in the published version of Savarkar's collected works.

员（the Fenians）]、俄罗斯炸弹制造者和意大利思想家。他到达伦敦不到 6 个月，就把朱塞佩·马志尼（Giuseppe Mazzini，1805—1872）的自传翻译成了马拉地语（Marathi），到年底，他已经开始建立了一个秘密的革命组织，叫作“自由印度”（Free India），明显是以马志尼的“青年意大利”（Young Italy）为榜样的。马志尼是他心目中的英雄之一，在他的写作中，渗透着献身祖国的中心思想和共享的责任意识，毫无疑问对萨瓦尔卡的思想产生了强大的影响。

在 1910 年，以 4 年前在印度发动反对国王的战争和发表煽动性演说的罪名，萨瓦尔卡被逮捕并带回印度接受审判。臭名昭著的审判给他安了一个世界著名“恐怖分子”的罪名，229
吸引了国际新闻和像马克西姆·高尔基（Maxim Gorky）这样的人物的兴趣。萨瓦尔卡被判在恶名昭著的安达曼蜂窝（Andaman Cellular）监狱服刑两年。1922 年他返回印度之后，写了一篇影响广泛的短文《印度教徒特性》（*Essentials of Hindutva*），不久就成为右翼极端主义者和战斗的印度民族主义者实际的宣言。直到 1937 年，他一直被软禁在家，之后成为印度政党、印度教的领袖。到这时，他的豪言壮语显现出一种特别尖锐而致命的语调，谴责印度国民大会，成为印度民族主义的重要声音，因为他们对穆斯林采取了一条过于温和的路线。因此，萨瓦尔卡首先是处于英国，之后是印度的监视之下，尽管他从来没有真正的指挥权，但是，人们怀疑他与 1948 年 1 月 30 日甘地被暗杀有牵连。

如果甘地被认为是民族大家庭之父，那么萨瓦尔卡就是被放逐的、被痛斥和被仇恨的黑马，提到他的场合总是认为他是

“主要的恐怖主义思想家”〔1〕。萨瓦尔卡对现代印度的影响堪比甘地，在印度人民党（the Bharatiya Janata Party）的上升与成长中可以找到证据，印度的民族主义政党，在现代印度教徒主义的政治意识形态中发挥了非常突出的作用，其名字就是从萨瓦尔卡声名狼藉的文本中挑选出来的，萨瓦尔卡思想形成的核心概念被称作“印度原教旨主义”（Hindu fundamentalism），然而印度教却把这个术语带入了歧途。正是由于萨瓦尔卡尴尬地立足于印度民族主义史的特殊原因——与甘地相比既严酷又令人难受，至少可以说他的一生为我们提供了重新思考需要我们注意的地区的、民族的、帝国的和国际的范围，如果我们想找到写作全球知识史的新方法的话。

“有全球知识史吗？”是本章将要讨论的中心问题。这个问题意味着全世界传播的那些关键概念与思想和追寻与分析它们的传播路线是写作一部全球知识史的主要模式。〔2〕在讨论这个问题之前，我将把萨瓦尔卡置于三种相互联结的历史研究领域当中：现代印度史、南亚早期文学史和马拉地文学与政治
230 史。在转向萨瓦尔卡及其政治与文学生涯之前，我将使用一种或多种有代表性的作品把这个研究领域展现出来。我将通过提议的方式得出结论，本尼迪克特·安德森（Benedict Anderson）近来论述诗人、无政府主义者黎萨（José Rizal）的

〔1〕Rajendra Vora, “Maharashtra Dharma and the Nationalism Movement in Maharashtra”, in *Writers, Editors, and Reformers: Social and Political Transformations of Maharashtra, 1830–1930*, ed. N. K Wagle (New Delhi: Manohar, 1999), 26.

〔2〕For an analysis of how a key concept, namely, culture, travels in the deter minist frame of global capitalism, see Andrew Sartori, *Bengal in Global Concept History: Culturalism in the Age of Capital* (Chicago: University of Chicago Press, 2008). In this genre, Sartori's work is easily the best example. My purpose in this chapter, however, is to suggest some limitations with such a determinist frame.

作品时为我们提供了一种思考写作一部新的全球知识史的方法，这种知识史既不是确定性的，也不是封闭于一系列的解释学方法，而且这些解释学方法是获取完整的综合知识所必需的，其具有全局框架的灵活性。

印度书写的现代历史学始于对英国几乎两个世纪（1757—1947）的殖民占领的回应，英国的认识论与代表性占据支配地位。在某种意义上，现代印度（知识）史开始是作为一种反殖民主义的反驳，后来成长为民族主义的反击。从 18 世纪中期到 20 世纪中期，一大群宗教改革者、社会改革者、政治思想家和哲学家，被我们看作是公共知识分子，作为新记录员出现在东印度公司（The East India Company），慢慢地将触角延伸到印度大部，为更强大而无处不在的印度统治者的出现提供了舞台。广义地说，所有这些知识分子都是一种或者另一种民族主义者。[1] 因此，印度的正史一直都是民族主义史，甚至大多数其他的史学传统，也都是由民族主义的评论家们创造的，诸如印度底层研究会（the Subaltern Studies Collective）的成员，从美国现代化框架的全球知识史中产生作品，如斯坦利·沃尔珀特（Stanley Wolpert）、斯蒂芬·海（Stephen Hay）和安斯利·恩布里（Ainslee Embree），都受到

[1] The list here is long, and I cite the names of only a few scholars whose work falls into the large category of Indian intellectual history: Stephen Hay, Ainslee Embree, Edward Shils, Ranajit Guha, Thomas Metcalf, Eric Stokes, Sudipta Kaviraj, Partha Chatterjee, Dipesh Chakrabarty, Amales Tripathi, Stanley Wolpert, Veena Naregal, Francesca Orsini, Prachi Deshpande, G. P. eshpande, M. S. S. Pandian, V. Geetha, and Gopal Guru.

民族主义的框架和整套先见的决定性影响。[1]

印度民族主义史一般包括那些被看作知识分子的学者，还有那些能够被恰当地看作印度民族胜利史一部分的思想。在甘地令人叹为观止的成功之后，民族的长触手似乎已经延伸到了整个殖民统治早期，把印度民族主义者分成值得研究的一类和其他站在民族不正确一侧的是要谴责的一类。除了一些显著的
231 例外，对甘地执迷的（说不定是批评的、历史的与分析的）学者，如贾瓦哈拉尔·尼赫鲁（Jawaharlal Nehru），或者拉宾德拉纳特·泰戈尔（Rabindranath Tagore），像萨瓦尔卡那样，是明显不在右翼民族主义者的案例当中，曾经完全是被作为历史人物加以研究与分析，萨瓦尔卡给我们的出发点就是我们可以对当代印度右翼画一条直线，或者他曾经是作为党徒的卫道士与赞美者而被赞扬的。[2] 在很大程度上，萨瓦尔卡是被用意识形态的术语写出来的，作为一个要么被谴责要么被尊敬的某个人。但是，他的马拉地语作品很少被阅读，与他有关的马

[1] For a few examples, see Stanley Wolpert's two works of intellectual history: *Tilak and Gokhale: Revolution and Reform in the Making of Modern India* (Berkeley: University of California Press, 1961); and *Morley and India: 1906-1910* (Berkeley: University of California Press, 1967); as well as Ainslee T. Embree, *Charles Grant and British Rule in India* (New York: Columbia University Press, 1962); and Stephen N. Hay, *Asian Ideas of East and West: Tagore and His Critics in Japan, China, and India* (Cambridge, Mass.: Harvard University Press, 1970). There was and remains a long tradition of writing about India that emerged out of an imperial history framework, as, for example, in some of the revisionist work on nationalism in the early Cambridge school. As one example, see John Gallager, Gordon Johnson, and Anil Seal, eds., *Locality, Province and Nation: Essays on Indian Politics, 1870-1940* (Cambridge: Cambridge Universisity Press, 1973).

[2] One notable example is John Pincince's dissertation, "On the Verge of Hindutva: V. D. Savarkar, Revolutionary Convict, Ideologue, c. 1905-1924" (Ph. D. diss., University of Hawai'i, 2007).

拉地语文学作品，除了马拉地短诗作家，很少有人分析。这种学术上的忽略某种程度上产生了一种有关民族主义政治学和现代知识史编史方面失衡的叙述。这也意味着当它们被完全忽略的时候，重要的政治人物和政治与知识思想的谱系从根本上来说，被误解了。

因此，民族框架本身需要做相当大的调整。但是，如果我们能够超越印度民族主义史的政治框架，把萨瓦尔卡置于更大的无政府主义的国际政治环境，问题还是会存在。即使我们把一个想法或者概念传播到全世界作为本章的公理或出发点，追踪一个假定的国际思想的全球传播路线——例如革命民族主义、自由主义和世俗主义——有它本身的难度。

例如，作为一种思想的"无政府主义"，从 19 世纪到 20 世纪的早期，大体来说，在全球传播（或者，倾向于一种更加决定论的形式）它是由意大利、印度、爱尔兰、菲律宾和俄罗斯及其他国家的革命民族主义者引起的。但是，在印度，作为一种政治运动的无政府主义历史运动并没有增加多少，从来就没有达到一种运动的水平。如果它获得过任何的实际价值，那只是在印度之外的印度流亡者那里，如拉拉·哈达亚尔（Lala Hardayal）。[1] 在印度，20 世纪早中期所有的其他运动都服务于日益增长的主流民族主义机构印度国民大会日益增长的影响力与支配地位。目光转向更远的东方的菲律宾，正如本尼迪克特·安德森在近期的作品中证实的那样，标准的无政府主义者黎萨，当他的小说《起义者》（*El Filibusterismo*）和 232

[1] Maia Ramnath, *Decolonizing Anarchism: An Antiauthoritarian History of India's Liberation Struggle* (Oakland, Calif. AK Press, 2011).

《不许犯我》（*Noli me tangere*）被看作是煽风点火的时候，也感到困惑，尽管它们现在被认为是无政府主义的杰作。或许把思想和历史整合在一起成为某种我们称之为运动的唯一地点就是俄国。[1] 尽管存在较多的区别，“无政府主义”这个术语被殖民地官员广泛使用来描述或者排斥所有具有反殖民主义形式的民族主义思想，从爱尔兰到埃及到印度与菲律宾。[2] 同时，殖民地官员们还提供了许多这样的语言来理解反殖民主义的民族主义者，许多在现代传播的思想也是这样的，因为它们是对殖民统治做出的反应。这种语言有它本身的一致性，即使是跨越了不同的民族风格与经历，这从普纳（Pune）、马德拉斯（Madras）或者上海这些不同的地方可以看得出来。马克思（Marx）或者麦考利（Macaulay）主要是通过反帝国主义的视角被接受的。因此，列宁（Lenin）对于反殖民主义思想家和民族主义者的重要性，马志尼和加里波第（Garibaldi）对民族主义者的中心性就像萨瓦尔卡一样。

要写一部印度政治原教旨主义的知识与社会史，我们可以从这样的假定出发，存在一个交换的国际线路，这能够从马志尼多样性的意大利民族主义和印度极端民族主义思想的发展之

---

[1] I am grateful to Thomas Hansen for his discussion with me about global anarchism.

[2] See the letter from the Viceroy of India, Earl of Minto to Secretary of State John Morley, November 19, 1909, Mss Eur D 573/22, folio 93, London, British Library, Oriental and India Office Collection.

间存在相似性得到证明。[1] 但是，为了更进一步，我们需要抓住只有马志尼滋养下的印度极端主义的理解标准。[2] 争论较新的复述中把一些中介归于个人读者与译者，首先，争论现在可以这样解读：萨瓦尔卡学习马志尼，并把他的思想扩充成马拉地语（民族的、本土的）成语，但是，马志尼在革命的民族主义的发展中的影响不能被低估。[3] 然而，即使在较新的简洁表述中，大前提仍然是相同的：源于欧洲的思想，它们的全球化可以等同于它们在一个地方环境下的本土化。在对萨瓦尔卡这样的一个历史性解释中，地方史只是给普遍化前提增加了些颜色，但是，在本质上没有任何的变化，它也无法解释这些思想如何到达了印度。如果要问是否存在一部全球知识史，那我们必须面对一种潜在的假设，真正的全球思想的起源和它们传播的方向。

本章的目的不是要对信息与概念的流向提出一个简单的翻转，而是要提出框架扩展的问题，为的是超越思想影响与传播的简单单向性。马志尼阅读《薄伽梵歌》(*The Bhagavad Gita*)并不意味着其伦理影响了他的《青年意大利党人的职责与宣言》(*On the Duties of Man and Manifesto for Young Italy*)。然而， 233

---

[1] Stefano Recchia and Nadia Urbinati, introduction to *A Cosmopolitanism of Nations: Giuseppe Mazzini's Writings on Democracy, Nation Building, and International Relations*, ed. Stefano Recchia and Nadia Urbinati (Princeton, N. J.: Princeton University Press, 2008). For an analysis of the rearticulation of Mazzini's politics in a specifically Marathi idiom, see also E. Fasana, "Deshabhakta: The Leaders of the Italian Independence Movement in the Eyes of Marathi Nationalists", in *Writers, Editors, and Reformers: Social and Political Transformations of Maharashtra, 1830–1930*, ed. N. K Wagle (New Delhi: Manohar, 1999), 49–55.

[2] Gita Srivastava, *Mazzini and His Impact on the Indian Nationalist Movement* (Allahabad: Chugh Publications, 1982).

[3] Ibid.

这的确意味着在惯常的历史框架中不是很难提出这样的问题。(或许这种阅读发挥了关键的历史作用?)[1] 萨瓦尔卡作为一位思想家的成长，马志尼无疑是他的中心，但是，我们不应该简单地假定知识影响的实质与特征就开始我们的分析。也许把马志尼与萨瓦尔卡比较一下更有趣，注意到他们是相似的(如果远非相同)知识人物。马志尼和萨瓦尔卡都把他们自己看作文学人物，在写作领域比政治领域更成功。他们都不是系统的思想家。两者都是世界民族主义者，主张国家应该建立在一个更广泛的共同政治计划之上，而不是基于种族、宗教、文化与语言。但是，鉴于马志尼看到了泛斯拉夫人、意大利人和匈牙利人运动的潜在可能性，为了自己的国家，每个单元自主决定统一起来，而萨瓦尔卡却反对泛伊斯兰主义印度哈里发运动，因为它被断定会反对印度领土完整，开始用从宗教的角度理解领土问题，那对他而言似乎会破坏印度的政治团结。

马志尼的国家公民观是一种以他们的意志来管理人民的联盟，而意志又受到道德法则调节。讨论中的道德法则不能就其本身来命名，但就其特性而言，明显是宗教性质的。萨瓦尔卡根本就没有道德理论。马志尼自己是一个非常虔诚的宗教人士；而萨瓦尔卡与正统宗教印度的关系在最好的情况下，也是

[1] C. A. Bayly, "India, The Bhagavad Gita and the World", *Modern Intellectual History* 7, no. 2 (2010): 275－295. On the Bhagavad Gita, see the recent forum in *Modern Intellectual History* in which the contributors analyze its use and circulation in both Indian and international circles. In colonial India in the late nineteenth and early twentieth century, the Gita was picked up as the exemplary text of Hinduism in India in large part because of its versatility. That is, it could equally be marshaled in support of one's politics whether as a liberal, radical, militant, or pacifist nationalist. Yet as Chris Bayly argued, outside India the Gita emerged as a global text in large part because the ground had been cleared for it by the failure of Christian evangelicalism and a loss of faith in apostolic infallibility in the West.

令人担忧的。与伊曼纽尔·康德（Immanuel Kant）不同，他对意志的看法有时被个人决定的道德所左右，马志尼既不是不可知论者，也不愿意隐藏他的宗教虔诚。[1] 萨瓦尔卡竭力对印度教提出令人震惊的要求。马志尼的对话者包括他那个时代一些最出名的知识人物，如皮埃尔-约瑟夫·蒲鲁东（Pierre-Joseph Proudhon）、卡尔·马克思（Karl Marx）、约翰·斯图尔特·穆勒和约翰·莫雷（John Morley，印度的自由国务卿）。然而，许多像约翰·莫雷一样的殖民地自由官员们都想知道，234 萨瓦尔卡和他的伦敦团队是不是简单的狂热分子。[2] 但是，鉴于马志尼公开地反对马克思主义，萨瓦尔卡只是对马克思主义不感兴趣，明确地说，他也不是甘地。马志尼用进步主义的语言写作，支持妇女教育，并对自己被认为是反动派或保守派而愤怒。萨瓦尔卡一辈子都为自己被误解为一个反动的保守派而感到愤怒和沮丧。作为一名废除种姓制度的早期倡导者，他

---

[1] I am taking this summary from a conversation with Stefano Recchia and from the introduction to Recchia and Urbinati, eds., *Cosmopolitanism of Nations*.

[2] See the letter from Secretary to State John Morley to the Viceroy of India, the Earl of Minto, May 27, 1909, Mss Eur D/573/4, folio 116, London, British Library, Oriental and India Office Collection. Morley was alert to the idea that colonial rule was untenable and that resistance to it would take violent form:

> I have a painful feeling of the want of all sense of prooportion in my political friends who never recognize the immense advance we have now made in the progressive direction... You are no Ultra-Alarmist, nor more am I, but it is really senseless for these politicians to argue as if India were Yorkshire, or even as if it were Ireland. Such a want of imagination, and still worse such flat ignorance of the facts of the case—bombs and plots—and the greatest and deepest fact of all, that we are governing a population who don't love us, and who will less and less patiently acquiesce in our rule. (Morley to Minto, July 2, 1909, Mss Eur D/573/4, folio 134, London, British Library, Oriental and India Office Collection)

Indeed, in the correspondence between these two officials there is a good bit of confusion about how to label the group, as they are variously called murderers, extremists, anarchists, seditionists, and fanatics.

轻视正统婆罗门印度教的空洞仪式，赞成异族和跨地区通婚，热心地支持科学和现代写作，并且同意妇女接受教育。按照这样的逻辑，真正保守的印度民族主义者应该是甘地，他用宗教信仰演说，原则上赞成种姓制度，没有时间争取科学与进步。然而，历史决定了他的对立面。

除了勾画出相似性与不同点，我的目的不仅仅是突出这些重要人物的历史，也要展示无政府主义或者其他伟大的世界性思想，在世界不同的地区呈现出非常不同的形式。还是要作为一个问题提出来，即我们如何理解问题是什么的问题，诸如这些知识分子想干什么，他们认为他们是谁，而不是把这些散乱的历史发展轨迹限定在单向决定论或者封闭的文化框架里。萨瓦尔卡［和甘地、B. R. 阿姆倍伽尔（B. R. Ambedkar）、尼赫鲁、乔蒂劳·普莱（Jyotirao Phule）］从超越了英语或欧洲知识史文本标准的影响规则中获得了灵感。他们形成他们自己的理论与目的论，这明显是普遍化历史的部分，同时包含了要加入一场更大范围对话去的愿望的地方性目的。用帕尔塔·查特吉（Partha Chatterjee）的分析框架来看，他们几乎都不是派生的思想家，但是，他们使用其传统以外的资源与思想来论证他们的思想的合法性，并扩展他们的思想是没有问题的。他们那样操作，不是出于对影响的担忧，也不是要在一个他们认为完全原始的、本土的，或者始终如一的世界那样做。他们既是全球的，也是印度人的，没有矛盾或者限定。

235 因此把萨瓦尔卡置于全球知识史领域，需要在了解他的同时也要扩展国际主义的框架。然而，除了要分析地区和国际范围的文本与作者，我们还要认识到，萨瓦尔卡及其行为在其他民族主义的隐秘知识圈传播。埃及民族主义与印度极端主义之间的关系与联系如此牢固，使萨瓦尔卡论述 1857 年印度反英大起义的书籍，成为埃及民族主义期刊《利瓦》（*Al-liwa*）有关印度历史的主要来源。萨瓦尔卡的伙伴之一马登拉尔·丁格拉（Madanlal Dhingra）刺杀了柯曾-怀利爵士（Sir Curzon-Wyllie），他在埃及是以印度民族主义烈士的形象传播的。实际上，丁格拉在埃及比在政治相对温和的印度更是被当作一个民族英雄。[1] 易卜拉欣·纳西夫·瓦尔达尼（Ibrahim Nassif al-Wardani），对丁格拉的案例非常熟悉，后来枪击了总理布特罗斯·加利（Boutros Ghali），使一些英国官员把他与印度极端主义集中联系在了一起。[2] 后来，瓦达尼、丁格拉和萨瓦尔卡都被看作宗教狂热分子（还有马志尼，部分原因是受其想象的影响），即使殖民地官员不得不做出妥协，他们也很难找到他们宗教仇恨的证据，更别说他们保护宗教的行动了。[3] 正是在这些侧面而不是全球水平的各种圈子中，我们可以精确地定位出一个宗谱的历史，它是如何和为什么提到马志尼会立即向一个殖民警察发出全球威胁和“狂热主义”，更离奇的是“无政府主义”的存在的信号。

当面对像萨瓦尔卡这样的人物与围绕一部新的全球知识史诸问题的关系的时候，我们必须进一步提出如何在殖民占领与国际知识影响之间保持一种平衡感，这是印度政治思想发展的中心，还需要注意地方性与相近性及本土知识分子对形成印度知识史上任何关键人物的重要性。阅读萨瓦尔卡全部的文集，

[1] See Noor-Aiman Iftikhar Khan, “The Enemy of My Enemy: Indian Influences on Egyptian Nationalism, 1907-1930” (ph. D. diss., University of Chicago, 2006), 74-78.

[2] Ibid., 81.

[3] Ibid., 86.

也许就像读马志尼的大多数意大利语作品一样，提供了一幅非常不同的人物形象，迄今被特征化为“民族主义者”“无政府主义者”或者“原教旨主义者”。实际上，作为一种写作方
236 式，萨瓦尔卡对历史的兴趣比我迄今假想的要少得多，在许多方面，他更像一个文学家而不是政治人物。即使从他的散文来看，历史只是等同于意识形态，因为在那些历史中也是尽可能直白地作为意识形态工具来使用。在萨瓦尔卡多数的历史著作中，无论是他关于1857年民族主义叛乱时的第一部作品还是最后一部作品，从最好的角度来看，他自己总结的印度历史上的六个“辉煌时期”（*glorious epochs*），其历史写作的标准要素——基本保证精确性、事实性、权威性及历史的因果关系和顺序，似乎也不是那么重要，而且常常完全缺乏。它们被激情与论战所取代。由于我们知道萨瓦尔卡在印度与英国接受教育，我们完全没有理由相信他不知道历史事件发生的各种日期，也没有理由相信他只是延展一个历史事实或者一起从事其他年代学的研究。那么，我们该如何解释他对历史根本不感兴趣的问题呢？也许我们需要从其他地方去寻找一种有关其历史基本理论的合理解释。

最为重要的是，萨瓦尔卡把自己塑造成了一名诗人。他首先出版的是诗集——在危机时刻他反复转向的体裁，也是他最具煽动性的随笔《印度教徒特性》的核心文学主题。[1] 他的诗文跟他的散文一样充满意识形态地谈论他那个时代的政治问题，诸如童寡、瘟疫、印度人的阉割问题，以及用一剂现

〔1〕See Janaki Bakhle, “Country First? Vinayak Damodar Savarkar (1883-1966) and the Writing of ‘Essentials of Hindutva’”, *Public Culture* 22, no. 1 (2010): 149-186.

代心药来治愈印度文明衰落的需要。然而，他的诗还植根于其对地方文学传统与梵文韵律重要性的感知，植根于对作为隶属问题的神话主题和政治列传中史诗（mahakavya）风格的认知。[1] 萨瓦尔卡自认紧跟传统——正如劳伦斯·麦克雷（Lawrence McCrea）在论述毗尔诃纳（Bilhana）《超天行传》（*Vikramankadevacharita*）的论文中所说——真正的国王的帮扶者是诗人，不是历史学家，诗文“不是简单地宣扬或者保护王室英雄主义的美德，而是创造他们”。萨瓦尔卡也许应被精确地理解为他不是要被看作另一个流行诗人，他是马志尼与贝尔纳的合体——作为典范，全能的吟游诗人，能够运用地方传统引领古典习语，从而形成一个现代民族国家。[2]

萨瓦尔卡的诗在品质上变化很大。有一些挺好，有一些浮夸，还有一些抒情，所有的诗都既晦涩又费解。这不是不寻常，因为他的诗意的声音既成熟又找到了节奏。他想写《卡维亚》的意愿是明显的，但是，他赞颂的美德不是早期时代的国王，而是最初的民族，寓意为母亲、姐妹或者寡妇。纳拉扬·拉奥（Narayan Rao）曾经辩称，诗文作为一种媒介是不 237

---

[1] I refer here to the argument made by Lawrence Mccrea, “Poetry Beyond Good and Evil: Bilhana and the Tradition of Patron-centered Court Epic”, *Journal of Indian Philosophy* 38, no. 5 (2010): 503 - 518. Philip Engblom noted as well that such writing is a continuation of the pandit tradition in western India. See Philip Engblom, “Vishnu Moreshwar Mahajani and Nineteenth Century Antecedents to Keshavsut”, in *Writers, Editors, and Reformers: Social and Political Transformations of Maharashtra, 1830 - 1930*, ed. N. K. Wagle (New Delhi: Manohar, 1999), 143. Engblom details some of the early poetic experiments in the modern period by poets such as Mahadev Moreshwar Kunte, among others.

[2] I follow the line of argument made by Fasana, “Deshabhakta”, 45.

真实的，除非其被背诵、解说，基本上都是听觉上的史学。[1]但是，萨瓦尔卡写诗的目的就是要让那些懂得旧韵律的一批新读者阅读，并在杂志上发表。[2]他非常清楚地使用特定上下文的合成词与音素，目的就是使风格有效果，承认拉沙（rasa）（情感内容）与韵律彼此不分高下，他的诗的情感部分要比简单的韵律使用重要得多。[3]他既使用当地的马拉地语，又使用梵语古典韵律，如《夏杜拉维克利地提》（*Shardulavikridit*）和《曼达科兰塔》（*Mandakranta*），还有律诗，除了一些例外，都需要正确审视。正如菲力普·恩布卢姆（Philip Engblom）提到的，马拉地语与梵语的关系如此紧密，以至于马拉地语诗歌去适应梵语的标准，也不会觉得牵强附会。[4]随着布路沙（purusha）和末利度（mridu）语音的合

---

[1] A personal comment to me at the Cornell Workshop on the Folk and the Classical, May 2011.

[2] For an analyis of the encounter between the larger world of English literature and poetry and Marathi literature and poetry that resulted in the development of modern Marathi poetry, see Philip Engblom, "Keshavsut and Early Modernist Strategies for Indigenizing the Sonnet in Marathi", *Journal of South Asian Literature* 23, no. 1 (1988): 42-66. Engblom is sensitive to the different strands of Marathi poetry, to poets who either resisted English influence by sticking resolutely to older Shastric and Sanskritic norms or assimilated and emulated it by trying in effect to write English poetry in Marathi, by working with a more natural idiom rather than the convoluted and difficult medium of Sanskrit. Between 1870 and 1920, a few exceptional poets who marked modern Marathi poetry were Keshavsut (Krishnaji Keshav Damle, 1866-1905), whose famous poem "Tutari" is claimed to have trumpeted the birth of modern Marathi poetry chiefly in its use of the sonnet form. Tryambak Bapuji Thombre (1890-1918), known as Balkavi, was the best exponent of the romantic modern poetry while, Bha. Ra. Tambe, or Bhaskar Ramachandra Tambe (1874-1941), wrote poetry for the emerging middle class.

[3] I am grateful to Somdev Vasudeva for reading this poem with me and helping me with many of its Sanskrit features. I owe this insight to him.

[4] Engblom, "Vishnu Moreshwar Mahajani and Nineteenth-century Antecedents to Keshavsut", 145.

并，马拉地语还由一部分梵语构成，使萨瓦尔卡能够以一种特定的杂糅风格写作，旨在保护用梵语和马拉地语写作的单一文学传统。同时，当萨瓦尔卡在他的诗文中提到第一人称单数的时候，还使用不和谐的美雅语（mya），而不是阿米语（amhi），或者使用阿萨查（aasacha），而不是埃萨查（asaycha），也许他使用既古老又纯朴的马拉地语写作，不仅是作为一种让读者更容易理解的方式，也更易于理解萨马塔·拉姆达斯（Samartha Ramdas）的诗。他也许也曾经试图反转古典和本土形式之间的一般关系。

因此，诗文可以说至少指出了萨瓦尔卡的个人发展轨迹。他出生于马哈拉施特拉邦（Maharashtra）乡下一个名叫巴古尔（Bhagur）的小城镇，先在纳西克（Nasik）后来在普纳城（Pune）接受教育。他的个人发展轨迹是从印度西部最小的村镇之一到更大、更繁华的大都市环境，从普纳到了英国的心脏伦敦。尽管他有国际旅行的经历，但是，他的生源地与历史对他文学素养的培育，对他历史意识的形成的影响还是巨大的。殖民地作者格兰特·达夫（Grant Duff）的《马拉塔人的历史》（*History of the Marathas*，1826）中，以及马哈拉施特拉邦杰出的历史学家拉杰瓦德（Rajwade）都写道，从大约 17 世纪直到 1818 年马拉地被英国东印度公司彻底打败为止，该地区人们对于自己民族历史的诉求。因此，马哈拉施特拉邦的历史不能 238
被轻易地同化进大印度民族主义的框架之内，即使它与之有关联。正如普拉奇·德什潘德（Prachi Deshpande）所言，在马拉地酋长希瓦吉·邦斯莱（Shivaji Bhonsle）（1690—1708）的记忆中，他与莫卧儿帝国最后一个皇帝间经常发生的战争，构成了地区自我认同的重要部分。[1] 激进的诗圣萨马塔·拉姆达斯成为希瓦吉的政治与精神顾问，事实上成为现代马拉地社群的保护神，在几种文学与诗歌中得到纪念。如果我们想从萨瓦尔卡的文库中推测出什么，我们当然要承认前现代诗人，如拉姆达斯和莫罗彭特（Moropant）的影响，他们的雅利安语在文学圈子里广为人知。

举例让我们看看萨瓦尔卡一首涉及有关由瘟疫导致的童寡问题的更长更有趣的诗。在 20 世纪早期的印度西部，瘟疫对农村的乡村与城镇造成了毁灭性的影响，暴露出英属殖民地抑制与控制瘟疫的企图与生活于其中的马哈拉施特拉当地居民的态度之间存在巨大的文化分歧。萨瓦尔卡利用一场由于殖民当局政策导致事态恶化的自然灾害，把我们引向童寡的传统与古老的丑闻，其中他强烈谴责了那些能够生活与繁荣的鳏夫们至少和他追求一部僵化的经典（shastric）法律一样多。

从雅利安语韵律来看，诗本身有 102 行。这里我只提供一种粗略的译解，只关注他使用的主题。萨瓦尔卡经常改变声调，从他自己来说，作为写瘟疫的诗人，对于一位户主、死者妻子的灵魂、一位年轻的妻子、一位年轻的寡妇来说，整个诗篇就是献身。他转向了一处私密的空间，一个家庭和全家人，丈夫失去了亲人，儿子忧郁，恐怕他的父亲也会离开他。这里的语气就是自传体式的，萨瓦尔卡在瘟疫中失去了母亲，最终也失去了父亲。他的母亲青年早逝，萨瓦尔卡不得不接受丈夫
239 与妻子之间爱的考验，但是夫妇还是孩子气。孩子之间就是爱

[1] Prachi Deshpande, *Creative Pasts: Historical Memory and Identity in Western India, 1700–1960* (New York: Columbia University Press, 2006), esp. chap. 2, "Representing Maratha Power".

玩，日常语言里也不涉及性的问题，只有熟悉，这些孩子好像就是一些比萨瓦尔卡写诗的时候更年轻的男孩与女孩。

他又把声音转向了那位已经去世的年轻妻子的灵魂，后又返回到萨瓦尔卡。我们读这个男性写作的诗的时候，是否需要使用女性的语气？他从波拉沙达（prasada）宫殿开始，这座宫殿是用压迫和腐化的灰浆为瘟疫而建造的。第一行完美地标出了韵律，第二行需要一些小把戏。但是，在第一行，他想让他的读者知道他懂得梵语韵律的规则。[1] 瘟疫自身凝视着（男性的语气）土地上的美人们——阿亚瓦塔（aryavarta）——不喜欢任何其他人。他的眼睛里尽是这片土地上令人陶醉的美女，按照梵语“la”头韵编目的话有布拉拉（bhulala）、库拉拉（khulala）、瓦达达（vadala）。[2]

瘟疫传播到了全印度，抚抱（用一只可怕的手）了孟买，然后到达了普纳、纳西克，产生了神圣的香客，在戈达瓦里河（Godavari）沐浴，后来去了普里。[3] 萨瓦尔卡巧言令色地发问，我还能说点什么？一下子瘟疫就环航了这个国家，没有疲

---

[1] The poem was submitted by Savarkar for a competition held by the Bombay Hindu Union Club. He wrote it in 1909, and the full Marathi text can be found in *Samagra Savarkar Vangmaya*, 8 vols. (Bombay: Savarkar Smarak Publications, 2000), 8: 42.

Paaya paravashata jya, dushkalachya shilahi zho rachila
Avanati-krutant-keli-prasada plague kalas tya khachila (1)

[2] Nandanavanasam mohak srishticha saarbhut ha desh
Ho drishti dhanya pahuni, dharuni asa plague hridayi uddesh (2)
Aryavarti aala, mumbaila the vile mag padala
Zhala ant sukhacha ye ut anantvakatra-vipadala (3)
Jee aikili tyahuni shatapat adhikachi suruchita dhanya
Pahuni bhulala khulala vadala; mohak na bhu ashi anya (4)

[3] Kela nishchaya aisa, kuravaluni Mumbai bhayan kari
Ho dhig na nj jine te, yastav baghnya pune prayan kari (6)
Godasnanastav kari shrimattrayambak puris gamanala
Ala panchvateela tethuniya ramraya namanala (7)

劳。瘟疫摧毁了城市，没有一篇祷文与圣歌能发挥什么作用。[1] 萨瓦尔卡一再强调相信圣歌与祈祷者的谬误。

从第29节开始，萨瓦尔卡无情地保证了没有内心最深处的感情，没有情绪的途径，没有知识的方法可以让我们使用，就可以直接知道童寡的恐怖。[2] 对该首诗持批评声音的是一位早期女权主义者，她忙于让整个社会意识到童寡们悲惨的处境。在接下来的几节，萨瓦尔卡没有留退路，严厉谴责了正统印度教：吠陀经（the Vedas）、立法者和僧侣。他的笔猛烈抨击社会，特别是那些已达耄耋之年还与年轻姑娘结婚的欢愉的鳏夫。在这层意义上，该诗是一种求助于古典习语的反霸权文本，整理出一种还未形成的民族的意识形态批评。[3] 对妇女而言，瘟疫更是在伤口上撒盐。不仅仅是制造了过着悲惨生活的童寡，还杀死了母亲、姐妹和妻子们，因此，接近于要根除

[1] Bahu kay vado? Kele aikya abdat deshparyatna
Pavanahuni javan, nachi damla ha ki vichitra vidhighatna (8)
Plague kashacha ala? Krutkarmachachi bhog avatarala
Karmayatta phalachya upabhogaveen kon bhav tarla? (9)
Keli bhayan nagare, nagarasam dat sarva vana vasate
Damale namale gamale hatsattvachi mantra tantra sunvasa te (10)

[2] Jata nath streecha tee gai-huni gay manave
Sutka ablanchi tya karnya ghesi na ka yama nave? (31)
Bandhu na, bandha na, na matapitar jya abhagite (32)
Tya majhi dukhachi prabhuji! Pochti na ka nabha geete?
Mee alpavayi bala, majha saubhagyanidhi aha jalala
Vaidhavyacha durdhar bhayankar giri ha prachand kosalala (33)
Kay karu? Zau kuthe? Ho majhe aptsoyre sare
Tara anath bala, chal baghta svastha baisuni ka re? (34)
Dete ka koni ‘ablechya hya madeey hakela?
Bola ho, bola ho, dheeracha shabda ek tari bola (35)

[3] I am indebted for this insight to Satya Mohanty and the other participants at the Cornell workshop, including Narayan Rao, Leela Prasad, and Lawrence McCrea.

整个女性群体。他倡导什么？他将求助于谁？萨瓦尔卡吸引了正统印度教的领袖——商羯罗查尔雅（the Shankaracharya），以求赞成寡妇再婚，为寡妇建立由老寡妇管理的学校，以便一个新社会能从那些受教育的年轻妇女一代那里获益。 240

为什么一首诗如此重要，不仅为他赢得了奖品，还是它在早期阶段成为印度西部诗人的标志？部分原因是现在主义的大手禁止了对像他那样的关键人称的真正历史探究，部分是由于民族主义的历史禁止对像他那样的人物在本地域到底代表了什么形象的特定的地域性理解。但是，更重要的是，他的诗文是他所有作品中最智慧的需求，因此，需要极认真地对待。为什么萨瓦尔卡要用梵语书写，故意复杂化地把注意力更多集中于传统，而不是历史诗歌？在有关论述现代早期的文献中无法找到这个问题的答案。因此，必须要保证承认萨瓦尔卡提供的写作类型与前殖民地全球世界的关系，前殖民地全球世界被谢尔登·波洛克描述为波斯语和梵语国际大都市的世界。[1] 关于那个世界，波洛克写道：

> 也许据说懂三种国际文化语言：梵语，前现代主要的印欧语系，有2500年的语言历史；波斯语，其本身的历史在第二个千年重新开始；从18世纪以来是英语。除此之外还有一小部分第一个千年添加到这些语言中的印欧手写语：普拉克里特语（Prakrits）［尤其是马哈拉施特拉语

〔1〕Sheldon Pollock, "The Sanskrit Cosmopolis, 300-1300: Transculturation, Vernacularization, and the Question of Ideology", In *Ideology and Status of Sanskrit: Contributions to the History of the Sanskrit Language*, ed. J. E. M. Houben (Leiden: Brill, 1996). Here Sheldon Pollock, who insists on an earlier literary cosmopolitanism, challenges the modernist emphasis solely on a world that is global because of capitalism. The literary cosmopolis of Sanskrit is a case in point.

(Maharashtri) 和萨拉色尼语 (Saraseni)]、巴利语 (Pali) 和阿帕赫拉姆沙语；第二个千年是新印欧语，包括孟加拉语 (Bangla)、古吉拉特语 (Gujarati)、印地语 (Hindi)、信德语 (Sindhi)、僧伽罗语 (Sinhala) 和乌尔都语 (Urdu)；还有在第一个千年被证实的四种现印度的德拉威语 (Dravidian)：泰米尔语、坎那达语 (Kannada)、泰卢古语 (Telugu)、马拉雅拉姆语 (Malayalam)。[1]

萨瓦尔卡的知识与对梵语、马哈拉施特拉语、阿帕卜拉姆沙语和现代马拉地语的使用，使他跻身于文学文化的行列，这种文化在两个千年通过梵语及波斯语大都市的重叠已经在非欧洲的方向上国际化了。

241 在一篇广泛引用的文章《梵语之死》 (*The Death of Sanskrit*) 中，19 世纪晚期，梵语作为一种能够准确表达原始思想和概念的语言及媒介，波洛克为其的遗失感到惋惜。通过对印度狭长时空的鉴别，波洛克辩称，到 1800 年的时候，“梵语创造历史的能力已经消失了”[2]。此外，如他所指，“在道德与美的想象力方面的伟大实验已经彻底丧失了，相反，创造力被限制在了狭小的赞美诗里了”[3]。作为一种世界上最古老而伟大的文学语言的革新能力，已经消失了。波洛克辩称，一方面，那平衡了对跨世纪与地区间写作的特殊文学作品的赞美与承认；另一方面，这种创造力的消亡，造成了一种有趣的历

[1] Sheldon Pollock, introduction to *Literary Cultures in History: Reconstructions from South Asia*, ed. Sheldon Pollock (Berkeley: University of California Press, 2003), 23.

[2] Sheldon Pollock, “The Death of Sanskrit”, *Comparative Studies in Society and History* 43 (2001): 394.

[3] Ibid., 398.

史定位：为了扮演送葬人的角色，天才必然会跨时空重现。最后的场景在两个剧幕中结束了：一个是在殖民化时代倒数第二的结局，最后一个是在民族主义和后殖民时代对梵语而言终极的、毁灭性的后果。对波洛克而言，这终结了梵语的创造力。

100 多年前，维什努沙斯特里·切普伦卡尔（Vishnushastri Chiplunkar，1850—1882）——《尼班德哈马拉》（*Nibandhamala*，1874）的写作者与出版者，询问了波洛克有关马拉地语的问题。由于拥有最无畏而坚定的民族主义意识形态优势，切普伦卡尔在早期的一篇文章中激烈地论述了作为一种有系统、有活力的语言，马拉地语正面临日益紧迫的被丢弃的可能。切普伦卡尔意图明确地要在殖民地时代提出这种知觉，英语的快速流行与便利使用正在威胁要取代流行更慢，更加严肃、深奥而美丽的马拉地语。[1] 在切普伦卡尔的那个时代，把马拉地帝国带到阿塔克（Attock）和德里（Delhi）的政治主权语言，以及图卡拉姆（Tukaram）、拉姆达斯、穆克缇斯瓦（Mukteshwar）、瓦曼·潘迪特（Waman Pandit）和莫罗彭特（Moropant）等诗人的语言，正面临着被那些认为它太贫乏而不能作为其他语言使用的人所取代的危险，只能作为一种翻译语言，不能用于创新思维。切普伦卡尔也提到了马拉地语在一种政治语境中的强健地位，区分了统治语言与殖民占领语言的差异。如其所言，穆斯林统治时期，要求学习阿拉伯 242
语和波斯语，这已经进入了马拉地语，但是，反常的是，不但没有损毁马拉地语，反而加强了它。这个案例不适用于英语。

[1] V. S. Chiplunkar, "Marathi Bhashechi Sampratchi Sthiti", 4-5, in *Nibandhamala*, 2 vols. (Pune: Varda Books, 1993), 1 : 1. For a historical analysis of Chiplunkar's work, see Deshpande, *Creative Pasts*, 100-105.

切普伦卡尔用准空间限制来解释这种现象。波斯语与马拉地语相互作用，但是没有取代彼此的使用空间，似乎很明显，波斯语却成了马拉地语的一部分。然而，英语却不是那么回事，它维护了其整体结构，并成为一种真正的时尚。跟着英语传播的方向，马拉地知识分子集体迷失了自我。对切普伦卡尔而言对英语的迷恋更糟糕，在他的最佳时期，马拉地语被看作除了作为一种翻译语言，没有什么用处，就其使用范围而言，也是为了这个目的，处于更广泛地传播英语的卑屈地位。因为这个原因，马拉地语没必要把它归入过去，而英语代表未来，应该把它作为一种可以解释一切的语言加以记忆，包括梵语。

那么，按照切普伦卡尔的逻辑，马拉地语一直是“全球的”，尽管它只有地区间的联系和同样重要的传统。100 多年以后，从一个反民族主义的观点出发，谢尔登·波洛克做出了同样的评价，认为梵语及波斯语世界主义强化而不是消除了本土语言。[1] 萨瓦尔卡同意并引用了切普伦卡尔的观点，仍然坚持梵语比其他语言更有特权，在他的诗文集中体现得最为明显，诗文指出了印度历史上一个特别的时刻，其中民间与古典的世界，前现代梵语的大都市，深奥的地方诗歌传统一起表达了反殖民与民族主义的动机。我在其他地方就主张，正是萨瓦尔卡的圆滑使人们有可能对他声名狼藉的文本《印度教徒特性》就一定的政治范围进行解读，无论是过去还是现在。对他的诗歌、散文及辩论术投入的更大计划就是对马拉地语的纯化，地理的印度教化和印度历史的民族化。波洛克写道：“短剧（kavya）……常常是一场有关语言如何使用的争论，事实

〔1〕Pollock,“Introduction”, 25.

上，是生命如何使用的问题。”[1] 如果这是事实，那么萨瓦尔卡明确地让我们知道他所知道的，他是怎么使用语言的，事实上，他将如何度过他的一生。

萨瓦尔卡的诗歌深奥的部分就是，当把它理解为马拉地语 243
的时候，它又和梵语化的东西一样，对一般的马拉地语读者来说难以理解，甚至对那些熟知这些诗歌的人也是一样。它既不是马拉地语，也不是梵语，既不是古典的，也不是民间的，是故意的混合，对一般的马拉地本土读者及梵语学者而言，它是一种故意篡改的写法。回顾前代马拉地诗人的时候，萨瓦尔卡忽略了马拉地语和梵语语言群的现代分歧，坚持在一个民族的和自我批评的重要时刻把他们整合到一起。这是梵语学者及马拉地学者共同嘲弄的一首诗，因为它没有公开地具体化任何一部经典，即使它尊重这两种语言。它尽可能地打破规则，同时让那些规则的掌控者知道，该诗人知道那些规则。萨瓦尔卡在世俗的语域中崇拜拉姆达斯，模仿莫罗彭特，关注切普伦卡尔，他支持其政治学说，却对东方学者、印度学者以及传统梵语学者嗤之以鼻，因为无论是过去还是现在，他们都把他的混合梵语看作不准确的梵语，是需要抛弃的政治学说。作为回应，萨瓦尔卡强烈主张谢尔登·波洛克引证的梵语及所有语言，在印度–雅利安人黄金时代早期引证的，同样归属于他，做了他满意的事。毫无疑问这是一场自大的、自主的、傲慢的原始民族主义运动，但是，诗人萨瓦尔卡充分利用了传统的全部知识做到了这个，使那些规则屈服于他的诡计。

然后，如何书写一部像萨瓦尔卡一样的人物的知识史？很

---

[1] Pollock, “Death of Sanskrit”, 394.

明显，传统的范畴对于碎片化的理解是有用的，但是，四个结构还是不充分的。马拉地的地域结构不足以理解他，因为他远不止是一个马拉地诗人。民族的结构也不充分，因为他完全忽略了地区文学史的密度和与甘地的标准不相匹配的民族主义者。现代民族主义的结构也不充分，因为它没有考虑古老梵语大城市与萨瓦尔卡试点之间的连续性。最后，现代早期的结构也是不充分的，因为它把萨瓦尔卡后来的混合梵语实验贬低为既俗气又错误。

244 在寻求一种途径把这些结构整合成某种彼此的组合前，我将求助于本尼迪克特·安德森近期出版的论述菲律宾诗人黎萨的图书《三面旗帜之下》（*Under Three Flags*）。这是一部有关国际性和全球性的历史，封面上描绘了三个旗帜，即无政府主义的旗帜、古巴的国旗和菲律宾的国旗。安德森密切关心三个菲律宾爱国者：伊萨贝洛·德·洛斯·雷耶斯（Isabelo de los Reyes）、马里亚诺·庞塞（Mariano Ponce）和黎萨，尽管这个群体的最后一名成员比其他人更让他感兴趣。他认为俾斯麦（Bismarck）的三重世界作为一种现象的全球无政府主义和日益衰退的西班牙帝国构成这些思想发展和传播的巨大历史背景。安德森围绕象征主义、文学形象和西班牙与美国帝国主义建构了他的框架，但他并没有给这个框架单一的解释。帝国（不是殖民占领）以前所未有的方式把19世纪晚期的世界全球化了。菲律宾之所以吸引安德森，是因为“在19世纪90年代，菲律宾虽然处于世界体系的外围，却短暂地扮演了一个世界性角色，尽管后来一直逃避这种角色”[1]。他的研究对象黎萨生活在一个全球化的世界，这个世界随着无政府主义作为一种流行的概念，通过文学来相互联通。根据安德森的定义，尽管国际无政府主义是“全球反工业资本主义、独裁政府、自由主义和资本主义的主要工具”[2]，但他谨慎地提出更多问题，而不是答案，最后他提议，虽然无政府主义在全球传播，但思想明显有它们自己的传播时间，并不为特定的地方或群体所有。

在一项既是个人性又是实验性的工作中，安德森并没有背离他早期关注的东西，写作更多地是为了打开解释的范围，而不是确立一种单一的全球性观点。他用令人叹为观止的博学做到了这一点。他对法语、西班牙语、荷兰语和英语（还有他所谓最后的纯净语言：拉丁语）文献的熟悉，使他能够对全球主义及美国帝国主义展开熟悉的，但更精妙的攻击。《三面旗帜之下》为一张横跨欧洲的大网，他选择的民族主义者/无政府主义者可以出入其中。熟悉的比喻出现在了该作品中，诸如亚洲小说形式典型的现代性诞生方式，还有求助于民间传说和口头传播而产生的民族社群。“启蒙运动”通过“落后的” 245
西班牙“不落后的”语言传入菲律宾，这一表述描述了生活在殖民地马尼拉的伊萨贝洛·德·洛斯·雷耶斯的情况，他出

[1] Benedict Anderson, *Under Three Flags: Anarchism and the Anti-colonial Imagination* (New York: Verso, 2005), 4. Many of the ideas in the sections on Benedict Anderson come from a vibrant discussion about his work in my class on revolutionary nationalism around the world in spring 2009. I am grateful to my students Monica Saini, Sylvia Abdullah, Mujeeb Mashal, Samiha Rahman, Tamar Newman, Tim Curley, Louis Miller, Gus von Hagen, and Ben Honrighausen for their stimulating discussion, and I would like to acknowledge their role in my formulations.

[2] Anderson, *Under Three Flags*, 54.

版了一本西班牙语的《菲律宾民间故事》（*El folk-lore filipino*）。伊萨贝洛把自己塑造成带给“殖民地政体精神愚昧……现代欧洲之光”[1] 的人之一。德国优于西班牙，但是，在语言中建立等级制度的是西班牙语！

就在《菲律宾民间故事》出版的同一年，黎萨也出版了他的首部无政府主义的、煽动性的小说《不许犯我》（*Noli me tangere*）。安德森重视菲律宾的世界主义，使他提出的中心问题也是关于我们应该如何理解思想的国际传播。

> 菲律宾人给用德语的奥地利人写信，给使用英语的日本人写信，用法语、西班牙语或者塔加拉语（Tagalog）互相写信……，有一些人还懂得一点俄语、希腊语、意大利语、日语和中文。电报可以在几分钟之内全球发送，但是，真正的交流需要真实的、牢固的，通晓多种语言的国际主义。[2]

在书的结尾，作者给读者留下了一系列未回答但内涵富饶的问题。

在菲律宾和古巴的反殖民（西班牙人）民族主义之间的联系，主要是通过他热情地关注黎萨来探究：他读与没读什么，在哪里读到它，他的作品将被如何解释，他的作品在哪里传播，他们哪里被误解了。安德森跟着黎萨周游世界，读他的书，打开他的手提箱，当某些作者［夏多布里昂（Chateaubriand）、伏尔泰（Voltaire）、佐拉（Zola）、塞万提斯（Cervantes）、巴尔扎克（Balzac）和斯威夫特（Swift），还

---

[1] Pollock, “Death of Sanskrit”, 13, 23.

[2] Anderson, *Under Three Flags*, 5 (italics added).

有其他人］出现在他的资料库，当某些［黑格尔、菲希特（Fichte）、马克思、托克维尔、孔德（Comte）、圣西门（Saint Simon）、傅立叶（Fourier）、边沁（Bentham）、穆勒、巴枯宁（Bakunin）和克罗波特金（Kropotkin）］政治著作缺失的时候受到打击，尽管他在诸如马德里、巴黎、伦敦和柏林等大城市中心生活了 10 年时间。[1] 当然，国际激进运动的重要影响是土生土长民族主义发展的中心，但是，安德森自己却主张采取地方文学成果，正如文学提示了一种有帮助的关系和人类学
“科学”的运用，或者民间传说的发展。安德森的新作品最引 246
人注目的地方在于，他早期对民族主义明确传播的说法，这个说法现在变得更复杂了。令人关注的思想交流的路线不是多因素决定的，放任的或者容易的或者直接的影响，安德森再三地强调要坚决抛弃简单的或者单一的答案。

当我试图搞清楚萨瓦尔卡类似于全球或者地方思想传播与影响路线的关系的时候，我从安德森拒绝优先选择相似性高于差异性、找答案高于提问题和一般性高于特殊性方面找到了线索。萨瓦尔卡的“无政府主义”当然可以归类到国际的“惊人政治刺杀计划……由既绝望又充满希望的无政府主义者付诸实施”[2]，类似黎萨在 1892 年一封绝望而悲怅的信中表达的感情，奉命执行任务，死后得以公开：

> 我也想对那些否认爱国主义的人说明，我们知道如何为了我们的责任和我们的信念付出生命。如果一个人为了其所爱，为了其国家，为了其所尊敬的人付出了生命，意

［1］Anderson, *Under Three Flags*, 105.

［2］Anderson, *Under Three Flags*, 41.

味着什么呢？……我一直深爱着我那贫穷的国家，我深信将永远爱她……我的未来，我的生命，我的欢乐，为了她，我牺牲了一切。[1]

一些通常的比喻似乎不可避免：对殉道的崇拜，对母性国家的压倒一切的责任感，与情爱相关的所有欲望都在这个抽象概念中得以升华。但是，正如我所指出的，也有一些地方性的联系，尤其是在长期存在的马拉地语文学传统中萨瓦尔卡对地方的罪过。萨瓦尔卡的无政府主义不能轻易解释为与陷入困境的婆罗门（Brahmin）的角色有关，或者与之保持一致，作为全面保守的印度社会环境他治的典型，也就是他如何在其自传体作品中塑造自己，即他的马拉地语与印度语传记作家们重复创作的形象。不用求助于民间故事，就梵语专著而言，萨瓦尔卡虽然只有模糊的和刚开始的自主学习的水平，在《印度教徒特性》中把印度地方思想放在一块充满神话历史人物的古老土地来反对甘地。黎萨和萨瓦尔卡都不会使用“无政府主义者”这个术语作为他们自我认同的手段。但是，殖民地警
247 察使用这个术语，而且现在的历史学家们也是如此。该术语要求既要关注全球力量与内涵，又要关注深奥而基本的矛盾，即使当影响的问题似乎不可否认。

我曾经提到殖民前和殖民早期（前现代与现代早期）的全球结构，主要是想指出不但一直就存在一个全球思想传播的线路，而且启蒙范畴的中心地位对于印度思想知识史而言不能与殖民主义分开来理解。殖民主义既是一种偶发性历史力量，又激发了民族主义的抵抗和文明自治或者优越的诉求，反对一

[1] Anderson, *Under Three Flags*, 134 (Anderson's translation).

切思想都源于欧洲的思想。正是殖民统治和对殖民的/帝国主义的/全球历史的认识论假想，强化了久已在世界历史学家们中存在争议（传统/现代，欧洲启蒙/殖民地启蒙，起源/接受）的范畴的力量。这些类别中没有一个能够单独完成全球知识史所需要的全部工作。“对历史的研究”，帕尔塔·查特吉在早期的结构主义思想框架中写道，“必须关注结构转化为事件和事件转化为结构的不断的过程。历史话语是建立在不断变化的、充满张力的、固有的争论性知识领域之上的。”这不是一项简单的任务，查特吉为我们开出了所有历史学家都必须咀嚼的苦涩草药。历史学家需要接受“矛盾的不平衡发展和对立的不同顺序”作为一种历史理论，这就是问题的所在：“一个很大的理论不确定性区域。”至少，这将需要承认殖民统治的基本特征，同时发挥本章中引述的所有人物所能看到的特殊历史，不仅包括萨瓦尔卡和马志尼，还包括黎萨和其他人。正如安德森在《三面旗帜之下》向我们展示的那样，我们要吸取的第一个有益的教训。如果我们要继续研究全球知识史，首先必须扩展解释学的框架，然后坚决地、永久地保持开放。这是一件值得承认的事情，正如苏迪普塔·卡维拉杰所做的那样，承认欧洲的恐慌围绕在我们所有人的身边；还有另一 248
种说法是，欧洲的恐慌应该（或者曾经）为这些争论设定了条件，或者更糟的是我们只是不承认它已经这么做了。

254

第 11 章
构造与接纳的世界[1]

邓肯·贝尔（Duncan Bell）

假如有那么一个世界，拥有各方面差异很大的多样性；假如有许多个世界，它们的交集只是唯一。一个世界被看成多个世界，或者多个世界被视为一个世界。一个世界还是多个世界取决于你构造世界的方式。

——纳尔逊·古德曼（Nelson Goodman）《构造世界的多种方式》（*Ways of Worldmaking*）

形容词“全球的”通常被用来充当大量研究实践与计划的正当策略，这差不多相当于萨满的光环。人文学科正在对空间进行重新的定位，要重塑各种空间，产生大量革新性研究议程。在历史的学科母体里，“全球”史的显著扩大被作为典型，同时，在政治思想领域——我自己的主要学科发源地——

〔1〕I would like to thank the following people for reading the draft of this chapter and/or for illuminating discussions about the topic: David Armitage, Ze'ev Emmerich, Ian Hunter, Sarah Fine, Joel Isaac, Duncan Kelly, Benjamin Lazier, Samuel Moyn, and Andrew Sartori. All the usual disclaimers apply.

已经产生一种正在兴起的“比较政治理论”的讨论。[1] 全球知识史就是这些交叉研究趋势的结果。在对人类想象力的研究中，我们已经到了一种潜在的“临界时刻”了吗？[2]

在本书的第一章，塞缪尔·莫恩和安德鲁·萨托利为构思全球知识史的各种方式画了一张概念草图。尽管它们之间存在着实质性的差异，但在多数的反复中存在一种结构上的相似性：充分概念化“全球”的失败。虽然当代编史经常援引，但是，思想很少被质询。用“全球”来回答的问题是什么？对这个问题思考的一个方式就是反思其可能的反义词，两个通过现有讨论交织在一起的反义词。首先就是全球与特定的地区或者地方相比较。这里的主要目标是方法论民族主义，特定政 255
治共同体的边界是由研究的术语及范围确定的观点。从这个角度来看，全球知识史是日益衰弱的学术狭隘主义形式的解药，知识是不受政治边界的限制或者构建的，是在话语相互交叉、地理分散的地域内生产与消费的。虽然有许多需要说明的问题在民族的（国家主权主义的）框架下无法提问或者回答，但还有许多其他的问题也许是合适的。这都取决于提出的问题。通过解释止赎权的同样逻辑，方法论全球主义映射了方法论民族主义的局限性，在调查开始之前，需要整理一些答案的参数。其次，该挑战对该领域只是造成了附带的打击，对许多知

[1] See, for example, Fred Dallmayr, *Comparative Political Theory: An Introduction* (Basingstoke: Palgrave, 2010); Andrew F. March, “What Is Comparative Political Theory?” *Review of Politics* 71, no. 4 (2009): 531-65; Christopher Goto-Jones, “Comparative Political Thought: Beyond the Non-Western”, in *Ethics and World Politics*, ed. Duncan Bell (Oxford: Oxford University Press, 2010), 219-38.

[2] Samuel Moyn and Andrew Sartori, “Approaches to Global Intellectual History” (chap. 1, this volume).

识史学家来说，他们在地区内及横贯大陆的模式中已经开始做了。[1] 例如，多数欧洲知识史聚焦于空间上扩展了的、多语言的文学界。此外，支配萨托利和莫恩调查覆盖极好专题的那些知识传播与接纳的历史，在范围上很少有能称为真正全球的，它们都跟随历史悠久（即使有时被边缘化）的学术传统的结果。

也许从更一般意义上讲，全球的反义词就是“西方”。这个思想在这里似乎是指全球知识史正形成一种挑战，知识史恶性衰减对西方知识史的挑战。其目的是把讨论扩大到以前被忽略的区域，增加更多的声音，这代表了一种对学术活动进行抵制的行为，即现代大学核心中毫无建设性的南北力量变化机制。再者，这是一种受欢迎的挑战，但是，这里有必要区分一下学科方面的社会学与认识论。事实是，正如欧洲与美国大学实践过的，知识史和政治理论是受“西方”各种思想影响和运动支配的。把其他的声音合并到教育学与研究中会获得相当大的政治思想收益，同时，对提纲构建、借用决策和出版策略来说都具有重大意义。从这个角度来看，重构知识史是一项自
256 我消解的事业：全球知识史在其成功的时候，也就是其过时的

[1] See also David Armitage, “The International Turn in Intellectual History”, in *Rethinking Modern European Intellectual History for the Twenty-First Century*, ed. Darrin McMahon and Samuel Moyn (Oxford: Oxford University Press, forthcoming). American intellectual history is a partial exception to this norm, although a number of important works do embrace transnational perspectives. See, for example, James Kloppenberg, *Uncertain Victory: Social Democracy and Progressivism in European and American Thought, 1870-1920* (Oxford: Oxford University Press, 1988); Marc Stears, *Progressives, Pluralists, and the Problems of the State: Ideologies of Reform in the United States and Britain, 1906-26* (Oxford: Oxford University Press, 2002); Daniel T. Rodgers, *Atlantic Crossings: Social Politics in a Progressive Age* (Cambridge, Mass.: Harvard University Press, 1998).

时候。结果将会是一个新的学科集群，一部（合理改编）的“知识史”。但是，即使以这种态度重塑该领域的计划成功完成了，也没有必要在任何概念兴趣的意义上得出学术性“全球”的结论。研究印度或者北非知识史，奥斯曼帝国或者中国明朝空间的思想传播，或者苏非派伊斯兰学者或者拉丁美洲解放运动神学家的政治理论，并不比研究德国、美国或者北欧知识史，英国或者西班牙帝国大都会哲学文化，或者斯堪的纳维亚（Scandinavia）半岛的社会民主意识更“全球化”。于是，“全球”似乎常常是一个地缘政治的点位符号，一个表示非（不仅仅是）西方的术语。[1]

有两个情况需要考虑：首先是 18 世纪中期欧洲的社会与政治意识传入英国占领的北美地区，其次是一个世纪后传入英国占领的印度。两者都是在帝国力量驱动下形成的，尽管在方式上有所不同。两者涉及的思想穿越了很远的距离，经历了复杂的翻译、接纳与抵制的行为。两者都适合全球知识史的课题吗？如果是，那么该术语几乎没什么增加：这种工作已经被学者们执行很久了，包括这样杰出的人物——伯纳德·贝林（Bernard Bailyn）、J. G. A. 波科克和埃里克·斯托克斯（Eric Stokes）。[2] 这是旧瓶装新酒。如果第二个是全球知识史的一个案例，那么用什么来区分非全球的替代对象就不是

[1] The “West” is, of course, a highly problematic concept, but this helps reinforce my argument. The category should be an object of analysis—the focus of genealogies—not a spatial frame for demarcating it.

[2] Bernard Bailyn, *The Ideological Origins of the American Revolution* (Cambridge, Mass.: Harvard University Press, 1967); J. G. A. Pocock, *The Machiavellian Moment: Florentine Political Thought and the Atlantic Republican Tradition* (Princeton, N. J.: Princeton University Press, 1975); Eric Stokes, *The English Utilitarians and India* (Oxford: Clarendon, 1959).

很清楚了。该形容词正在做的事情是什么？那不可能是一个比其他思想运动更远距离的案例，或者是一个需要在语言（起源于法语或者西班牙语的跨大西洋语言转移）上转换的案例。难道是前者在西方内部传播，而其他的超越了“西方”？这种评论仍然受困于他们自称要超越的空间范畴，它预先假定了应该探索什么。我要证明没有一个案例足够描述为是一种“全球”的实践。阿里夫·迪尔利克（Arif Dirlik）提出，大多数被标榜为“世界史”的历史，应更好地被理解为跨国或者跨地区史。[1] 同样也适用于莫恩和萨托利所做的大量研究工作。

那么，全球是什么？本章我要通过概括出讨论的两条线
257 索，提出一个尝试性的答案。首先，人文科学——包括知识史——可以被想象成对世界构造实践的研究。其次，全球知识史可以被描述为一种社会研究模式，聚焦于全球性的表达。这个争论就是莫恩和萨托利所标榜的“‘角色’范畴”的讨论，但是，它和“全球意识”的研究或者星球的表现不同义。[2] 把全球知识史看作一种世界构造的过程并没有假定或者规定一种特定的空间范围。相反，它集中于对一般的解释，试图在认知上包含这个既定的世界（不论怎样只是物理层面）。[3] 那

---

[1] Arif Dirlik, “Performing the World: Reality and Representation in the Making of World Histor (ies) ”, *Journal of World History* 16, no. 4 (2005): 406.

[2] Moyn and Sartori, “Approaches to Global Intellectual History” (chap. 1, this volume).

[3] The *Oxford English Dictionary* provides several definitions of “global”, including “ (a) Relating to or encompassing the whole of anything or any group of things, categories, etc.; comprehensive, universal, total, overall. (b) Of, relating to, or involving the whole world, worldwide; (also in later use) of or relating to the world considered in a planetary context”. I take the global in GIH to refer principally to (a), with (b) an important subset.

么，根据这种观点，“全球”不是一个地理学上的名称，或者是一个“非西方”的同义词，反而表示的是一个争论的感性范围，或者其他的想象行为。

构造与接纳的世界

本章我使用的概念机制受到为美国工作的哲学家纳尔逊·古德曼作品的启示。我浏览了古德曼全部作品的表面，使用了其中一些关键思想作为我思考人文学科特点的起点。[1] 我提出大多数学者的作品往往是在分散的学科中探究，似乎是在探讨充满分歧的科目，但在从事鉴别与分析构造世界的实践中得到统一，即人类如何象征性地构造多个世界。然而，值得注意的是，这种探讨有可能使用不同的思想资源做出详细解释。运用现象学传统富饶的概念库就可以制造出一个类似的案例。福柯的《知识》（*epistemes*）、布尔迪厄的《套语》（*doxa*）、卡斯托里亚迪斯（Castoriadis）的《想象的联欢》（*imaginaire social*），也能支撑相关的解释。非常有影响力的昆廷·斯金纳倡导的语言语境理论同样是一个旅伴。尽管有非常不同的认识论与本体论责任，这些思想计划还是聚焦到了重要的几个点上。伊恩·哈金（Ian Hacking）写道，这些学者共享的“主题与态度”“并没有太大的不同”，因为他们都“卷入了对被粉饰的现实打破旧习的质问，人民把日常运行的什么看作真实 258

[1] Lydia Liu, *The Clash of Empires: The Invention of China in Modern World Making* (Cambridge, Mass.: Harvard University Press, 2004), is a fascinating account of the role of semiotics in making worlds, but it does not draw on Nelson Goodman's work.

的"[1]。虽然他们不同于中介的解释——个人在他们嵌入的世界受到组织与限制的程度——他们都试图揭开世界中社会生活是如何被想象、稳定、维持与复制的。

古德曼在其哲学计划中把"世界的多样性，'既定'的虚伪性，理解的创造力，符号的变化与形成功能"作为中心思想，支持一种"怀疑、分析与建构主义的"思想定位。[2] 正如哈金对该术语所做的注释，建构主义者"目的是展示或者证明各种重要的实体、概念、世界是如何，或者不管怎样从其他的材料中建构出来的"[3]。哈金在其他地方找到该计划的两条相关线索，即"历史本体论"和"历史元认识论"。前者研究大量事物的出现、扩散与影响，包括制度、科技与分类的模式，而后者仔细查究"组织概念"的形成与功能，涉及"知识、信仰、观点、客观、超脱、争论、理由、理性、证据，甚至事实与真相"[4]。这些都是"世界"的原始材料。古德曼的主要目标是哲学现实主义——存在一个独立于我们的描述之外的单一的现实——他把它看作哲学的穷途。相反，他形成了一种唯名论的立场，他将其标榜为"非现实主义"，既不确定也不否认基本现实的存在。[5] 他得出结论，现实"就像图画

[1] Ian Hacking, *The Social Construction of What?* (Cambridge, Mass.: Harvard University Press, 1999), 48-49.

[2] Nelson Goodman, *Ways of Worldmaking* (New York: Hackett, 1978), 1.

[3] Ian Hacking, *The Social Construction of What?* 47.

[4] Ian Hacking, *Historical Ontology* (Cambridge, Mass.: Harvard University Press, 2002), 9, 8.

[5] Irrealism is "not realism, not anti-realism, but an intellectual indifference to such questions, which is in itself a metaphysical stance". Hacking, *Social Construction of What?*, 61.

里的写实一样，是一种习惯问题”[1]。重要的是人类制造象征性制度的方式：他们如何构造与重构世界？如何利用能够获得的现有的资源，从其他世界的材料中刻画自己的世界？对古德曼来说，分类的认知操作——合成、分解、稳重、排序、删除、补充、变形等——构成了我们生活与运动的世界。“我认为，现实世界没有这样一种东西，没有唯一的、现成的，脱离了或者独立于所有的说法与远景之外的真实。相反，有许多真实的世界观点，有一些与其他的相互矛盾。这样，如果有的话，会有许多世界。”[2]

“在严酷的限制下”多数人遵循这种“激进的相对主 259
义”[3]。其中，艺术与知识（还有其他可能离散的知识领域）的边界是彼此模糊的，当“真相”与既存事实（尽管它没有完全省掉）的一致性逐渐远离的时候。[4] 人类利益、符号和目的的聚宝盆移到了中央舞台：

> 古德曼否认超过实际的任何事，摒弃能用一种重要而基本的（如科学的）态度描述的世界的思想。相反，语言为我们提供了许多套相互交织又相互关联的术语，通过

---

[1] Nelson Goodman, *Ways of Worldmaking*, 3, 20.

[2] Nelson Goodman, “Realism, Relativism, and Reality”, *New Literary History* 14, no. 2 (1983): 269.

[3] Nelson Goodman, *Ways of Worldmaking*, x.

[4] According to Nelson Goodman, “On Starmaking,” in *Starmaking: Realism, Anti-Realism, and Irrealism*, ed. Peter McCormick (Cambridge, Mass.: MIT Press, 1996), 144:

> I maintain that many world versions—some conflicting with each other, some so disparate that conflict or compatibility between them is interminable—are equally right. Nevertheless, right versions are different from wrong versions; relativism is restrained by considerations of rightness. Rightness, however, is neither constituted nor tested by correspondence with a world independent of all versions.

> 这些术语，我们可以为不同的目的组织我们的经历。没有一种世界描述的集合——没有一种词汇——能说比其他的更真实；不同的描述依靠我们改变目标与行为可能或多或少能证明其是有效的。[1]

对古德曼来说，建构一路走来没有什么在符号系统之外。这一点在他著名的人类如何制造星球的讨论中体现得最明显。因为没有星球存在于我们对其概念化之前，我们在字面上制造了星球和星座。按照这种解释，事实是从理论与概念的构建中开拓出来的。[2] 但是，现在，批评家们提出疑问，对人类而言，有可能制造出地球生命之前就存在的东西吗？

> 坦白地说，是制造了一个包含了那些星球的时空。运用科学，艰难地创造了的世界（还有许多其他的），像也包含星球的其他几个现象世界一样，是一个或多或少正确的或者真实的世界。我们能够让太阳静止不动，不是以约书亚的方式，而是以布鲁诺的方法。通过把各部分整合，划分其边界，我们像制造一个星座一样造出了一个星球。[3]

---

〔1〕Bruce Kuklick, *A History of Philosophy in America, 1720 - 2000* (Oxford: Oxford University Press, 2003), 250-51. For technical details, see Daniel Cohnitz and Marcus Rossberg, *Nelson Goodman* (London: Acumen, 2006), esp. chaps. 1, 7, 8. For critiques of Goodman from staunchly realist perspectives, see Paul Boghossian, *Fear of Knowledge: Against Relativism and Constructivism* (Oxford: Oxford University Press, 2006), 32-35; John Searle, *The Construction of Social Reality* (London: Penguin, 1995), "Contrary to Goodman, we do not make 'worlds'; we make *descriptions* that the actual world may fit or fail to fit" (166).

〔2〕See McCormick, ed., *Starmaking*; Damian Cox, "Goodman and Putnam on the Making of Worlds", *Erkenntnis* 58, no. 1 (2003): 33-46; Robert Schwarz, "I' m Going to Make You a Star", *Midwest Studies in Philosophy* 11, no. 1 (1986): 429.

〔3〕Goodman, "On Starmaking", 145.

所有的人都参与了世界的构造，尽管许多人那么做只是在各自的范围内助力复制现在的世界。（也许把这看作世界稳定的功能比较好）古德曼的解释还是有一些局限性的。尽管他 260
对人类分类工作的方式提供了非常有说服力的分析——在（再）创造世界的过程中运用的各种认识任务、路线与战略——他并没有探究最初那些特定的世界是如何被创造出来的，或者一些世界如何取代了其他的世界。他也没有给予维护一些集团世界的力量关系太多的关注，只是把它们嵌入到制度之路，为了一些人对于其他人的利益而再造它们。因此，他的作品由于脱离政治而受到批评。[1] 然而，正如这些批评家认识到的，他的一般认识论与本体论框架，运用于所有符号系统的原则，也适用于过去、现在与未来的所有人类文化。要突出这些作品如何发挥作用，就要对强权关系如何分配世界构造的机会与能力方面保持警惕，这也是那些在人文科学中发挥作用的工作的中心任务。

古德曼的作品通常不会出现在知识史的讨论中，但他的作品在人类科学的几个领域引起了共鸣，主要是在哲学美学和视觉文化研究方面。他的作品也被心理学家［尤其是杰尔姆·布伦纳（Jerome Brunner）］和人类学家［包括克利福德·格

〔1〕Mary Douglas and David Hull, introduction to *How Classification Works*: *Nelson Goodman among the Social Sciences*, ed. Mary Douglas and David Hull (Edinburgh: Edinburgh University Press, 1992), 11; Hacking, *Social Construction of What?* 47; W. T. J. Mitchell, "Realism, Irrealism, and Ideology: A Critique of Nelson Goodman", *Journal of Aesthetic Education* 25, no. 1 (1991): 23 – 35. But compare Catherine Elgin, "What Goodman Leaves Out", *Journal of Aesthetic Education* 25, no. 1 (1991): 89–96, replying to Mitchell.

尔茨和玛丽·道格拉斯（Mary Douglas）］使用。[1] 提供一种相当模糊的注释，格尔茨阅读古德曼的“世界的构造”，目的是指出“内涵的构造、内涵的追寻、内涵的保存与内涵的使用”实践，这些（大概）就是解释社会科学的中心任务。[2] 对乔安娜·奥弗林（Joanna Overing）来说，古德曼的作品对她理解委内瑞拉奥里诺科河流域皮亚罗亚人（the Piaroa people）宗教领袖的颂唱仪式语言是有帮助的，当把它们“幻觉与通灵的推理”概念化为世界构造的一个案例的时候，（更）易于理解：

> 他的方法不仅给予哲学与人类学更深入的交流，更重要的是，它也促使了人类学家与“他者”之间的对话，其中后者可视为某一个成人。古德曼承认了经历与知识多样性，他认为其中每一个对于另一个都是不可以减少的，
> 261 他坚持认为事实与世界的各种说法是紧密相连的，认知与情感相互纠缠，这些都依赖于人类学意义上的情感。[3]

人们在双重意义上“接纳”世界。第一个就是古德曼在本章题词中提出来的。世界在人们心里是以一种特定的兴趣与

---

〔1〕Jerome Bruner, “Self-Making and World-Making”, *Journal of Aesthetic Education* 25, no. 1 (1991): 67–78; Mary Douglas, “Rightness of Categories”, in *How Classification Works: Nelson Goodman among the Social Sciences*, ed. Mary Douglas and David Hull (Edinburgh: Edinburgh University Press, 1992), 239–72; Clifford Geertz, “The World in Pieces: Culture and Politics at the End of the Century”, in *Available Light: Anthropological Reflections on Philosophical Topics* (Princeton, N. J.: Princeton University Press, 2000), 211; Clifford Geertz, “Notes on the Balinese Cockfight”, in *The Interpretation of Cultures* (New York: Vintage Books, 1973), 447–48, 451; Clifford Geertz, “Local Knowledge: Fact and Law in Comparative Perspective”, in *Local Knowledge: Further Essays in Interpretative Anthropology* (London: Fontana, 1983), 180–81, 184.

〔2〕Geertz, “World in Pieces”, 211.

〔3〕Joanna Overing, “The Shaman as a Maker of Worlds: Nelson Goodman in the Amazon”, *Man* 25, no. 4 (1990): 618.

目的被构建或者是概念化的。但是，他们也有可能被强迫接纳，在形象上创造与再创造，接受其他人的命令。根据这种观点，帝国主义就是一个接纳与（再）构造世界的专门用语。乔纳森·利尔（Jonathan Lear）曾经探讨了人如何面对生命灭绝的方式问题。[1] 他目光聚焦于生活在美国西部的克劳族（the Crow Nation）（现在的称呼）族人的命运，他们像许多其他先民一样，为了一块保留地而被迫放弃了游牧生活。他分析探查了克劳族最后一名酋长普伦蒂·库普斯（Plenty Coups）话语的可能的意思："当野牛离开的时候，我的人民的心碎了，他们再也无法捡起。这之后，什么都没有发生。"[2] 利尔的回答——细节无法阻止我们——聚焦于一个即将被摧毁的世界会像什么，对它来说，不仅仅失去了物质的基础与生活传统，而且失去了它的观念。在这样的形势下，对其成员而言，对传统文化与基本生活节奏的自我认知被迫出现莫名其妙和不可思议的情况。这是一个生活意义被抹掉的世界。尽管接纳世界的大多数案例并不都是这样，但是，虽然如此，他们还是陷入了替代、断裂和迷失的困境。被接纳的世界要置换到什么程度是一个经验问题，存在历史调查与辩论的可能性。例如，考虑由来已久的争论，大英帝国主义旨在成功地从根本上转换印度世界。[3] 学者本身是世界的构造者，解说描述，构思一些有时会（再）适应他者信仰与态度的故事。

---

[1] Jonathan Lear, *Radical Hope: Ethics in the Face of Cultural Devastation* (Cambridge, Mass.: Harvard University Press, 2006). See also Cora Diamond, "Losing Your Concepts", *Ethics* 98, no. 2 (1988): 255–77.

[2] Jonathan Lear, *Radical Hope*, 2.

[3] William R. Pinch, "Same Difference in India and Europe", *History and Theory* 38, no. 3 (1999): 389–407.

知识史家们通常集中于解释文本。另一个富有成效的调查主题是世界的构造者们本身是如何被构造出来的。例如，人类学家休·古斯特森（Hugh Gusterson）研究了核武器科学家世262 界的结构，一群为灭绝我们物种的科技工作的人。[1] 现代人文科学也提供了一个富有成效的调查世界构造者结构的舞台。要探究我们称作“学术本身的术语”，需要看要成为某种特定类型学者个人所从事活动的性质：博弈论者、后殖民批评家、马克思主义者、斯特劳斯学派等等。一个切入点就是研究各种各样思想“个体”的结构。伊恩·亨特（Ian Hunter）辩称，思考就是由“保持在特定制度环境中的认知与道德艺术的总体”构成的。[2] 从这一点来看，学者的行为就是一个“逻辑-修辞法、认知技巧和道德实践”的集合，依靠“一个技巧与实践的汇总——各种各样的时间表、体系结构和空间组织，沉思与自省的实践，各类质疑活动和纷繁复杂无条理的修辞——其存在的模式就是历史上自我创立的艺术”。通过日常的教育与训练，创造与维持了特定类型的个人。这样，学者的实践活动传递了，甚至要求“一批内部自我转换的行为，自己说服自己，目的是成为适合道德诉求、‘心理’态度、认知倾向、公共责任和私人愿望无止境的多样化的人”[3]。这是一

[1] Hugh Gusterson, *Nuclear Rites: A Weapons Laboratory at the End of the Cold War* (Berkeley: University of California Press, 1998). See also Carol Cohn, “Sex and Death in the Rational World of Defense Intellectuals”, *Signs* 12, no. 4 (1987): 867-718; Sharon Ghamari-Tabrizi, *The Worlds of Herman Kahn: The Intuitive Science of Thermonuclear War* (Cambridge, Mass.: Harvard University Press, 2005).

[2] Ian Hunter, “The Persona of the Philosopher and the History of Modern Philosophy”, *Modern Intellectual History* 4, no. 3 (2007): 574.

[3] Ibid., 574; Ian Hunter, “Talking about My Generation”, *Critical Inquiry* 34, no. 3 (2008): 586.

种“精神”的形式。要成为一个特定类型的学者——或者成为一名核武器工程师，说实在的——需要各种各样自我修养、操守、习惯和认知转换的行为。

至此，我一直辩称人文科学——或者至少是其部分，包括知识史——能够被清楚地描述为集中研究世界构造实践的学科。(当然，这是其本身旨在世界构造。) 这样做有几个原因。也许其中最重要的一个原因就是有助于消解学科边界，突出人类活动不同领域与范围的潜在相似性。这包含了一种对经常存在于知识史与其他历史写作形式之间，或者历史与其他人文之间武断边界的挑战。[1] 所有这些都集中在人类的行为、信仰和意图制造我们生活和活动的世界方式上。那么，知识史家们是世界的构造者，想象那些被遗忘的世界，并在他们最成功的 263
时候，帮助人们重新看世事，构造改变视觉领域的联系与排列。

全球史

在本章的剩余部分，我要讨论三个不同的主题，以证实我对世界构造特点的主张。第一个主题概述了变化中的时空概念如何改变了 19 世纪英国与美国对政治可行性的认知。第二个

〔1〕In “*The Logic of the History of Ideas*—Then and Now”, *Intellectual History Review* 21, no. 1 (2011): 105, Mark Bevir makes a very strong version of the argument:

> Intellectual history is not just a sub-field of history. Intellectual history is the basis of all the human sciences. Properly to understand social life just is to refer to the intentionality of the relevant actors. Properly to explain intentionality just is to place it in the relevant historical context. Thus, all the human sciences necessarily depend on intellectual history.

主题扩展了我早期对人文科学领域世界构造理论话语功能的讨论。最后，我调查了杰出人称的自我形象如何能够包括到构造世界当中。这些事例反映了我的研究兴趣，它们的确只是突出了学者能探究的构造世界中许多方式中的一些方式。此外，如我所指，它们只是借鉴了欧洲-大西洋思想背景内的资料，因为全球知识史都是可以在发现了某种雄心勃勃的世界构造计划中进行的。

19 世纪见证了一场时空概念的革命，反过来，从根本上改变了世界构造的实践活动。为了突出全球资本主义的加速扩张，戴维·哈维（David Harvey）注意到，在这个划时代的转变过程中，1948 年应该被看作一个关键的时刻。[1] 然而，这么做忽略了一点，在 19 世纪，有两个不同的时空压缩片段，一个是在 19 世纪 30 年代与 40 年代，另一个是在 19 世纪 60 年代和 70 年代。两者都是在新交通运输与通信交流技术引进之后。起初，铁路的延伸彻底改变了欧洲的地理想象空间，打破了先前对距离、速度与国家地理的理解，也使一个捕捉这种转变的词语大众化了："时间淹没空间"从 19 世纪 40 年代起成为一个广为流传的短语。在评论 1843 年连接巴黎和鲁昂（Rouen）之间的铁路开通的时候，诗人海因里希·海涅（Heinrich Heine）宣称："时空的基本概念已经开始动摇了。空间被铁路扼杀，我们只能与时间独处。"他坚决认为，这是

[1] David Harvey, *The Condition of Postmodernity* (Oxford: Blackwell, 1989), 241, 252, 261, 264.

"一个天意的结果"[1]。不过，就是在 19 世纪的后 40 年，大 264
西洋世界的知识精英们才看到地球本身在缩小，空间和时间在行星尺度上被"湮灭"。最重要的是，随着电报的引入，这种变化得到了进一步加速。从 19 世纪 60 年代起，新通信技术迅速改变了人们认知物质世界及其社会政治各种可能性的方式，产生了许多消除地理距离的幻想，预计了 20 世纪后期对全球化的解释。20 世纪初，H. G. 威尔斯（H. G. Wells）宣称，"现代机制"创造了"一种从人类事务绕过的固有条件中绝对的释放"[2]。

对技术性改变的夸大解释重构了思想的地平线——重建了（政治）世界的类型，那些中介被认为似乎合理又令人满意。这种认知的转变开创了一种新的想象中的全球统治制度。那就是 19 世纪 70 年代开始出现的广泛传播的争论，大英殖民帝国是否存在统一的可能条件是企图建立一个跨地球的盎格鲁种族政体，包括英国、加拿大、澳大利亚、新西兰和南非。[3] 从世纪之交起，这种想法就和英美（再）统一的可能性的初步讨论交织在一起。这些盎格鲁种族统治的想法在整个 20 世纪

---

[1] Quoted in Wolfgang Schivelbusch, *The Railway Journey* (Berkeley: University of California Press, 1986), 37. On the dating of "time and space", see Michael Freeman, *Railways and the Victorian Imagination* (New Haven, Conn.: Yale University Press, 1999), 21, 150–171.

[2] H. G. Wells, *Anticipations of the Reaction of Mechanical and Scientific Progress upon Human Life and Thought* (1902; repr., Mineola, N. Y.: Dover, 1999), 38, 44. In general, see Stephen Kern, *The Culture of Time and Space, 1880–1918* (Cambridge, Mass.: Harvard University Press, 1984).

[3] Duncan Bell, *The Idea of Greater Britain: Empire and the Future of World Order, 1860–1900* (Princeton, N. J.: Princeton University Press, 2007).

回响。[1] 虽然殖民地联合的争论在整个18世纪与19世纪广泛传播，但是，它还是像乌托邦的梦想一样被抛弃了，因为它无视统治广大地理空间的不可能性。对埃德蒙·布尔克（Edmund Burke）来说，自然的边界是永恒确定的：“反对自然（Opposuit natura）——我无法移除创世的边界。”[2] 在19世纪60年代早期，约翰·斯图尔特·穆勒重申了这个争论：“国家被极大地分离了，地球就没提供一种在一个政府统治下的自然条件，或者甚至成为一个联邦的成员。”[3] 然而，在19世纪结束前的十几年，这种争论失势了：边界被移除了，自然条件也发生了改观。技术进步，如某些人所称，击败了自然本身。

建立一个跨地球的英国共同体的倡导者们辩称，对地理与政治临时性的关系的陈旧理解已经过时了。对W. E. 福斯特（W. E. Forster）而言，一个领衔自由的政治家和帝国联邦主
265 义者，技术预示了建立一种巨大的、压倒一切的英国政体的可能性：

> 科学发明克服了时空的巨大困难，我们曾经以为会制造一种必然的分离，而且我们企望并不是英国儿童单独的独立，而是和那些与祖国相联系的他者相互联合，一种家

---

[1] Duncan Bell, “The Project for a New Anglo Century: Race, Space and Global Order”, in *Anglo-America and Its Discontents: Civilizational Politics beyond East and West*, ed. Peter Katzenstein (London: Routledge, 2012), 33–56.

[2] Edmund Burke, “Speech on Conciliation with America” (March 22, 1775), in *The Writings and Speeches of Edmund Burke*, ed. W. Elofson with John Woods (Oxford: Oxford University Press, 1996), 3: 152.

[3] John Stuart Mill, *Considerations on Representative Government* (1861), in *Utilitarianism, Liberty, and Representative Government*, ed. A. D. Lindsay (London, 1910), 379.

庭式的永恒的联合。[1]

J. R. 西利（J. R. Seeley），杰出的帝国统一空想家，声称他生活在这样一个时代——“发明把整个世界越拉越近”，照此下去，有可能实现英国大一统的“古老的乌托邦”[2]。这种共同体常常被概念化为一个跨大洋的英国民族国家——一种被强烈的政治与归属感约束的种族政治——它暗含了一种空间的“跨区域”政治范围的新表达方式。[3] 但是，这不仅是一个存在激进可能性的时刻，因为日益缩小的世界预示着危险。西利警告说：“使巨大的政治联合成为可能的相同的发明，常常构造那些在旧规模上极不安全的、无关紧要和二流的国家。”[4] 随着距离的消解、时间的加速，欧洲强国和后来的美国掀起了一场帝国主义征服的狂热，世界似乎成了一个更加危险的地区。在世纪之交，正是这种空洞的空间想象，为地缘政治话语的出现奠定了基础，把弗雷德里克·杰克逊·特纳（Frederick Jackson Turner）的边疆论和哈尔福德·麦金德（Halford MacKinder）对全球拥挤忧虑联系在了一起。正如麦金德在《历史的地理枢纽》（*The Geographical Pivot of History*）里警告的，“哥伦布时代”的四百年西方殖民扩张已经结束

〔1〕W. E. Forster, comments made in *Imperial Federation* (London, 1884), 27.

〔2〕J. R. Seeley, *The Expansion of England*: *Two Courses of Lectures* (London: Macmillan, 1883), 288, 74.

〔3〕See Duncan Bell, “Imagined Spaces: Nation, State, and Territory in the British Colonial Empire, 1860–1914”, in *The Primacy of Foreign Policy in British History, 1660–2000*, ed. William Mulligan and Brendan Simms (Basingstoke: Palgrave, 2011), 197–214.

〔4〕J. R. Seeley, *Expansion of England*, 75.

了，现在的世界是“封闭”的。[1] 压缩、加速、灭绝、终结，这些就是欧美现代性的时空坐标。

虽然这种观点在人种上受到限制——集中于盎格鲁统治世界的创造——但在内涵上明确地是普遍主义的。它谋求再一次构造世界。实际上，世纪末有关盎格鲁联合的各种观点可以被看作一种乌托邦梦想的表达。[2] 乌托邦思想存在于这样的信
266 念：如果美国与大英帝国恰当地结盟，“盎格鲁-撒克逊种族”将给地球带来和平、秩序与公正。安德鲁·卡内基（Andrew Carnegie）主张，这个“新国家将会统治世界，消除地球最大的污点——人对人的谋杀”。塞西尔·罗德斯（Cecil Rhodes）争辩说：“如果我们没有迷失美国，或者甚至如果我们可以安排美国议会与我们的众议院里的现有成员，世界和平就会得到永远的保证！”他预言，如果大英帝国与美国（再）联合，“世界和平”在一个世纪之内是有安全保证的。W. T. 斯特德（W. T. Stead），一位开拓型的激进新闻工作者，坚信“战争将逐渐从地球表面消亡”[3]。用赖因哈特·科泽勒克的话说，这是一种“时间化了的”乌托邦思想。[4]

---

[1] Halford Mackinder, “The Geographical Pivot of History”, *Geographical Journal* 23, no. 4 (1904): 421-37. See also Gerry Kearns, “Fin de Siècle Geopolitics: Mackinder, Hobson and Theories of Global Closure”, in *Political Geography of the Twentieth Century: A Global Analysis*, ed. Peter Taylor (London: Belhaven, 1993), 9-25.

[2] Duncan Bell, “Dreaming the Future: Anglo-America as Utopia, 1880-1914”, in *The American Experiment and the Idea of Democracy in British Culture*, 1776-1914, ed. Ella Dzelzainis and Ruth Livesey (Aldershot: Ashgate, forthcoming).

[3] W. T. Stead, ed., *The Last Will and Testament of Cecil J. Rhodes* (London: Review of Reviews, 1902), 73, 66; W. T. Stead, *The Americanization of the World: Or the Trend of the Twentieth Century* (New York: Horace Markley, 1902), 435.

[4] Reinhart Koselleck, “The Temporalization of Utopia”, in *The Practice of Conceptual History: Timing History, Spacing Concepts*, trans. Todd Presener et al. (Stanford, Calif.: Stanford University Press, 2002), 84-100.

另一个研究世界构造复杂实践的条件就是“理论”本身的产生。各种理论模式构造了各种世界，这些世界在重塑人类实践方面有时存在陈述性影响。[1] 伊恩·亨特把他的“思考”历史化的结果运用于研究战后美国人文科学学会确立的早期现代哲学与“理论”。对哈特来说，“理论”并不是由一套思想家的标准或者一种共享的概念语言最佳定义的，而是由一种行为举止、一套处置方式——“由某种内部规则维持着”——尤其是对完全基于经验的经历和各种先验的形式主义的东西的怀疑定义的。这恰好从布鲁诺·拉图尔对美国的讽刺观察结果中得到证实：

> 整个博士课程的运作还是要确保美国的好孩子们勤奋学习，了解实际，因为没有这样的事情，自然地、不经过中介地、无偏见地接近于真相，我们一直都是语言的俘虏，我们总是站在某一特定的立场说话，等等。[2]

这就是世界构造在起作用。在 20 世纪末对学术规则的重塑产生了一系列新人物，这种“哲学苦修对实证学科领域的影响程度——把它们转换到了超越可能性的结构当中，把与现实存在有关的修道院特点问题化了，发誓要培育一种新的开放—— 267
本身就是历史调查研究的问题”[3]。对弗雷德里克·詹姆森（Frederic Jameson）及其他人的恐惧来说，哈特得出结论说，

---

[1] The following paragraphs draw on Duncan Bell, “Writing the World: Disciplinary History and Beyond”, *International Affairs* 85, no. 1 (2009): 3–22.

[2] Bruno Latour, “Why Has Critique Run Out of Steam? From Matters of Fact to Matters of Concern”, *Critical Inquiry* 30, no. 3 (2004): 227.

[3] Ian Hunter, “The History of Theory”, *Critical Inquiry* 33, no. 1 (2006): 78, 112. Also on the history of “French Theory”, see François Cusset, *French Theory: How Foucault, Derrida, Deleuze and Co. Transformed the Intellectual Life of the United States*, trans. Jeff Fort (Minneapolis: University of Minnesota Press, 2008).

他通过辩论当代大学的“理论”的历史化活动，不自觉地继承了近代早期德国新教徒的形而上学思想。[1]

战后社会科学许多最重要的发展——我们或许称之为“大社会科学”[2] 的时代——是横向现象，既相互交叉又帮助构建了各种各样的学科与研究领域。[3] 此外，理论建构，甚至是最深奥的类型，不是“照相机”，消极地记录外部的现实，而是“发动机”，积极地致力于世界的构造。[4] 它们能够产生重大的陈述性影响。两个简短的例子证明了这一点：现代化理论与新自由主义。由于把各种不同的学术话语综合在了一起，现代化理论在19世纪六七十年代成为社会科学的指导原则之一，其支持者寻求鉴定各种发展轨迹，沿着这些轨迹，各种“传统”社会应该返回到现代性的应为之地。他们坚持认为他们是构建了标准“文明”优越性表述的一代又一代欧洲思想家们的继承人，他们构造世界的本体论单元是种族。现代化思想形成了通常被称作“第三世界”的看法，以及在越南及其他更远地方的政治军事战略，在当代有关“发展”的讨论中仍然暗中发挥作用。[5] 聚焦于大量的知识复合体，包

---

〔1〕See the exchange between Hunter and Jameson in *Critical Inquiry*, 34, no. 3 (2008): 563-82.

〔2〕Compare Peter Galison and Bruce Hevly, eds., *Big Science: The Growth of Large-Scale Research* (Stanford, Calif.: Stanford University Press, 1992).

〔3〕See, for example, Joel Isaac, *Working Knowledge: The Human Sciences from Talcott Parsons to Thomas Kuhn* (Cambridge, Mass.: Harvard University Press, 2012). See also Joel Isaac, "Tangled Loops: Theory, History, and the Human Sciences in Modern America", *Modern Intellectual History* 6, no. 2 (2009): 397-424.

〔4〕Donald MacKenzie, *An Engine, Not a Camera: How Financial Models Shape Markets* (Cambridge, Mass.: MIT Press, 2006).

〔5〕See, for example, the essays on "Modernizing Missions: Approaches to 'Developing' the Non-Western World after 1945", *Journal of Modern European History* 8, no. 1 (2010).

括哈佛社会关系学系（Department of Social Relations）、麻省理工学院国际问题研究中心（MIT's Center for International Studies）、社会科学研究理事会的比较政治委员会（Social Science Research Council's Committee on Comparative Politics），学者们已经探究了现代化理论的发展，它的意识形态功能，以及学术研究与政府之间的多重交互联系。[1] 作为世界创造的动力，有关大社会科学的问题，还要做大量的工作。

新自由主义被知识史家们使用得很少。[2] 除了其他东西，20 世纪 40 年代后期的芝加哥大学法学院（1946 年）和朝圣山学会（the Mont Pelerin Society）的自由经济计划形成了新自由主义，在 20 世纪 70 年代新自由主义声名鹊起，自此以后，塑造了全球经济结构和国家治理实践的大部。[3] 新自由主义在至少两个意义上是一个世界构造计划。首先，它概念化与帮助传播的世界类型是一种激进的原子论，一些（全）人类被 268
建模为理性效用最大化者，一个被隔离的个体选举人集合的社会。这里经济人（homo economicus）是一个一般样本，被剥

〔1〕David Engerman, *Modernization from the Other Shore: American Intellectuals and the Romance of Russian Development* (Cambridge: Cambridge University Press, 2003); Nils Gilman, *Mandarins of the Future: Modernization Theory in Cold War America* (Baltimore: Johns Hopkins University Press, 2003); Michael Latham, *Modernization as Ideology: American Social Science and "Nation Building" in the Kennedy Era* (Chapel Hill: University of North Carolina Press, 2000).

〔2〕With some exceptions: Philip Mirowski and Dieter Plehwe, eds., *The Road from Mont Pelerin: The Making of the Neoliberal Thought Collective* (Cambridge, Mass.: Harvard University Press, 2010); Ben Jackson, "At the Origins of Neo-liberalism: The Free Economy and the Strong State, 1930-1947", *Historical Journal* 53, no. 1 (2010): 129-51; Michel Foucault, *The Birth of Biopolitics: Lectures from the Collège de France, 1978-1979*, trans. Graham Burchell (Basingstoke: Palgrave, 2008).

〔3〕For an account of how neoliberalism was supplanted in the 1980s by (equally pernicious) network-centric models of governance, see Mark Bevir, *Democratic Governance* (Princeton, N. J.: Princeton University Press, 2011).

夺了文化、地域与历史。[1] 虽然新自由主义要明确表达一种缩减的、非人化的社会本体论，但它也要例证其自身认识论的体制，其中之一就是实证科学（在古典经济学中已经制度化了）可以提供富有成效的理论模型，尤其是关于社会世界的预言能力。[2] 但是，这是另一种意义上的世界构造，其中它是得到强有力社会人物支持的一个明确的政治计划。从英裔美国人核心的心脏地带来看，新自由主义已经全球化了，常常是被那些在美国顶尖大学得到训练的人完成的，或许大多数就是非常著名（臭名昭著）的奥古斯托·皮诺切特（Augusto Pinochet）的"芝加哥男孩"（一群货币主义经济学家）。[3] 今天我们所有人都承受着这种盛行的世界构造计划的灾难性后果。

我最后的例子是地球本身想象形成的过程。通过对人们过去想象地球总体的多种方式进行分析，可以为政治思想和知识史方面的许多问题提供多种洞察视角。要思考全球想象的形成过程要回溯到西方知识史的开端，从帝国的建立到当代环保运动，它们在支撑了各种精神的、宇宙的和政治的计划中发挥了形成性的作用。毕竟，全球只有通过其想象形成的过程来理

---

[1] For an excellent critique of rational choice models, see Michael Taylor, *Rationality and the Ideology of Disconnection* (Cambridge: Cambridge University Press, 2006).

[2] The most influential elaboration of this epistemology is Milton Friedman, "The Methodology of Positive Economics", in *Essays in Positive Economics* (Chicago: University of Chicago Press, 1953), 3-43.

[3] Juan Gabriel Valdés, *Pinochet's Economists: The Chicago School of Economics in Chile* (Cambridge: Cambridge University Press, 1995); Karin Fischer, "The Influence of Neoliberals in Chile Before, During, and After Pinochet", in *The Road from Mont Pelerin: The Making of the Neoliberal Thought Collective*, ed. Philip Mirowski and Dieter Plehwe (Cambridge, Mass.: Harvard University Press, 2010), 305-347.

解，而且“这个过程在塑造世界上所形成的理解及采取进一步的行动方面存在中介的作用”[1]。这里没必要展示莫恩和萨托利指出的现代主义者的偏见。实际上，据丹尼斯·科斯格罗夫（Denis Cosgrove）所说，欧洲全球想象形成的杰出学者，想象中的主要革命发生在 16 世纪，因为探险家及帝国缔造者们绘制和发现了以前对他们来说一无所知的地区。[2] 然而，由于革新技术的发展，在接下来的 200 多年，一系列新的看得见的活动不断涌现。全球在 19 世纪文化的各个方面发挥了形成性的作用，从那个时候到我们自己的时代，地球的各种想象已经成了各种“符号，用来表示赋予现代性的联系、通信与控制和相互关联的过程”[3]。这种地球想象的结果以各种各样的方式被装进了帝国主义的意识形态。[4] 20 世纪是一个地球梦想的时代，地球的肖像比以往任何时代都更深入地渗透到社 269
会意识之中。飞行——人类几千年来的梦想——释放了技术统治未来的超越与幻想。[5] 它是那个时代地缘政治学的基础，

---

[1] Denis Cosgrove, *Apollo's Eye: A Cartographic Genealogy of the Earth in the Western Imagination* (Baltimore: John Hopkins University Press, 2001), x; see also Denis Cosgrove, *Geography and Vision: Seeing, Imagining and Representing the World* (London: I. B. Tauris, 2008).

[2] Denis Cosgrove, *Apollo's Eye*, chaps. 4–6. See also Jens Bartelson, *Visions of World Community* (Cambridge: Cambridge University Press, 2009), esp. chaps. 1–3.

[3] Denis Cosgrove, *Apollo's Eye*, 206, 225.

[4] For Egyptian perspectives on the peculiarities of Western ways of world making, see Timothy Mitchell, "The World as Exhibition", *Comparative Studies in Society and History* 31, no. 2 (1989): 217–36.

[5] Robert Wohl, *A Passion for Wings: Aviation and the Western Imagination, 1908–1918* (New Haven, Conn.: Yale University Press, 1996); Robert Wohl, *The Spectacle of Flight: Aviation and the Western Imagination, 1920–1950* (New Haven, Conn.: Yale University Press, 2007); Denis Cosgrove and William L. Fox, *Photography and Flight* (London: Reaktion, 2010).

也是想象中各种各样全球强国的一个参考点：[1]

> 世界帝国、地缘政治学、飞行员的想象、四海兄弟、一个世界、整个地球和全球主义的浮夸矫饰塑造了 20 世纪全球社会话语，是启蒙运动和现代性的遗产。随着新千年的开始，全球诗学与政治学强调断裂、差异和地方，把具体化了的男男女女的人类尊严与权利个性化了。[2]

地球让位给了宇宙。20 世纪中期，一个非常乌托邦的时代，看到了一种“宇宙未来学的”话语，横跨硬科学与推测性小说，其中说到人类可以挣脱地球的束缚，到其他星球——一个殖民与控制的新边疆。[3] 在美国与苏联登月的地缘政治竞争中找到对这种梦想的崇拜。接下来的太空竞赛产生了数百万的图像，是高尚与平庸的结合，最值得庆贺的是 1968 年阿波罗 8 号宇宙飞船宇航员贝尔·安德斯（Bill Anders）拍摄的“升起的地球”（Earthrise）图像。它也是现在历史上被复制最多的图像。[4] 这是一个起决定性作用的文化时刻，那些照片发挥了令人迷惑的影响力，它们的冲击力通过各处的文化传开，给那些梦想与愿望鼓劲加油。威廉·康诺利（William Connolly）写道，太空竞赛产生了一种“由速度驱使的有关世

---

〔1〕Jenifer L. Van Vleck, “‘The Logic of the Air’: Aviation and the Globalism of the ‘American Century’”, *New Global Studies* 1, no. 1 (2007): 1–37.

〔2〕Cosgrove, *Apollo's Eye*, 235. On the trend for intellectual dissolution in late twentieth-century U. S. cultural life, see Daniel T. Rodgers, *Age of Fracture* (Cambridge, Mass.: Harvard University Press, 2010).

〔3〕De Witt Douglas Kilgore, *Astrofuturism: Science, Race, and Visions of Utopia in Space* (Philadelphia: University of Pennsylvania Press, 2003). This encompasses figures such as Wernher von Braun, Carl Sagan, Robert Heinlein, and Arthur C. Clarke.

〔4〕Robert Poole, Earthrise: *How Man First Saw the Earth* (New Haven, Conn.: Yale University Press, 2008).

界的新观点。我们还没探究到它影响的极限”[1]。主要的情绪就是一种乐观主义。

世界大同的梦想在美国诗人阿奇博尔德·麦克利什（Archibald MacLeish）最著名的对地球升起照片的文学反思的话语中找到：

> 中世纪地球的概念把人置于万物的中心。地球的原子概念使人类无处安置——甚至越过理性的范围——迷失于 270
> 荒谬与战争。最新的概念也许还有其他后果。正如在那些也是人类的冒险航海家心里形成的概念一样，有可能重构我们人类的形象。人类不再是处于中心的荒谬的形象，处在现实边缘的也不是已经退化或者正在退化的受害人，人也不以血统炫耀，人也许终究成为人本身。看真实的地球，那个小小的、蓝色而优美的飘浮在空间的静默星球，我们人类只不过是地球上生活在一起的过客，在那个永恒冰冷明亮可爱的星球上的兄弟——现在只有他们真正知道他们才是真正的兄弟。[2]

本杰明·拉齐尔（Benjamin Lazier）概述了一些哲学、文化与政治领域对地球新想象的反应，强调在“地球崛起的时代”，我们如何目睹充满竞争的全球主义令人眩晕的冲突，人类、自然、太空和地方关系可供选择的幻象。“不到十年的跨度，一些东西已经改变了——在哲学反思与西方文化领域都是

[1] William Connolly, “Speed, Concentric Cultures and Cosmopolitanism”, *Political Theory* 28, no. 5 (2000): 612.

[2] Archibald MacLeish, “Riders on the Earth Together, Brothers in Eternal Cold” (1968), in *Riders on the Earth: Essays and Reflections* (Boston: Houghton Mifflin, 1978), 42. On its genesis and reception, see Poole, *Earthrise*, 8, 32–33, 35.

显而易见的。”“地球崛起的时代已经开始了。在某种程度上，也是我们自己的时代。”全球的图像无处不在，其影响是深远的：

> 现在有一幅世界图景支配着我们，在这幅图景中，“世俗”的状态是通过从最神秘的地方——虚空——的视角召唤出来的；在这一过程中，地球范围内的体验视野与行星范围内的视野或资本-地球范围内的视野相竞争；在这幅图景中，赤裸的地球也是一个伪装的地球，一个人造星球上最大的有机体。如今，我们更多的是选择而不是放眼全球。[1]

尽管许多评论家欢迎新时代的到来，但是，其他的人担心它的影响。要特别关注汉娜·阿伦特（Hannah Arendt）、马丁·海德格尔（Martin Heidegger）、汉斯·布卢门贝格（Hans Blumenberg）和拉齐尔的作品，就需要查究他们对空间的技术征服和人的境况的内涵深深忧虑的出现。因为把它看作一种更深层不安的征兆，阿伦特和海德格尔担心人类在世界上安家的
271 能力受到了技术侵蚀的威胁，星球世界可视化的非人性影响有可能会强化这一长期存在的过程。[2] 事实上，对阿伦特来说，

---

[1] Benjamin Lazier, “Earthrise; or, the Globalization of the World Picture”, *American Historical Review* 116, no. 3 (2011), 605, 609, “As a stand-in for the idea of the Whole Earth itself, it has acquired an iconic power that helps to organize a myriad of political, moral, scientific, and commercial imaginations as well”. For another phenomenological account, see Joshua J. Yates, “Mapping the Good World: The New Cosmopolitans and Our Changing World Picture”, *Hedgehog Review* 11, no. 3 (2009): 7–27.

[2] Benjamin Lazier, “Earthrise”, esp. 609–14.

太空旅行不亚于是一场“对人类存在的叛乱”[1]。

对外层空间旅行的忧虑又创建了其他的思想出口。例如，英国科幻作家 J. G. 巴拉德（J. G. Ballard）认为，对太空的征服存在以令人费解的方式潜在地动摇人类的意识。他指示说，只要看看那么多归来的宇航员，就知道发生了什么，他们的内心都走向神秘与归隐。他的短篇小说中充斥着太空探险废弃的基础设施——“高耸的发射塔就像那些被遗忘的代数生锈的密码”——死亡的宇航员永恒地绕着地球飞行，这是对蚀刻于太空的人类的警告。[2] 混合了超现实主义、流行艺术主题、精神分析以及对全媒体管理的深刻检查，在其中一点上，巴拉德指出，人类还没有能力超越其传统，如果企图那么做，我们就会背叛我们进化的限制，甚至是我们的命运：“可能航行到更远的太空，甚至是思考或在电视上观看，都是一种带有无法预料后果的强制进化的步骤，难道不是食用某种特定的禁果吗？”[3] 与海德格尔和阿伦特的现象学悲观主义相一致，这个太空作为英雄的边疆要比作为致命的诱惑少得多，是技术改变世界力量的冷战必胜和乌托邦幻想幽灵的影子。

然而，布卢门贝格反对现代性的这种黑色的表现。他觉得悬置于太空的世界的重大启示，将有助于我们缓和与地球

[1] Hannah Arendt, “Man's Conquest of Space”, *American Scholar* 32, no. 2 (1963): 527–40. See also the preface to Hannah Arendt, *The Human Condition*, 2nd ed. (Chicago: University of Chicago Press, 1998): “The Earth is the very quintessence of the human condition” (2).

[2] J. G. Ballard, “The Dead Astronaut” (1968), in *The Complete Short Stories* (London: Flamingo, 2001), 760.

[3] J. G. Ballard, “Myths of the Near Future”, in *Memories of the Space Age* (London: Arkham, 1988), 173. Compare Umberto Rossi, “A Little Something about Dead Astronauts”, *Science-Fiction Studies* 36, no. 1 (2009): 101–20.

的关系，进而珍爱地球。该见解产生了“一种星球的感觉经验，如此反常，如此异常，以至于它成了首先需要关注的唯一问题”[1]。在一个讽刺性的反转中，让宇宙未来学家们非常失望的是，宇宙让位给了地球。“太空计划意思是向人类展示，家就是其成长的摇篮，最终要显示成长的摇篮才是唯一的家。那是 20 世纪的决定性时刻。”[2] 它的影响持续回响，它的图像帮助重构了世界的想象。“整个地球及其成果都沉积到了西方思想架构中了，在可预见的将来，环境随着星球
272 变化，城市景观随着全球变化，星际线随着太空延伸——‘不是体验的空间’，而是虚空。”[3] 其实，全球化是以一种或者另一种形式存在的古老现象，但是，近期大多数充满想象的词汇及符号的影响是近十多年的结果。正如丹尼斯·科斯格罗夫注意到的，“不论我们把它想象成加速传播的网络化的球体，还是一个被滥用的和过分挖掘的实体，全球化的思想还是从球形的地球图像中获得了既有内涵又有政治性的力量”[4]。除其他外，它们为“全球”这个形容词的泛滥和全球化本身富有想象力的地理环境开辟了道路，正是这些东西支撑着创建全球知识史领域的雄心壮志。

---

[1] Benjamin Lazier, “Earthrise”, 623, italics in original.

[2] Robert Poole, *Earthrise*, 199.

[3] Benjamin Lazier, “Earthrise”, 627.

[4] Denis Cosgrove, *Apollo's Eye*, ix.

结论

要探讨全球政治思想知识史的前景，戴维·阿米蒂奇注意到，“这样的一部（历史）看起来到底像什么，或者甚至它的主题是什么，还远远没有弄清楚。能肯定的是，这样一部全球史的诸多可能性——或者在这一题目下多样的历史——仍然是迷人的无止境”[1]。全球知识史同样面对一个无止境的未来。从更一般意义上讲，历史研究方面的“全球”转折点，是通过人文科学产生的，既提供了一系列令人兴奋的机会，又提供了一套理论与方法论难题。本章，我已经思考了这些难题中的几个问题，坚称许多不同的思想实践是在“全球”的口号下传播的，可能有其他更好的方式来描述其特征——跨国的、跨地区的，或者区域性的。如果我们就是要使用“全球”这个标签，从我以框架的而不是全面的形式概述的争论中可以看到，明确地表达了普遍性形式的世界创造活动最好理解为是层级的。

[1] David Armitage, “Globalizing Bentham”, *History of Political Thought* 32, no. 1 (2011): 64.

第三部分　结论性反思

第12章

283

我们想要我们的知识史全球化到什么程度?

弗雷德里克·库珀（Frederick Cooper）

塞缪尔·莫恩和安德鲁·萨托利在他们写作全球知识史的道路上有足够的自信去请求一位著名的怀疑论者就全球化概念的解析的有效性对他们的计划开展评论。[1] 我希望不会令人失望，既要强调他们努力拓宽知识史研究范围的日常实践的价值，又要对“全球”概念增加的效用提出疑问。他们在本书的前言及构想中聚焦了最困难的问题：对思想生命延伸到全球感兴趣的历史学家们到底意味着什么？他们对这样一种努力所承担的多种多样的甚至是冲突的内涵是明确的。

在研究范围的一端是我们称之为全球的“软”的解释：远离民族的、大陆的，或许甚至是短暂的和文化的局限。知识史过去最经常研究的对象是西欧和北美问题。同时，还有研究中国与伊斯兰“文明”的丰厚传统，这些研究往往局限于东亚与中东研究。知识史通常研究的是成文的——通常是印刷

---

[1] Frederick Cooper, “What Is the Concept of Globalization Good for? An African Historian's Perspective”, *African Affairs* 100, no. 399 (2001): 189-213, reprinted in Frederick Cooper, *Colonialism in Question: Theory, Knowledge, History* (Berkeley: University of California Press, 2005).

的——文本，因此是排除了那些试图理解与解释他们生活的世界的人与人之间口头相传的，他们也许还很好地保留了思想的
284 主题，正如巴黎与纽约的作家们做的一样。[1] 撰写有关其他民族标准文本的欧洲人常常要与当地知识分子对话，这些人都是有思想的社会形势分析家，在本书中，瓦妮萨·史密斯指出这些既重要又不对称的模棱两可的关系。

对知识史家来说，这个案例更具有包容性，在他们考虑的人、文本和互动的范围内是很有说服力的，本书做了大量的工作，就是要证明通过“全球”的方法能够学到多少东西。问题的关键是范围要扩展到多远，我们能做到什么程度，而不只是把世界更多部分的更多案例投入到思想的担忧中去。莫恩和萨托利及本书的其他贡献者，探索穿越空间，在某种程度上，他们的研究穿越了时间的真正的联系。

但是，当我们使用“全球”这个单词的时候，我们真的是指“全球”，还是我们的意思是“长距离的联系”？如果我们想探究思想运动及传统的交互，为什么我们不把我们的努力称为“交互的历史”，或者“历史的交叉”（histoire croisée），正如某些法国历史学家们称呼的那样？这里问题的关键也许是对

---

[1] For a more inclusive view of who is an intellectual, see Steven Feierman, *Peasant Intellectuals: Anthropology and History in Tanzania* (Madison: University of Wisconsin Press, 1990). Taking off from Valentin Mudimbe's argument that views of Africa have been shaped by the dominance of the "colonial library", Ousmane Kane argues for expanding the range, especially by including what he refers to as the "Islamic library" in Africa. Ousmane Kane, *Non-Europhone Intellectuals* (Dakar: CODESRIA, 2012), available at http://www.codesria.org/spip.php?article1651&lang=en (accessed August 17, 2012). See also Valentin Mudimbe, *The Invention of Africa: Gnosis, Philosophy, and the Order of Knowledge* (Bloomington: Indiana University Press, 1988); and Thandika Mkandawire, ed., *African Intellectuals: Rethinking Politics, Language, Gender and Development* (Dakar: CODESRIA/Zed, 2005).

于字面意思大惊小怪了，但是，除了那些，我们想鼓励我们的读者提出那种问题。通过强调联系，我们正在呼吁注意界限，注意人与思想追随的路径或者路线。形容词“全球的”，名词“全球化”和“全球性”都源自一个共同的根，即我们将要聚集的单元是整个星球。

那个问题把我们带到了研究范围的另一端，全球的“硬”的解释。[1] 莫恩和萨托利明确地表达了这种解释。根据那种想法，全球知识史就应该集中在思想上，真正围绕这个世界，或者是把世界作为一个整体制定议题。莫恩和萨托利坦承，全球知识史的硬解释是“现代主义的”，它假定了一种足够广泛而密集的技术交流，使全球性的交流成为可能。萨托利对孟加拉知识分子们展开具有启发性的研究，他们常常运用普遍主义术语研究自由主义与政治经济学，与英国思想家展开交锋，他解释了他们的观点引起的共鸣，主张商品贸易的发展迫使知识分子们要认真解决深入到世界贸易结构的问题，不论这样的结 285 构在任何一个空间影响了他们经济生活的方式多么复杂。

从这个角度来看，知识史只有到 19 世纪才在某种程度上成为全球的。使萨托利的观点似乎可信的是，他能够展示他的孟加拉知识分子们——在他的书、小册子及文章中，律师在法庭案例中设计问题的方式中——真正能与各处运用的政治经济

---

[1] The confusion between soft and hard definitions colors some historians' attempts to carve out a field of "global history" in a general sense. En route in April 2011 to the Third European Congress on World and Global History in London, I was asked by a British customs official the purpose of my visit. When I replied "to attend a conference on global history", he asked, "What is the difference between global history and history?" I had no answer, but he let me in anyway. The working definitions at the conference ranged from anything that included two or more places to processes that covered the entire surface of the planet.

概念展开交锋。但是，萨托利是想解释某种特别的东西，孟加拉知识分子所写、所说——通过召唤一般的东西：全球商品化，正如目前受马克思主义思想观点影响的人分析的一样。他认识到，孟加拉知识分子的概念体系反映出不同的影响与他们自己的发展轨迹，他坚称他们与自由主义和政治经济学的交锋产生了复杂的反应，包括一种对文化特性的保护。但是，在他的论证中，他们的知识地位需要的反响的原因基础只能通过与全世界的某些东西相联系才能被理解：商品形式的扩展。

如果我们把资本主义不只是看作商品化，还把它看作生产关系，特别是“原始积累”的模式，生产者与生产的方式发生了异化，结果就是出现了一个除了出卖劳动力没有其他可以出卖的东西的阶级，这种争论会变得更复杂。这种现象肯定是特殊的，不能被简化为资本的一般逻辑，因为它是一个创造资本主义生产关系的过程。它依靠（至少在马克思的分析中是）强迫，特定所有权形式的自然化过程、法律规则框架的形成、精英的能力与包容社会张力的国家。[1] 当真正的经济关系的体验发生了变化，当这些关系的代表在任何特定的情况下并不符合他们想象中的内在逻辑，我们能否笼统地谈论全球主义者的思想和全球资本主义的关系？[2] 也许萨托利的世界并不像

[1] For a recent addition to the corpus of writing on the necessary role of the state—an imperial state, in fact—in making possible the development of industrial capitalism in Great Britain, see Prasannan Parthasarathi, *Why Europe Grew Rich and Asia Did Not: Global Economic Divergence, 1600–1850* (Cambridge: Cambridge University Press, 2011).

[2] In addition to Andrew Sartori's chapter in this volume, see his *Bengal in Global Concept History: Culturalism in the Age of Capital* (Chicago: University of Chicago Press, 2008).

他曾经以为的那样“全球化”。还有其他方式吗?其中思想家与作家构想出广泛连接的概念,或许比由资本主义关系广泛但不均匀传播产生的那些概念更广泛、更古老。

萨托利和莫恩小心翼翼地提出知识史的多种选项,建议每 286 一种提法都有洞悉与闭塞,但是,邓肯·贝尔进一步主张,不管我们把这些历史称作什么,只要是强调思想趋势的多样化与互联化,“全球知识史”的概念就要为那些“世界的构造”努力留下余地,那些努力预想了拥抱所有人类的框架。[1] 他的设想为全球知识史提供了一种连贯的使命表述,但是,它就代表了知识史的一种成果丰硕的方法了吗?我表示怀疑。更为有趣的是,看像他们一样的知识分子,在多重框架下一起工作,对接近或者反对他们自己的观点做出反应。为了把全球知识史与地区、民族、宗教或者种族的维度分离开来——只是研究没有限制的联系,而不是跨越边界但有限的那些联系的巨大排列——就要用人造的术语规定那么一个研究领域。全球知识史给其本身的,不是其他的主题,只能是全球知识史。[2]

在全球知识史硬和软的表述之间展现了广泛思想的可能。谢尔登·波洛克的贡献就是一个恰当的例子。他的梵文世界主义虽然没有纳入整个世界,也不适用于居于同一空间的大多数

---

[1] Duncan Bell's elaboration of an "Angloglobalization" takes on a current in British thinking in the late nineteenth and early twentieth century that postulated a Greater Britain spread around the world, but its "global" perspective was in fact a very white vision of empire and could not encompass even the majority of people living under the British flag. See also Daniel Gorman, *Imperial Citizenship: Empire and the Question of Belonging* (Manchester: Manchester University Press, 2010).

[2] Samuel Moyn makes a similar point in chapter 8, calling for concepts that may be globalizing to be analyzed in relation to "larger actual and possible sets of alternative concepts" (201).

他所关心的知识分子，但是，他为整个南亚大范围的思想传播提供了一个强有力的证据，还以不太完整的形式，进入了东南亚，跨越了政治单元与本土语言的边界。[1] 他的论点有避开现代主义陷阱的优点，随后应用了一种穿越时空的方法论，对知识循环的极限及其范围和生成机制都很敏感。

难道我们不应该用同样的条件来思考后来被称为欧洲的地区？[2] 当地中海北、东、南大片区域都用拉丁语写作诗歌与历史的时候，为什么全球知识史计划不应该过分夸大罗马帝国统治下拉丁语的传播？这个过程导致从安纳托利亚（Anatolia）到伊比利亚半岛（Iberia）修道院思想文化的发展，最终产生
287 了一种共享的神学、哲学和文学的话语，被传教士们传播到了世界的许多地区。

在本书中，西普·斯图尔曼在时间上回溯了很远，比较了三位没有直接联系的作者——希罗多德、司马迁和伊本·赫勒敦——对游牧民族与农耕民族间关系的处理。他的章节研究了不同时空的知识分子，试图通过文化差异与政治亲和的路线，还有当面对跨越了特定思想和政治框架的共同的问题时，弄清楚他们感知的“共同人性”的重要性。

波洛克和斯图尔曼的章节，还有编者的引文部分，最大限

[1] Sugata Bose and Kris Manjapra also make a case for multiple cosmopolitanisms in different historical periods. Sugata Bose and Kris Manjapra, eds., *Cosmopolitan Thought Zones: South Asia and the Global Circulation of Ideas* (Houndsmills: Palgrave Macmillan, 2010). In the introduction, Manjapra argues against contrasting a “singular dominant abstract universalism versus multiple minor culturally rooted particularisms” (3).

[2] In chapter 3, Sheldon Pollock cites Hellenization, Indianization, Romanization, Sinicization, Christianization, Islamization, and Russification as “ways in the past of being translocal, of participating—and knowing one was participating—in political and cultural networks that transcended the immediate community” (59).

度地为没有共同标准的过分流行的概念提供了一种选择。[1]莫恩和萨托利公开承认在理解作品、思想和想象到底如何传播方面存在困难。循着莉迪娅·刘的思路，注意到翻译的复杂性、权力的不平等以及语言本身的特性，不过他们指出翻译还得继续。最重要的是，正如波洛克的例子所示，南亚帝国梵语精英文化的形成，恰恰是那些单元，其核心结构与其他的单元是不对等的关系，它们本身是穿越时空互动的结果，是翻译与误译，专横实施和挪用与重制的结果。在非洲与亚洲，正如欧洲一样，政治和人民的历史充斥着早期联系、早期对话、早期互相影响，还有早期帝国力量的扩张，还包含着其中隐藏的早期全部的政治与文化的非对称性。换句话说，可比性已经伴随我们很长时间了，思想家们在南亚或者其他地方研究的那些单元，正如波洛克指出的，不应该被看作一种“原始而自然社会出现的历史”。

总的来说，本书强烈地集中于——当然，一个非常重要的——拥有欧洲文化影响力的非洲与亚洲思想家们复杂而多样的事业。贾纳基·伯克莱、吉尼·普雷斯和马马杜·迪乌夫、杰米尔·艾丁和克里斯托弗·L. 希尔都调查了印度、非洲、奥斯曼帝国和日本思想家们长距离的联系，试图解决欧洲殖民 288
化的问题，通过利用欧洲发起者创造性的重新解释提供的资源，跨大西洋思想联系以及对世界不同地区穆斯林之间联系的

[1] Dipesh Chakrabarty, *Provincializing Europe: Postcolonial Thought and Historical Difference* (Princeton, N. J.: Princeton University Press, 2000), 254. As Pollock points out, we need to analyze the construction of vernaculars as much as that of imperial languages. For another critique of the notion of incommensurability, see Seyla Benhabib, *The Claims of Culture: Equality and Diversity in the Global Era* (Princeton, N. J.: Princeton University Press, 2002), 30.

再思考提供的资源。[1]

作为这些章节主题的那些人，都沉迷于欧洲。甚至像海福德和杜波依斯都感觉他们不得不引用白人——莱奥·弗罗贝纽斯和弗朗兹·博厄斯——来证明他们对黑人种族保护的合法性。土耳其青年学者认为他们与欧洲立宪主义有关系，然而，英国精英并不认为他们的地位在涉及土耳其统治方式的时候有什么意义。

这些章节让我们看到，在思想关系方面的不对称性并不完全等同于二分法，也不完全等同于不可通约性。相反，它们事关思想大业，事关把什么样的非洲介绍给西方，还事关把什么样的西方介绍给非洲，事关思想家们通过检查欧洲人构思问题的不同的方法面对欧洲列强扩张的威胁。他们明确主张，奥斯曼帝国应该继续保留奥斯曼帝国及非洲人应该保持他们的领土完整与主权独立。希尔把这种观点描述得特别好，尤其是涉及日本思想家们如何提取欧洲的概念，并给了他们一个“不同的应用宽度”。他想让学者们集中研究“通过有形的传播、中介、复制和提取定义的普遍化的特殊历史过程，其中许多关键的步骤发生在欧洲以外”。

也许在空间和实践上不断扩展，在有限制时间的知识史中是很不幸的。如果我们只是假定，而不是分析“旧的模式”，那么我们就不可能完全测量思想的模式与互动的模型哪些是“新的”；如果我们不看其他时空思想趋势的扩展——扩展的极限，我们也很难估计欧洲思想家对人类共性问题及全球社会

[1] Vanessa Smith makes the connection in the opposite direction, bringing out the ambivalence of European explorers in relation to the “native intellectuals” they encountered overseas.

政治生活影响的形成与形式。

按照杰米尔·艾丁对“伊斯兰世界”的看法，他举了一个合情合理的案例，那是 19 世纪的概念，一种对欧洲列强扩张对奥斯曼帝国形成威胁的直接回应。我们可以轻易接受艾丁的观点，穆斯林世界不同于穆斯林早期构想的乌玛，通过探究 289 它与穆斯林有密切关系的概念、它们早期是如何传播的以及它们的包容性的极限，我们对穆斯林世界的理解会更丰富一些。

为什么想成为知识史家的人不首先研究阿拉伯语的知识的传播？到 711 年，距穆罕默德（Muhammad）去世还不到 80 年的时间，阿拉伯语的知识已经传播到了伊比利亚半岛，产生了一次学问的繁荣，并使科尔多瓦（Cordoba）加入了智慧生活的主要中心。我们同样可以说，伊斯兰的学问传到东方，也同样可以说这些学问对波斯和印度的重要影响，或者后来，伊斯兰学术和艺术传统在 13 世纪与 14 世纪是如何被来自蒙古（Mongolia）的伟大的征服者传播的，尽管他们自己本来是萨满教的宗教传统和游牧战士的生活方式，他们还是赞助了欧亚草原上如撒马尔汗（Samarkand）各地的学问与艺术中心的发展。难道我们不应该跟随兹维·本-多尔·贝尼特（Zvi Ben-Dor Benite）去看看伊斯兰语言学问及伊斯兰社会在中国的移植——无论是在文化上，还是在地理上——都与伊斯兰学问的产生地相距甚远？[1] 难道我们不应该承认与“全球化”相关的欧洲文化的扩张，很大程度上要归因于希腊文化经由伊斯兰学问中心传播到欧洲？当我们那么做的时候，也许会注意到，

---

〔1〕Zvi Ben-Dor Benite, *The Dao of Muhammad: A Cultural History of Muslims in Late Imperial China* (Cambridge, Mass.: Harvard University Asia Center, 2005).

翻译问题并不特指西方思想标准的强力强化问题，而是文化传统的建立问题，其中就是我们所称的西欧继承性翻译的问题，从希腊语到阿拉伯语，再到拉丁语，然后被翻译成当地的语言。

本书的许多由贾纳基·伯克莱、马马杜·迪乌夫和吉尼·普雷斯、安德鲁·萨托利、杰米尔·艾丁、瓦妮萨·史密斯和克里斯托弗·L. 希尔写作的章节，都集中于帝国问题。他们都表现出在思想上与跨空间国家力量扩张的冲突、政治方面的斗争，也引起跨空间的联系。

在本章，塞缪尔·莫恩指出了重点，一些观点“在帝国的空间内”产生共鸣，但是不是在全球的层面。他正在思考“权利”的概念：殖民地的奴隶制是“英国旗帜上的一个污
290 点”，就是发生于帝国框架内政治话语的一个案例。我们能够想起更多类似的例子。在 16 世纪，巴托洛梅·德·拉斯卡萨斯（Bartolomé de las Casas）猛烈批评西班牙人对美洲土著人采取的行动，他非常严肃地思考他们的文明成就。他们的思想框架是“天主教君主制”，是帝国统治思想的基础，他认为西班牙人正在破坏这些原则。从另一个角度看，人们可能要问加西拉索·德·拉维加（Garcilaso de la Vega），这位西班牙征服者与印加公主的儿子，谁曾自豪地宣称其混血儿的身份，并成为印加帝国的编年史家。这里有知识分子们在帝国的空间操作，用他们分析的力量去面对跨越了空间的人们，并影响了其他帝国的人民（如卡萨斯的作品被翻译成了英语）。

并不像莫恩那么明显，本书的大部分章节面对的是帝国时空与帝国之间时空的思想运动。帝国虽大，但是有限，思考它们在全世界思想与知识运动中的角色，是避免太匆忙跳跃到

"全球"问题的一个方法。帝国实行的语言层级管理有时候在帝国统治下的国民当中强化了语言的分类：非洲人正在哀悼非洲（有自己的联系与裂缝）被分裂成法语非洲、英语非洲和葡萄牙语非洲。帝国创造了帝国内不同部分人民使用的，也想超越的交流网络，以至于帝国内人民与思想交叉流动。

我们关心的是知识的产生、扩散与重构的社会环境，不应该掩盖思想生命的创新部分——思考人文环境下共同性与差异性的原创性与深刻性，斯图尔曼在希腊、中国和伊斯兰帝国中得到了证实。其他人民的案件在长远而有限的思想框架里创造性地发挥着作用，该框架形成于但不取决于帝国文化计划。该计划是武基勒·胡马洛（Vukile Khumalo）研究 19 世纪末期教会教育下祖鲁人的计划，祖鲁人形成了一种在他们自己内部书写的字母文化，并向维多利亚女王（Queen Victoria）呈送了请愿书，或者其他非洲学者研究那些非洲人，他们使用掌握的欧洲语言书写他们有思想的祖先一代代传承下来的口述传 291
统。[1] 这样的人生活在许多圈子里——泛非的或者伊斯兰的，跨帝国也包括帝国内，基于也聚焦于律师或者记者代表团的专业网络。本章触及了但没有完全阐明在一个帝国相互交叉的世界充满争议的还不确定的无层次的那些结构，把他们称为（以那种既阐明又模糊他们支配性因素的方式）英国人、法国人、葡萄牙人、比利时人、德国人、土耳其人、俄罗斯人和日本人。

随着时间的推移，这个世界变得更互通了，还是因此变得

[1] Vukile Khumalo, "Epistolary Networks and the Politics of Cultural Production in KwaZulu-Natal, 1860 to 1910" (Ph. D. diss., University of Michigan, 2004).

更能经得起“全球”概念的分析了？[1] 各帝国创造了联系，也制造了分裂。宗教、政治和其他的跨帝国网络——无论他们使用哪种交流方式——也在人们怎么想与他们如何联系方面激励了分离。很明显，随着时间的推移，长距离通信技术越来越迅速而有效，但是，联系绝不是线性地增长，在 19 世纪与现在，所突出强调的依然是这种联系的不平衡性。知识史没必要附加到这样的观点上去，我们一直以来都在向一个流动不断增进的世界前进。我们也许会写生活于雅加达（Jakarta）、阿克拉（Accra）、加尔各答（Calcutta）、圣保罗（São Paulo）和洛杉矶（Los Angeles）的思想家们，并不只是伦敦与纽约，但是，我们需要提出疑问，我们是否还要继续写几千人？他们或许在长距离上有联系，但是，他们与生活在那些中心的每一个中心的几百万人却很少有联系，因为他们不说“全球”思想交流的语言。[2] 无论我们思考帝国主义的时空，还是不同的世界主义与文化流散的时空，对联系机制及其局限性的探究，为我们打开了一个既广阔又深奥的研究领域，但不是对全球性

[1] To a large extent, globalization arguments replicate those about modernization, not least in the confusion, deliberate or otherwise, of normative and descriptive elements. As advocates of opening the world to the free flow of capital, technology, and cultural products—notably after the collapse of the Soviet Union—sought to make their case, they had a powerful argument that globalization was an ongoing, ineluctable force. Modernization theorists in the 1950s and 1960s said much the same thing. Modernization theory was subject to withering criticism, much of which applies to the globalization concept as well.

[2] Mkandawire makes the point that African intellectuals need “to reconnect to their societies” (African Intellectuals, 7). For a rather extreme example of an anthropology of flows that fails to examine the mechanisms and limits by which ideas and cultural patterns travel and insists on their being new without any curiosity about the past, see Arjun Appadurai, *Modernity at Large: Cultural Dimensions of Globalization* (Minneapolis: University of Minnesota Press, 1996).

的追求。

最后，某些思想家使用的术语是不是真正“普遍的”或者真正“全球的”这个问题，历史地看，并不是最有启迪作用的问题。更重要的问题是，要搞清楚文化人的思想结构是什么，随着其开始与结束，产生的各种联系以及死亡的各种结局。如果我们不给予多数的普遍主义、联系的时间深度、各种思想架构的结合与冲突的方式更多的承认，我们将会扩大 21 292
世纪的地区狭隘主义。

如果我们能够避开“全球”与“现代”的连接，我们可能会对当代思想无限传播主张的有限性有一个更好的理解。甚至直到今天，手机、互联网，以及推特（Twitter）推动的各种革命，交流技术导致人类的碎片化与把人们连接到一起的作用是一样的。因此，我们要存疑，谁跟谁谈，他们都说了什么，不要假定还是传播最广泛、最有影响的技术传播了一种互动的网络与共识的思考方式。

简言之，“全球”与“现代”的概念，当被用来理解世界的时候，是双刃剑。它们被假定能帮我们理解问题。它们也把我们推到另一种局限的约束，无论怎样，我们还是把它们看作欧洲中心论、目的论与民族中心史观的对策。通向世界上大多数人认同的世界知识史的路径，将把我们引向一部不太全球的知识史。

295 第 13 章

全球知识史：内涵与方法

苏迪普塔·卡维拉杰（Sudipta Kaviraj）

在知识史的旗帜下，通常会忽略两种类型的学者活动，尽管他们的认知目的、方法技巧和思想方向是明确的。这历来就是学科融合的一个难点。有一些历史学家想搞清楚多大的思想观念或者趋势创造了历史上的各种事件。他们的认知取向的目标是社会史，其中他们想评估理念与思想进程的因果效应的重要性。对另一个群体的学者来说，分析的目标是思想体系或者进程本身。他们研究的历史是他们创造的历史，并且从更广泛的意义上来说，“历史”形成了其内容。全球知识史是一个新科目，其中我们能够找到对其主题与目标进行解释的相同的研究范围。

本书的所有章节都采用了共同的“全球知识史”命名，尽管我们还没在知识史的形式是什么的问题上达成绝对的一致。然而，这个合作的事实至少象征着一种模糊的合作意识，这部知识史是合情合理的、可确定的和值得做的。投稿人也相信，作为一门学问的知识史的未来存在于这个研究方向。因此，我本章的评论局限于内涵与方法两个问题：不同而看似又
296 合理的方法，其中各方面作者解释了该门学问的本质及这些结

构的每一个方法论的内涵。

在这样一个艰巨复杂的计划中，内涵与方法的问题是相互交织的。“全球知识史”是什么？如何最好地实践？显然，对第二个问题的任何答案都是必须先回答第一个问题。这里所有章节都直接或含蓄地回答了这个问题，正如克里斯托弗·L.希尔所做的一样（第六章），倾向于把同样的问题缩小为“全球知识史的全球是什么？”两种类型的分野沿着明显的轴线分开。第一个区别是全球性的前现代与现代的案例的不同。除斯图尔曼和波洛克写作的章节之外，其他所有的章节，在某种程度上，都落入了现代的时间范畴。

此外，还存在一个可识别的时间探究的群集，那些社会中的每一个，都可以称为现代的起源。这个时间可以从一个社会到另一个社会变动：18 世纪的日本、19 世纪的印度和 20 世纪的非洲大西洋。但是，重要的一点是，本书的许多章节都集中于这个特别的时间，因为有共同的信仰（可能会出现区别非常大的改变）作为支撑，那是在这些时间发生在这些社会的思想本质的某种东西，使得有必要用一种新的方法写新的知识史，这更需要一种更加全球化的视角。

另一个差别也贯穿于这些章节：方法与技巧的全球性是分析者选择意向性的结果，在其他情况下，作者认为思想领域的本质，在研究社会思想的时候，超越了通常情况下“民族国家”的模板，唯有立足于全球才能接近。

推定的全球性（或者现代以前有“全球”吗？）

斯图尔曼在第 2 章中承认，他对来自遥远古代的反思文化

中的三位思想家的广泛调查中，没有发现潜在性的联系过程，
297 即思想家们没有发现而历史学家们却要努力揭示出来的过程。对这种揭示来说，它所揭示的必须是以前就存在的，虽然在认知上还无法接近的东西。一个有趣的建议为斯图尔曼对希罗多德、司马迁和伊本·赫勒敦进行对比，这与功能主义人类学的观点有些相似，即内定的社会行动者可能无法看到外部观察者所能看到的模式，只是因为他处在社会行为既定模式意向性含蓄的结构之外。

对人类学行为的分析为这种解释提供了最好的案例（很强意义上的术语）。一个外部的人类学观察家也许会发现，一个群体的宗教信仰迫使他们在宗教崇拜中燃烧大量农业季节结束时的谷物。同时，社会中介也许会深信不疑地说，他们正在基于他们的宗教信仰搞活动，即谷物应该在感恩节献给神，人类学家也许会指出，这会导致潜在剩余资源的消失，或许最终致使在紧密平等的社会中产生阶层分化。在这个案例中提出的分析性问题很明显而且很经典，对一个行为的解释是否可能出现中介意图中不存在的某种东西。虽然如此，第一种解释的真理及其狭隘的意图并不需要取消第二种解释的说服力。

斯图尔曼提出，他的三位主人公都是古代文化的历史理论家，必须处理广阔的游牧腹地的问题。尽管他们不可能知道彼此的思考内容，但是，他们提出的问题在结构上是相似的。值得注意的是，从方法论的角度看，这里存在一个深层次的结构吗？即历史人物及解释者都无法抓住其存在，但在几个世纪之后，历史学家们能理解它吗？或者这只是一个过早的空想。

要想弄清楚前现代思想，重要的是要记住，在我们显著而

明确的全球时代之前，“各种世界”已经在相对适宜的意义上
存在了。正如波洛克在第 3 章中坚称的，所有的文化都处在思
想“世界化”的过程中：生产和运用我们所知存在的概念的
最大延伸，因为这是人类一些基本思考发挥作用的一个条件。
有时候，我们用一个清楚的概念，“世界”比与它们相关的社 298
会更广大，看各种文化的时候，就会在它们自己的世界之外存
在一个灰色的阴影。

斯图尔曼的三种文明都共享这一特点，文明区与游牧区的边界存在重要的交换。显然，这里构思的“世界”，为这些单独的理论思考奠定了基础。这样，我们就能够寻找一段全球史前史、一幅世界图景，其中作者们生活在一个邻近而熟悉的地区，然而，他们与遥远又陌生的地区存在长久紧张的关系与交换。这些文化要反思如何处理好和扰乱了已知世界道德与认知宁静的“异类”的关系，但是，虽然如此，又不得不承认与处理。

这是一个高度有益的比较的但不是连在一起的知识史领域。联系是现代分析者提供的，它并不存在于正在被探究的历史的有意领域中，这有助于我们明白历史写作方面比较与联系方面的差异。尽管这些术语是在不经意间交换使用的，但是，“比较史学”还是非常不同于“关联史学”的，那还需要一种内在的而不是外在的比较主义。各种案例，像比鲁尼（al-Biruni）对印度的研究，会把这种想象复杂化了。他的分析始于研究穆斯林世界的“世界化”，但是，随着知识的增长，他也不得不承认，在这个边界之外存在的不是一个游牧的世界，而是一个复杂的世界，但是，拥有完全不同的结构。

从推定的到本质的全球性

波洛克那一章，更一般地说，他的作品证明了另一个历史结构，那可以毫不困惑或者含糊地称为“全球的”。波洛克的案例——希腊化、罗马化和伊斯兰化——在某种程度上，和斯图尔曼的案例相似，但是，在某种程度上又相当不同。斯图尔曼的所有文本来源于内部文明化的结果，立足于一些已经发现的普遍适用的原则，那会创造一个各部分分离的世界，其中一些原则被认识到了而世界还在更远处。三种思考都在考虑如何
299 对付这个边界：关闭或者让它继续开放，以便它们文明的文化能够扩展并殖民化外面的世界，同样也包含着来自那个文化领域的威胁，还有打败它的危险。

相比较而言，在他的那章，波洛克有差别地对前现代的全球化进行了限定，避免了使用由历史学家们估算的外部联系。尤其是，他对“边界是历史的引擎”思想的不同解读感兴趣，即使边界并不总是指空间边界。军事推进到中亚以外，直达那个世界边缘的莫卧儿统治者，进入了另一个印度——伊斯兰世界，在相对短的时间内，产生了一个社会与政治世界化的过程，对南亚社会构造产生了深远的影响。波洛克写作的重要突破是要促进理论从梵语文本承载的几乎无理由的宗教传播向梵语世界长时段真实发生的更坚定的、历史化的图景转变，注意力转向强权与社会权威的关系，强权用诗文寻求的持续的联盟。这提出一个理论方法论的问题，类似于安德鲁·萨托利在现代背景下提出的观点。尽管他们历史时期不同，但是，无论是波洛克还是萨托利，都怀疑思想的独立传播，不管是宗教、

诗歌，还是文化。对他们来说，文化的传播形式源于一种因果力量：在波洛克的案例中，政治强权要寻求一种更加诗意的权威气氛，而在萨托利的案例中，是资本主义经济相互依赖的网络，持续、无形又无处不在的扩张力量。文化必须由更大的结构性媒介来传递。

他们的案例有不同的重点。波洛克的方法论案例有趣而又复杂。一旦其祭祀的联系断裂，梵语在南亚与东南亚广大地区以惊人的速度传播，正如他注意到的，因果的媒介是不清楚的。这不是一个类似于罗马的可识别的中央集权政治，而是将文化模板带入了新的空间。“政治的诗意”是被某种东西，诸如文化模仿传播的，而不是单一帝国政治的强制的力量。也许像其他帝国世界性的空间一样，正如波洛克展现的，梵语空间也证明了一种所有这样的空间分布的特点。因为各种原则或者 300
风格必须在如此广大的地域推广，它们必须既经济又抽象，因此，必然地需要简化成各种地方的造型。于是，梵语诗歌形成了独特的地方性风格变化。还有更迷人的是，波洛克证明了世界的与地方的之间独特的历史动力。深奥的梵语诗歌形式与地方浓厚的本土文学生活形成了一种奇怪的交易关系。〔1〕至少在最初的时候，方言的出现并不需要抛弃世界主义。相反，准确地说，为了占据上层世界主义的空间，为了维持一种与方言围绕的各地区生活天地的强烈美好关系，方言是需要的。这揭示了世界主义变化中的历史内涵一个令人感兴趣的特点。前现代的世界主义通常是基于两个或者几个文化的优势。在现代，

〔1〕Although these are not abstract in the sense in which Andrew Sartori（chap. 5，this volume）glosses Marx’s thesis about capitalism.

世界主义通常被误解成单一优势文化的普遍化。[1]

显然，研究全球知识史的第一个和第二个方法论模型之间有明显的隐含式差异。第一个模型提供了两类全球性。第一类是单一又具有扩张性文化的全球性，形成了三位思想家有关内生与外生性全球性思考的背景，而不是历史案例本身内在的全球性。这些思想分析不是具体指为什么是这些文化而不是其他文化成为全球的，却是聚焦于“边境”这一问题如何看待与解释全球性。该问题是比较学方面的，被历史学家们引入研究领域；它并不存在于作者本身的思想意图之中。因此，如果我们热心于知识史的解释学的定义，基本上是想弄清楚那些“用他们自己的语言”写作的作者大体上在想（使用昆廷·斯金纳引入的表述）什么，但这从严格的意义上来说，不是知识史的任务。

相比较而言，第二个模型，波洛克的前现代模型，集中于我所称的“内在的全球性”：那是对创造了一种普遍性规则并
301 在广大地区传播的思想文化谨慎而苛刻的学术研究。这类知识史从其外在的时间来看，不会给认知研究问题带来任何东西。相反，严格来说，它是时间内生的，但是，它包含着两种伴随的观察结果。其中第一个是这种全球形成的趋势浮在各种底层方言文化星座的上面，使用一个政治的术语，那使世界文化成

〔1〕The new liberal cosmopolitanism grinds down particularities in favor of a merciless standardization around the figure of a rational individual with human rights in his mind and a McDonald's hamburger in his hand. It is interesting to note that there is some curious affiliation between conditions of modernity and this kind of travesty of cosmopolitan culture. The conservative Wahhabi conception of Islam—in which all Muslims of the world think and act exactly like those who favor their recidivist ideology—is a mirror image of the Western liberal utopia.

为一个联邦的而不是中央集权的结构。最近研究莫卧儿时期梵语与波斯语之间世界性重叠的问题揭示出，前现代的世界主义，在其边缘也产生了令人着迷的交易文化。紧接着梵语与波斯语广大全球地区的形成，印度文化经历了新的重叠和二元文化公共领域的产生，迫使现代历史学家们从更广的视角去捕捉这些事实。[1]

现代全球的特色

《全球知识史》的大部分章节都隐含地假定了现代与全球之间存在着一种强烈的历史性联系，但是，这种明显简单的断言也有许多种可能性。这种联系可以用几种不同的方法来解释，有些人在他们自己的章节里进行了思考。许多投稿人对他们的主张的强度与含意有些模糊，这种内涵的不确定性给了他们在从事编史活动时在一定范围内玩弄技巧的自由。

本书的作者们普遍都同意，现代世界物质与技术条件的出现，第一次使占支配地位文化的普遍性概念达到真正的全球广度成为可能。从那层意义来看，现代西方文明与早期普遍文化的例子，诸如梵语世界、全球基督教和伊斯兰宗教社区，存在令人感兴趣的双重关系。

在第 7 章，杰米尔·艾丁对伊斯兰世界的研究提供了一个有趣的案例，把“全球”的两种内涵结合了起来。前现代任

[1] Such cultures present serious challenges for modern scholarship in many different ways. One of the most obvious is that contemporary intellectuals understood these transactions because they were bilingual and bicultural, but the entrenchment of habits of monolingualism in modern scholarship makes it especially hard for moderns to open them up historically.

何全球的东西能够在普遍性想象的目标与它实际的空间传播进行比较，那只有伊斯兰世界。伊斯兰的扩张也许是最令人难忘的前现代的全球性的形式。在规模方面，伊斯兰世界，那是一
302 个二阶结构，包含波斯语世界，此外还有阿拉伯、北非、安达卢西亚（Andalusian），以及后来的东南亚部分，覆盖了世界的大部。那是一个世界，有强烈的自我认同与解释的技巧，也就是说，有专属于本身的特别的“世界化”手段。因此，它的全球化结构包括两个方面：一是基于明确的普遍性宗教的有力而独特的思想驱动，二是相关的军事政治组织实质上推行到其他新空间。

然而，艾丁令人信服地辩称，在现代到来之前，伊斯兰世界几乎不是独立实体，甚至说是想象中的主体。政治方面的重要性是奥斯曼帝国、波斯帝国和莫卧儿帝国强权的形成，但是，没有什么伊斯兰世界越过或者围绕它们展开。明确地发现伊斯兰世界共同体揭示了全球对社会问题新思考的两个方面。艾丁提出，在现代认知机构出现之前，还没有全球伊斯兰乌玛的概念。也许伊斯兰群众的自我认知从特质层面看不可能更早，另外，也没有条件去构想一个共同的机构，即使是在最小的意义上。

然而，相比较而言，艾丁证实了非西方文化人在制造全球标准概念方面的重要作用。令人印象深刻的是，西方现代政治的一些引人注目的标准化思想——主权、民主主义和基于人权的国际法——通过传统学术就能绝对追溯到其西方来源，真的卷入了一种更复杂的模式，那适合塞缪尔·莫恩的删减了的普

遍主义模型。[1] 各种标准是普遍主义的形式宣布的，但是，令人茫然的是，仅局限于西方的环境。[2] 像这些价值与标准是被一种“非西方占有的欧洲普遍主义，一种欧洲中心价值的次级实现”给进一步普遍化了（艾丁，本书第 7 章）。艾丁说，伊斯兰世界是通过对哈里发制度的内涵做出敏锐的改变，来回应构想中的普遍性的新情况，作为全世界伊斯兰共同体的领袖。特别令人感兴趣的是他的主张，“全球共同体包含一些诸如民族主义、主权，甚至人权这样的普遍性标准，但是，这 303
并不是世界不同部分多种文化传统欧洲化的结果”。这只是共同标准协商的产物，竞争性的反西方思想趋势参与其中，然而，艾丁本来应该在对这段历史的学术陈述的每个阶段都增加上那些内容，这种次级的存在与争论在复述的时候被抹去了，为的是在对这个过程进行历史再陈述的时候显得更欧洲化，而不是过程本身。于是就出现了这样的结果，“一部新的、非欧洲中心论的全球史”，只能在与一部新的、国际史的对话中来写作（艾丁，本书第 7 章）。

艾丁的描述，通过挑战西方起源的叙述及后来现代思想的扩散，提出一种更大合理性与复杂性的替代说法，实质上是把现代条件下对全球思想公认的理解给复杂化了。然而，从某种意义上来说，他的叙述是一种纯粹的想法。陈述、意图和争论完全发生在思考和思想生产领域。除相当一般地提及“现代

---

〔1〕There is a remarkable similarity in the arguments, even though this is not an instance of truncated universals in the strict sense. In some ways, the processes could also be likened to what Christopher Hill calls “particularized universals”.

〔2〕Like John Stuart Mill's famous assertion in *On Liberty* that representative government was normatively the best form but that historical conditions prevented it from being realized anywhere outside civilized Western Europe.

性的条件”外，这些大的思想转换运动似乎不需要本身之外的偶然的刺激。在《全球知识史》的几章强调了有趣的方法论方面的纠纷，当我们思考全球思想的时候，对具体的人物及那些条件本身所占的因果的分量提出问题。

概念的全球性与转化

贾纳基·伯克莱在第 10 章研究了印度民族主义一个陌生人物——萨瓦尔卡的思想，确定了几个这样的观察结果，证实了从前现代到现代过渡中一些令人震惊的连续性。萨瓦尔卡的思想是模块化普遍主义发展轨迹的原初案例——西方思想/理想兴起并传播到世界的不同角落——但是，一种“特殊化的普遍”思想（克里斯托弗·L. 希尔的说法）需要使其抽象的本质适应于有关地方历史的各种条件。巴克勒表示，像“无
304 政府主义”这样的术语，从政治理论家到警察报信人，到表示考虑对公民秩序有潜在威胁的任何人，经过多个用户在政治话语中的转换后，会变得没有意义。

这个悖论在萨瓦尔卡的案例中特别显著，因为他是印度思想界立足于文化同种的强烈感情基础全面采纳西欧民族国家模式的伟大典范。但是，这并不能阻止各种观察者与评论者把他称为“无政府主义者”，一个政府的明确的死对头。政治语言肯定是从西方中心“传播”的，但是，对其语义学上所发生的事有些奇怪——传播不断下降，最后到无意义。巴克勒对萨瓦尔卡的解读抓住了各种思想/理想在全球运动的另一个重要特征。正如希尔在第 6 章中辩称，像民族主义这样的抽象理想，必须被转达到居于特定文化背景下的观众，经常是非常有

影响力的本土文化。转达是思想扩展的一个条件。对西方国家，或者是浪漫爱情思想的采纳，取决于他们在既存诗歌的可理解性当中找到一种工具。萨瓦尔卡也许阅读过马志尼，但是，他自己的思想几乎不能说是对意大利政治话语的顺从翻译，无论如何，他的读者也许从来没听说过马志尼，或者他对萨瓦尔卡有什么影响。这也显现出波洛克指出的两极世界主义特定结构的生命。世界主义者长期的几何学思想结构似乎是持续存在的，把前现代与现代连接了起来。尽管《全球知识史》的多数章节不是文学的，但是，巴克勒对诗歌的简要强调对于理解独创性似是而非的观点还是有帮助的。诗歌是一种特定类型的原始存在，而抒情诗毫无疑问是新奇的，对其观众而言效果是立竿见影的，除借来的思想起源以外。诗歌的伟力在于能让我们忘记一切，除了以抒情诗的形式出现的思想。

这也许能够说明在对知识史的解读中持续存在的困难。当一部传统的全球知识史被呈现出来的时候，往往会成为一个有特定含义的一边倒的“影响”网络的故事，新“思想”被移植到了传统非西方思想家们的头脑当中，他们开始思考这些史无前例的思想。事实上成了一部帝国主义思想的历史，远传到世界的各个角落，征服了他们的想象力。对各种方言的无知也 305
经常助长这种趋势，在英语或者法语翻译方面也是如此，他们只能听到他们自己的声音的回声。地方观众不读那些思想，他们读诗歌，那对于那些严肃的社会学家来说，是荒谬的，他们完全赞颂的是“新诞生的”东西。很有必要记住，思想运动引起了像“翻译工程”之类的一些东西，其中接受语言有浓厚的内涵性特征，当外来思想被接受的时候，从来不会完全关闭，因此无法理解此过程，除非通过真正的语言和文化上双面的历史。

中介/中介人和不平等的描述问题

从全球范围来看，存在于知识史中的另一个问题能在绘画的案例中得到证实。当战争或者是法庭情景画家们在巨大帆布上绘画大量人体的时候，他们会使用分级个体的技法。因此，在法庭情景画中，贵族及具有贵族派头的人会被安排到前排，其个体特征也会被仔细地绘制，其他的人将会渐隐到一种必要但令人脸盲的存在。然而，他们的存在是必要的，因为他们得体现其他人的“领袖”地位，值得注意的是，中间的一群人注定就是令人脸盲的存在。

这种权势模式是有缺陷的，不只是因为其单边性，还有就是对欧洲思想目的地的知识的肤浅认识。其欧洲中心主义被机械知识有所加强，也就是说，这些思想要到哪里去？它们在这些不同的知识生态中会带来什么？这种知识史，当离开欧洲海岸展开漫长的不确定的旅行的时候，它们就会失去对西方思想的兴趣。这就说明在全球史中存在全球性的层级问题。地位史当然是全球史的一种可识别的形式，但是，那种全球性构想的方式存在严重的缺陷。要创造一部真正的全球史，历史学家们必须要把注意力转向中介的作用和中介人的实际生活。

306 此外，历史上只有一个“世界”，但是，对它的各个部分的描述是不平等的。它还是一个完全由欧洲人创造的世界。英国殖民期的印度近代史已经注意到这群人了。[1] 尽管在殖民地知识中删除了非对称交换的权力结构的图景，但是，它还是抓住了这个事实，殖民主义开辟了一个在史无前例的层面上强制与竞争性交易的新时代。按照惯例，这些认知与思想交换的空间得到的描述是不平等的。黑人知识分子的知识性生产及“黑人大西洋”的创造并得到公开的严重关切也是最近才有的事。

这些研究，包括本书第 9 章马马杜·迪乌夫和吉尼·普雷斯的研究，证实了对现代知识史“被删减的普遍性概念”研究方法的多产性。黑人思想家最初是直接照字面接纳启蒙运动的概念，那使他们在黑人知识生产的不同节点创造了一种不同的连接布局。他们想通过另一股普遍主义来重新定位他们在世界历史中黑人的地位，每一个增加的部分都会导致全球几何图形的重排（本书第 9 章，迪乌夫和普雷斯）。新研究也在召唤重建“黑人大西洋”基本的知识地形，迪乌夫和普雷斯建议开设一个新认知对象研究，即黑人知识经济，它从 20 世纪初起就有一部令人欢欣鼓舞的历史。现在地理上未描述的部分也要求同样的冲动，正在推动学者们去研究阿拉伯传统影响下的非洲过去的知识史。[2]

正如迪乌夫和普雷斯所指出的，要进入非洲与黑人研究领

---

[1] Most notably, C. A. Bayly's remarkable work, *Empire and Information: Intelligence Gathering and Social Communication in India, 1780 - 1870* (Cambridge: Cambridge University Press, 1996). I feel uneasy about this research because it might implicitly encourage a revision of the picture of imperial rule into an entirely amiable cultural cooperation devoid of the operations of power.

[2] But it is possible that new research through initiatives like the Iffriqiya colloquium, by introducing an Arabic lingual and reflective strand into this African knowledge economy, might shift both the space and the history even further.

域，有几个令人吃惊的特征。它显示出一种异常碎片化的、悲剧的全球地理特征。黑人在非洲与美洲之间致命的分散创造了历史的空间——黑人经历的世界被分割了——彼此不同，但是，其中就语言与经历的共同遗产的空间整体性而言，并没有被暴力切断（迪乌夫和普雷斯，本书第9章）。迪乌夫和普雷
307 斯提出黑人如何不得不在占支配地位的西方传统内搞创新，其倡导者常常使用秘密的、反讽的与避责的方式压制他们的表达，但是，虽然如此，他们还是把普遍性被删减了的宣言转变成了19世纪反对自由主义虚伪的武器。这是次级依法占有的胜利，也是普遍性理想的实现（莫恩，本书第8章）。

与已经凋谢与模糊的非洲思想界并行的是另一种对话者的案例，“本地报信人”，来自波利尼西亚（Polynesia）的有学问的人，诸如瓦妮萨·史密斯在第4章中列举的那些人，他们使殖民地的知识结构成为可能。史密斯强调从记忆中消失的额外的维度。只要把仅有的知识史资源写成文本，他们将不可避免地忽略那些他们自己不写却使其他人的写作成为可能的人。由于西方的知识体系，还有他们的方法论规则与写作规矩，都饱浸着对世界遥远部分的信息，他们创造了“传播中心”这个短语（布鲁诺·拉图尔的短语），其中能够进入口语知识宝库的中介人在提供后来事件的前提条件方面扮演了非常关键的角色。

史密斯在本书第4章中着重指出，没有他们，欧洲新知识的获得就不可能有进展。他运用图帕复述了约瑟夫·班克斯知识交换令人惊异，尽管悲惨的主张，强调了地理大发现中多个事件中令人震惊的结果的几个特征及后来对这些主张的叙述。当他慢慢地开始欣赏图帕在两个认知系统间协调的能力的时

候，史密斯探究了班克斯注意到的显著的上升。班克斯逐渐承认，瑞亚提亚岛（the Raiatean）作为较有年头的岛屿，不仅是年岁上，在知识储备层面也是如此，对那个年代的欧洲人来说，这是一种例外的看法。

在这两个人之间，一种关系在成长，即交互的与对话的关系，因此，这是真正意义上的对话关系，班克斯非常钦佩图帕追随探险队旅行的决定，一个被好奇心驱使的决定。即使他也没有被现代科学技术的方法驱使，但是很明显，他是很热情的（史密斯，本书第 4 章）。毕竟，班克斯在一个较短的时间内航行到了太平洋，围绕英国皇家学会，为相对熟悉与安全的英 308
国资本社会带回了新知识。相比之下，图帕离开了一个他处支配地位的世界，但是，他带来的是大量的知识。他的行为比那些为英国人提供了有关南亚世界印度教与伊斯兰社会关键信息的印度学者更奇怪，更不可思议。

图帕是以一个更加真实的文化比较主义者的身份出现的，与那些同时视土著的知识为对与错的“科学的欧洲人”相比，图帕仅是一个压舱石的角色，通过他，欧洲人能够创造一幅真实的图景，即使在起初的时候，他们对它所包含的内容一无所知。在重述欧洲发现世界的背景的时候，在新的认知领域，真实的对话发生了转换，其中世界及其居民除消极地作为西方认知创制的对象以外，没有什么其他办法。正是由于这个内在非对称的全球性概念，其中它的组成部分也不是被平等地描述，以至于本书大多数章节（特别是被迪乌夫、普雷斯、史密斯、艾丁和希尔纠正的那些部分）都试图做出纠正。

现代全球性的短暂性终结

克里斯托弗·L. 希尔的章节（第6章）和邓肯·贝尔的章节（第11章）都集中于该问题。“什么使得知识史真实地全球化了?”两者都对前现代背景下出现的全球化持怀疑态度。实际上，本书涉及这个理论问题的各章可以被群分成两派：艾丁、希尔和贝尔明确地认为，在现代到来之前真正的全球性是不可能的，但是，他们没有解释为什么会是这种情况。然而，莫恩和萨托利做了尝试，并勾勒出对全球性不同解释的一些方法论含义。希尔证实，各种概念如何成为全球的概念，与全球现代性的背景密切相关，并与萨托利的研究做了些有趣的比较。

对于“什么创造了全球化?”这个问题，希尔在第6章给
309 出的答案是，产生各种联系形式的现代条件，既有殖民主义的，也有非殖民主义的，提供了必要的因果环境。但是，他提出了这个不同寻常的主张，即“当各种概念在全世界传播的时候，它们要经历多重中介”，那会减弱概念与它们的创作者及源自欧洲的历史案例的联系，这幅图确认了巴克勒描述的过程。通过使用日本人吸收“文明启蒙”思想的例子，希尔解释了现代实践行为产生的需求如何以两种新词的形式引发观念上的变化，这在传统观念的语法及术语的语义转换中，是难以理解的。[1] 尽管它与普遍性思想的删减模式不完全一致，希

[1] In the Western context, similar developments were explored in Terence Ball, James Farr, and Russell L. Hanson, *Political Innovation and Conceptual Change* (Cambridge: Cambridge University Press, 1989).

尔还是举例证实了普遍性的一种历史说法：日本人通过文明的概念重组了的日本社会被看作“任何地点，任何时间都正确”。这揭示了历史普遍主义思想发展早期推动社会进步的令人感兴趣的能力，广泛存在的抵达共同目的地的充满分歧的历史与文化轨迹。

根据该理论，先前存在的历史多样性都被汇集到一个单一的、普遍而终极的舞台。显然，这种普遍性概念的进步在所有的文化中具有强大的富于想象的反响，不只是在日本。希尔的中心思想是主张，一种普遍性的理想传播得越远，对它的起源就遗忘得越多，就会对其他或者完全地方的意图越有用，这种思想得到常常被忽略但又很重要的事实的支撑，其他文化的使用者常常不是通过高级文本，而是通过一般通用教本接近各种理想。当思想获得本身的生命的时候，那些原来的资源过一段时间就没什么关系了。举一个当代印度的例子，代议制民主思想，特别是普遍性选举权的专业思想，在印度种姓社会，基本上是按照转换的方式执行，在这一代，转型期的许多主要领导并不知道这些普遍思想的来源，也许也不会受到他们无知的困扰。[1]

因此，在希尔令人感兴趣的描述中，“普遍化”是作为一个内涵不断变换的概念被使用的，在其内涵方面与思想的标准解释存在关键的不同之处。学者们通过探究思想的传播与翻译，也许会发现希尔对“普遍性”与“普遍化”概念之间的 310
差异，在全球性的各种背景下都是有益的。普遍性是一个概念

[1] This in itself is not surprising, and it confirms the arguments by Moyn and Hill about truncated universals and the declining relevance of origins.

的特质，在创始人看来适用于“任何地点，任何时间”，但是，普遍化是非西方思想学者们熟悉的一个过程。在某些情况下，一般性概念首先是的确经历了一个更像第二个一样的过程。即使是并不意味着全球性的概念，也常常取自它们最原始的背景，并被运用到历史上非常不同的情况。在每一次的重述中，对那些把概念使用在各种语境中的人来说，概念扩展了其地理使用的范围，在真正的内涵扩充方面与知识功能方面也多样化了。

第一个普遍性的意思遭到批评家及后殖民主义理论的猛烈批评。然而，第二个“普遍化”的运用，却抓住了思想和理想传播的重要特征。希尔观察到，“对历史学家来说，思想普遍性的终极测量必须与远离其发源地的社会实践结合起来，不仅包括思想领域的态度，还包括统治，潜在地存在的抵抗模式”（本书第 6 章）。如希尔所言，要对新历史内涵进行详细的学术研究，需要方法上的改变。

两种方法论的前景

莫恩和萨托利写作的两章更直接地提出这个问题，都承认在空间上扩展到全球范围，在社会深度上要包含先前被忽略的次层次人物，提高了方法问题的严重程度。这种新历史的新仅在于拥抱其他文化吗？或者这种扩展也需要一种新的写作这些历史的方法吗？

本书给人一种相同的感觉，研究范围与方法存在一种密切的关系，多数章节都在反思与它们特定的物质载体相关的方法问题。在第 8 章，莫恩通过最近有关海地革命的作品提出一个很有说服力的理论模型。对海地人民大起义的解释为启蒙价值普遍化往昔的传统叙述增加了一种扭曲。这是从激进领域（帕雷斯，1848 年）中心开始的评论革命浪潮往昔叙述的共同 311
部分，并且扩展到了世界的外围，那可以很方便地按照从东欧到近东到全球的边缘这个同心圆组织起来。革命浪潮是以涟漪或者波浪的形式传播的，但是，理所当然地，当它们传播到世界愚昧的地区之后，中心思想变得越来越弱化与曲解，自由与平等的理想从殖民地唤起的是口齿不清的模仿。启蒙思想也被众多愚昧的当地人给污化了。[1] 这种既模仿又不适的图景是自由帝国主义时期的中心景象，因为它赞同欧洲对殖民地社会知识监护的理论。[2]

近年来，在对海地革命的探讨与人权思想的理论方面，一种奇怪的反转反映在弥漫说的主要叙述方面。[3] 这在权利思想的唯实史学方面很明显，一种不只是满足于搜查文本内部含义的史学，还对测量这些理想感兴趣，正是因为它们是理想，

---

〔1〕"These walking lies had nothing left to say to their brothers; they only echoed. From Paris, from London, from Amsterdam we would utter the words 'Parthenon! Brotherhood!' and somewhere in Africa or Asia lips would open ... thenon! ... therhood"! Jean-Paul Sartre, preface to *The Wretched of the Earth*, by Franz Fanon (Harmondsworth: Penguin, 1963), 7.

〔2〕John Stuart Mill's analysis of India in *On Liberty* is a classic example of this line of thought.

〔3〕Susan Buck-Morss, *Hegel, Haiti and Universal History* (Pittsburgh: University of Pittsburgh Press, 2009); Samuel Moyn, *The Last Utopia: Human Rights in History* (Cambridge, Mass: Harvard University Press, 2010). It is important to note the various advantages of conventional diffusionism. It preserved the idea of Europe as the center of the human universe; yet the "weakening" of the ideals and their realization as they spread outward also legitimized the postponement of colonial enlightenment. As Mill's reasoning showed, Indians could be ennobled by the idea of a distant achievement of rationality but that did not imply an imminent offer of political rights.

针对的是相关的实践。[1] 所有人类理性平等的抽象声明，或者道德自治的一般资格，被暗含的例外严重地降低了，这样就好理解他们其实不需要明确地提及。西方社会的妇女、殖民地人民、有色居民，还有美国的黑人，要么被排除在言过其实的平等之外，要么生存于远离中心的陡峭权利斜坡之上。

另一个被相似的困难斜坡歪曲的类似主张的案例是“开放”公共领域的思想，那是对白人、男性、有产者和受教育公民圈子开放，但是，对其他未来进入者而言是陡峭地斜坡化了的结果。[2] 莫恩把这描述成删减了的普遍主义模型，“概念传播到广大地区的一般模型”。这种模型有几个历史优势。它记录了这些思想无例外一般化阐述的一些纯粹形式上的特征。这种模型的另一个特征是次级中介扮演的角色：正是次级群体必须相信原始的一般意图，需要它真正地实现。在对传统影响
312 模式的显著反转中，传统是把欧洲文化看作世界的指导，这种模式显示，自由的或者社会主义的普遍主义在本质上都被删减了。但是，通过一种狡猾的理性，次级群体的信念及中介打开了一个全球性的领域，在这个领域中通过吸收、模仿、误解与压迫的复杂混合，这些理想最终会逐一实现。

莫恩的章节也指出这种模式的一个重要的难点，即“自动全球化”的理想主义理论。这种理想的复合体并不需要引起实现其需求过程的因果场。思想本身形式上的特点消除了那种需求：全体的质询建成的形式本身就是一个充足的理由，或者倒不如说，在通常意义上来看是理由的充分替代品。在这个

---

[1] Moyn, *Last Utopia*.

[2] Critics of Jürgen Habermas's work showed this emphatically in Craig Calhoun, ed., *Habermas and the Public Sphere* (Cambridge, Mass.: MIT Press, 1992).

基础上，莫恩给这个方法引入了两个重要的条件。在任何时候对某一特定的群体有用的普遍化概念可能有多个，它们之间还暗含竞争。竞争的类型有两种。莫恩的例子是不同理想的政治生命——集体主权与普通个人的人权，同时存在。在联合国的最初几十年里，自决是一个比人权更多被采纳的概念。在某种情况下，采纳一个普遍化概念思想就得拒绝另一个，比如权利政体的自由与社会主义的概念，所以，一个概念必然阻碍另一个被采纳。20 世纪 80 年代，围绕传统社会主义的想像力崩溃，这可能是世界范围内出现新的人权乌托邦的一个背景原因。

莫恩的第二个方法论条件是赞成希尔的评论，一些全球化思想是“特定化的普遍化概念”，它们仍然能够从它们的发源地传播，在每一个接受点需要被翻译成当地语。尽管希尔的章节没有直接提出有关自动全球化与对一个因果场需求的方法论的争论，它符合莫恩的坚决主张，即次级的抓取与解释行为极其重要，因为思想被接受地区的历史结构对那些希望通过它们遵照那样的历史行事的中介来说会改变其含义。莫恩的方法论分析产生了一个有趣的结合，既承认源自道义力量的伦理政治理想的标准化力量，也指出了一个竞争的领域。不管怎样，在 313
那些思想的选择背后通常存在一些有意的行动的背景。

在第 5 章，萨托利对全球知识史的整个计划提出了有力而全面的方法论挑战。现代思想是在历史上非对称的社会之间传播。萨托利在这个学科领域为学者们提出了两个基本的论点，在规模方面没有否定非对称传播，全球性出现于现代产生之前。他的观点可识别为马克思主义的，尽管在本章他的方法论重点，以及对孟加拉现代知识史的解释行为，慎重地从简化论中解放了出来。[1] 一般来说，萨托利和波洛克提出一个历史主义的问题，它处于任何具有解释有野心的知识史的中心。[2] 当然，有可能极精妙地实现一种形式的知识史，特别是在熟悉的社会与政治理论领域，其中最基本的问题就是文本解释学，可以清晰而精确地弄清楚一位思想家文本背后所要表达的真正的问题是什么，他的思想“语言”的本质是什么，他如何严密地回答了那些问题。昆廷·斯金纳在对该案例最熟悉、最有力的陈述中，批评了单个文本论点微妙地归属于诸如社会阶层的这样一个集体主体。剑桥学派在政治理论的解读方面反对秘密的、非法的方法论集体主义，这进一步阻碍了对该问题的思索。

虽然萨托利利用马克思列宁主义的传统，但是，他在社会理论方面不使用“阶级意识”的反映这个不太真实的思想。相反，他从马克思列宁主义理论一个非常不同的片段里找到他的方法论灵感：详细地阐述了一种抽象与具体的理论。但是，尽管有这些异议，社会影响与社会思想之间的历史联系总是依然重要，因为知识史可能有许多种形式，它们并不全是主要由阅读文本构成。无论什么时候研究社会思想，都是在一种较少的个体、较少的文本形式下展开的，当在历史变化的背景下研究一股社会思潮的时候，在理性地看似乎合理的情况下，社会影响的作用总是立即复兴。

314 萨托利的主张之所以有说服力，仅仅是因为他提出了在有

〔1〕Andrew Sartori, *Bengal in Global Concept History*: *Culturalism in the Age of Capital* (Chicago: University of Chicago Press, 2008).

〔2〕This argument is shared by all historicist approaches, although Marxism introduces some special kinds of explanatory considerations and thus differs from other forms.

因果关系的背景下，思想在一般意义上被接受及功效发挥的潜在问题。跟随马克思主义的传统，萨托利不太确信吸引人的思想仅仅是通过它们理性的力量与有效性。相反，思想在一定历史环境下利益纠葛与星状分布的作用变得好像有道理了。至少，当我们发现思想在各种社会之间传播，没有在理论家之间传播的证据的时候，就有了另一个方法论问题需要回答：是什么推动了那些思想的传播，然而，萨托利的主张不仅仅需要一种循环的因果关系。他更特别的提议是，在现代，资本主义经济的兴起在主观化的主体（用他的话说就是“真正的抽象概念”）之中产生了一种新的抽象相关，创造了这些思想快速而无可抵御的传播条件。正如莫恩注意到的，这种运动回避了依靠知识史两个共同方法的必要性：通过删减的普遍化的道义力量实现的无因传播模式，还有处于挪用境地的模式。萨托利使用马克思主义的不同之处在于，他所期望的东西要在世界一般化，不是一种事件的模型，而是一个多过程的逻辑。因此，他逃避了指控，要么是各种思想的一个阶级的下降，要么是结构发展统一模式的复制。

萨托利对这个主张的解释的一个次级含意同样重要：他对 17 和 18 世纪印度的历史研究中调用“早现代”的名称持怀疑态度，因为对萨托利来说，现代的产生是和资本主义政治与经济的兴起紧密相联的，那在前殖民时代的印度是做不到的。[1] 实际上，历史学家们要展示的是上升，有时是立马下降，多线变化，这和欧洲“现代”的多个方面比较相似，比如商业经济的扩展，尼提（niti）（译者注：印度种族理论）工具主义

---

[1] I do not want to digress into the rich and interesting discussion about “early modernity”.

概念的兴起，一种更加精确的线性历史时间出现了，过一段时间就消失了，或者没有伴随着强化了的变化，移动到一个向着全面现代转变的社会。这种单线的社会变化，并不需要在概念结构上做出根本性的转变。具有现代性的历史学家们必须承
315 认，要么“启蒙思想”并不需要一种非智力的原因，要么他们的确必须详细说明原因或者因果场是什么。

萨托利的研究也提出一些方法的问题。第一个问题就是具有更复杂形式的马克思主义分析的特点。马克思主义者一般认为，资本主义是“现代的，但是从任何深远的角度看都不是西方的”，因此它从其可能的发源地向其他地区快速传播，并没有为他们提出特别艰难的问题“西方对抗其他地区”。然而，更重要的是资本主义与前资本主义的关系，正是那个边界是时空前进的动力。尽管马克思主义者一般都认为，兴起于西方的资本主义建立了一种资本主义世界经济，把其余的世界经济置于其统治之下，但是，对这种“归类”的本质存在相当大的分歧。一种观点认为，资本主义通过贸易与它们本身的殖民联系影响和改变了那些社会，渐渐地实质上把那些经济纳入整个资本主义体系。其他人仍然对这种距离因果关系持怀疑态度，坚持认为“资本主义的逻辑”可能会产生重要的后果，只有在这些经济生产本身正在经历资本主义的转变的时候，资本主义成为一种经历的问题，而不是精英希望实现的目标的时候。因此，“资本主义的逻辑”只是在内因与外因场之间摇摆。

萨托利两个观点的特征也许会带来相似的异议。首先，他倾向于笼统地、含糊不清地谈论“资本”的力量，而不是谈论资本主义的经济结构。这种开放性的措辞提出了一个问题：

它是资本主义产生的狭隘经济逻辑，还是与之相关的基本的现代转型？的确，这种开放性语言避免了还原论解释的常见陷阱，但是，它也会遇到相反的问题，即因果归因不够清晰。一些马克思主义思想流派，比如格奥尔格·卢卡奇，进一步沿着这些研究线路提出主张，现代性引入了几个与“具体化”的平行逻辑相互交织的过程，特别是韦伯学派所说的官僚政治的运作。这将为萨托利的案例提供一种扩展的说法，现代性为各种社会世界插入了一种新的“结构性逻辑”，那就形 316
成了现代主观性概念的吸引力与接受力的背景。毫无疑问，对特定理论群的概念来说，现在的条件——再次模糊地援引——吸引了许多社会群体，通常是引起受教育的精英的注意，从经济到国家到伦理生活领域都是如此。无论是自由主义还是社会主义词语表里的概念，都倡导对现代性的挑战与机遇做出竞争性的回应，也都经历了这种普遍化的传播。萨托利的定位比卢卡奇扩展化的主张似乎更接近于更传统的对“政治经济”的重视。[1]

其次，虽然我们承认现代概念体系的吸引力的背景条件是资本主义的存在，但是，“存在”的内涵仍然是模糊不清的。这种迷惑在逻辑上与各种经济被纳入世界体系有些相似，但是，那个纳入的点更重要。即使是形式上的纳入，在前资本主义的条件下通过不同层次的流通体系在各种经济方面生产的商品与货物，还是制造了一种决定性的行程。然而，这里的流通指的是思想，更多的是无形的东西。为了使这些概念有意义并

---

〔1〕With liberal borrowings from Max Weber, as Jürgen Habermas demonstrated in *Theory of Communicative Action*, trans. Thomas McCarthy, 2 vols.　(Boston: Beacon Press, 1984).

具有明显的吸引力，“存在”的程度与水平需要的是什么呢？当然，19 世纪中期孟加拉的知识分子并没有在任何直接的意义上经历过资本主义的经济关系：以某些经验的形式固定概念的需要将会失败。然而，同样可以肯定的是，世界主义知识分子们感受到了自由与平等解放思想的魅力，十分坚信地认为，自由或者社会主义的乌托邦在“任何地点、任何时间”都有可能实现，还写了一些文本，设计了他们做过的一些政治实践。萨托利对现代孟加拉知识史的研究对单独的多个文本进行了缜密的文本分析，它们的作者没有提出与资本主义的抽象逻辑或者国家形态有什么直接的因果联系。

结　论

走出这些困境的出路也许是要检视一下那些对知识史的研
317 究方法，它们并不是相互排斥的，而是相互补充，或者，用一种不同的方法，把知识史看作一种内在的异质学问，允许追求不同层次的普遍性，需要适当不同水平的因果调制。在研究多种概念的兴起与传播的时候，比如“市场”“国家”“法律”，萨托利援用的一般历史进程必须给予因果优先权。在研究各种社会与政治原则历史语义学的时候，诸如自由与平等，除这些现代性、资本主义、法治国家思想是重要的一般条件之外，他们删减了的普遍主义形式也是如此。在阅读多个单独的文本，并要掌握其理论表达的“点”的时候，各种因果关系越大越多，越缺少恰当性，因为我们将从解释层面进入文本阐释学领域。

全球知识史是一个无边无际的研究领域，它由各种阅读实践组成：知识史研究理论综合结构的形式，比如自由主义或者社会主义；另一些知识史的形式，如“权利”或者“自由”；还有一些人问，为什么一个理论家写一个疑问句，而不写肯定句？澄清这些任务的方法肯定是不同的，全球知识史必然有许多种方法论的选择。如果全球知识史要向前发展，由萨托利对历史因果要求的有力重申及他将思想作为自身传播的充分原因的怀疑所产生的问题提及。我们必须思考这个学科意味着什么，即它要研究什么，那将依次决定如何做到最好的研究。

毫无疑问，在我们目前经历的全球性与我们在历史中寻求的全球性之间有关联。全球无情的事实也许已经增加了我们对过去全球网络的敏感性。我们生活在一个全球化的世界，民主思想能够通过无常的无处不在的社会网络传播，进而瓦解不可一世的独裁政权。在这个世界上有两个事实不可否认。现代性的力量无可抵抗地在全球传播——但是不平衡、不平等、有差异地传播。因此，现代性并不是一种使世界更统一的力量，而是使世界更加多样化的某种东西。遵从这个认知，对知识史来 318
说可以得到一个简单的含义，因为现代性的传播与思想模型的流传紧密相关。流传是一个奇怪而复杂的过程，受制于历史的“狡猾”。当思想传到其他文化，它们的未来会变得既不可思议又充满不确定性，导致意想不到的事发生。在这段令人震惊的历史当中，即使是那些力图紧跟他们钦佩的西方思想家的非西方人士，也往往会出乎他们自己意料地产生属于他们自己的思想。

321

撰稿人简介

杰米尔·艾丁（Cemil Aydin），美国哥伦比亚大学——教学山（Chapel Hill）历史学副教授，其代表作是《亚洲反西方的政治学：泛伊斯兰与泛亚洲的世界秩序的幻象》［*The Politics of Anti-Westernism in Asia*：*Visions of World Order in Pan-Islamic and Pan-Asian Thought*（哥伦比亚大学出版社，2007年）］。

贾纳基·伯克莱（Janaki Bakhle），美国哥伦比亚大学历史学副教授，讲授南亚历史。她的第一本书是《两个男人与音乐：民族主义、殖民主义和印度古典传统的形成》［*Two Men and Music*：*Nationalism*，*Colonialism and the Making of an Indian Classical Tradition*（牛津大学出版社，2005年）］。现在研究维纳亚克·达莫达尔·萨瓦尔卡（Vinayak Damodar Savarkar），印度著名的原教旨主义思想家。

邓肯·贝尔（Duncan Bell），牛津大学政治与国际研究系高级讲师，基督学院兼职教师。他从事政治理论、国际关系、英国与美国知识史分类问题研究。他著有《大英帝国的思想：帝国与世界秩序的未来，1860—1900》［*The Idea of Greater Britain*：*Empire and the Future of World Order*，1860-1900（普林斯顿大学出版社，2007年）］，也是几个文集的编辑。

弗雷德里克·库珀（Frederick Cooper），纽约大学历史学教授。近期与简·伯班克合著了《世界帝国史：权力与政治 322
的差异》［*Empires in World History*：*Power and the Politics of Difference*（普林斯顿大学出版社，2010 年）］。库珀现正在研究二战后法国及法国非洲公民权问题。

马马杜·迪乌夫（Mamadou Diouf），哥伦比亚非洲研究与历史学莱特纳家族教授，他也管理哥伦比亚非洲研究所。他最近和伊福马·恩万阔（Ifeoma Nwankwo）合编了《非洲大西洋世界的韵律：仪式与追思》［*Rhythms of the Afro-Atlantic World*：*Rituals and Remembrances*（密歇根大学出版社，2010 年）］。他现在正在完成一部专著，论述塞内加尔城市的青年、公民与政治。

克里斯托弗·L. 希尔（Christopher L. Hill），哥伦比亚大学维泽黑德东亚研究所（Weatherhead East Asian Institute）兼职助理研究学者。他集中于文学流派和社会思想跨国历史研究。他著有《国家史与世界民族：日法美的资本、国家和历史的虚饰》［*National History and the World of Nations*：*Capital*，*State*，*and the Rhetoric of History in Japan*，*France*，*and the United States*（杜克大学出版社，2008 年）］。他现正在研究 17 世纪晚期和 18 世纪早期自然主义小说的兴起及在世界的传播运动。

苏迪普塔·卡维拉杰（Sudipta Kaviraj），哥伦比亚大学中东、南亚和非洲研究部教授，是一名知识史与印度政治方面的专家。他现在研究知识史的两个领域：19—20 世纪印度社会与政治思想和现代印度文学与文化生产。他最近的著作是《想象中的印度制度》［*The Imaginary Institution of India*（哥伦比亚大学出版社，2010年）]。

塞缪尔·莫恩（Samuel Moyn），哥伦比亚大学历史学教授，自2001年以来一直在那里从教。他最近的著作是《最后的乌托邦：历史中的人权》[*The Last Utopia*：*Human Rights in History*（哈佛大学出版社，2010年）]。

谢尔登·波洛克（Sheldon Pollock），哥伦比亚梵文与印度人研究威廉·B. 兰斯福德（William B. Ransford）教授。他是印度新穆尔蒂古典图书部（隶属哈佛大学出版社）的总编辑，他最近的一本书是《人类世界中的神之语言：前现代印度的梵语、文化与力量》[*The Language of the Gods in the World of Men*：*Sanskrit*，*Culture*，*and Power in Premodern India*（加利福尼亚大学出版社，2006年）]。

323 吉尼·普雷斯（Jinny Prais），哥伦比亚大学非洲研究所助理主任，在密歇根大学获得历史与女性研究博士学位。她也在哥伦比亚大学中东、南亚和非洲研究所讲课。

安德鲁·萨托利（Andrew Sartori），纽约大学历史学副教授，现代南亚知识史学家，对孟加拉有特别研究。他的第一本书是《全球概念史中的孟加拉：资本时代的文化主义》[*Bengal in Global Concept History*：*Culturalism in the Age of Capital*（芝加哥大学出版社，2008年）]。他现在正在从事自由政治经济学和同时期政治理论知识史的研究。

瓦妮萨·史密斯（Vanessa Smith），悉尼大学英语副教授。她的写作横跨18世纪和19世纪，主要集中在跨文化交往问题的研究。她最近的作品是《亲密的陌生人：友爱、交流与和平邂逅》[*Intimate Strangers*：*Friendship*，*Exchange*，*and Pacific Encounters*（剑桥大学出版社，2010年）]。

西普·斯图尔曼（Siep Stuurman），在鹿特丹伊拉斯谟大学（Erasmus University）和乌得勒支大学（Utrecht University）讲授欧洲史。他著有《弗朗索瓦·普兰·德·拉巴尔和现代平等的发明》［*François Poulain de la Barre and the Invention of Modern Equality*（哈佛大学出版社，2004 年）］，斯图尔曼最近的作品是《人类的发明》（*De uitvinding van de mensheid*，又名 *The Invention of Humanity*），在荷兰是畅销书，正在被翻译成英文。

索　　引

A

B

C

E

F

G

H

I

J

K

L

M

N

O

P

Q

R

S

T

U

V

W

Y

Z